ŒUVRES COMPLÈTES

DE

TABARIN

Paris. Imprimé par GUIRAUDET ET JOUAUST, 338, r. S.-Honoré,
avec les caractères elzeviriens de P. JANNET.

ŒUVRES COMPLÈTES

DE TABARIN

AVEC

LES RENCONTRES, FANTAISIES ET COQ-
A-L'ANE FACÉTIEUX
DU BARON DE GRATELARD

*Et divers opuscules publiés séparément sous le nom
ou à propos de Tabarin*

Le tout précédé d'une Introduction et d'une Bibliographie
Tabarinique

PAR GUSTAVE AVENTIN

TOME II

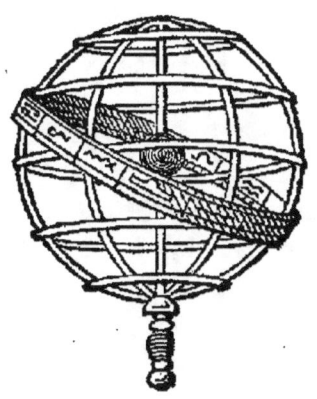

A PARIS
Chez P. JANNET, Libraire

MDCCCLVIII

INVENTAIRE UNIVERSEL

DES

ŒUVRES DE TABARIN

Contenant

SES FANTAISIES, DIALOGUES, PARADOXES
GAILLARDISES, RENCONTRES, FARCES
ET CONCEPTIONS

*Œuvre excellent, où parmy les subtilitez Tabariniques
on voit l'éloquente doctrine du sieur de Mondor*

Le tout curieusement recherché et receuilly
et mis en bon ordre

Sur l'imprimé

A PARIS

Chez Pierre ROCOLLET et Anthoine ESTOC
au Palais, en la gallerie des Prisonniers

M.DC.XXII

Avec privilege du Roy

EPISTRE DEDICATOIRE

A MONSIEUR MONSIEUR DE MONDOR.

MONSIEUR,

Les sources les plus vives, les fonteines les plus cristallines et les fleuves les plus spatieux tirent en general leur origine des noires et humides grottes de l'Occean; le marbre argentin de leurs ondes, le gasoüil emmiellé de leur reflus et l'estendue immense de leurs courses ne relève que de la mer, et n'a pour bornes ny pour limites de ses grandeurs que le sein de Thetis : c'est le lieu de leur naissance, c'est le sejour où leurs courses aspirent et la place seule où elles peuvent esperer quelque repos. Et si l'eau, par violence ou par quelque secrette destinée enclose dans les pores et canaux de la terre, s'esleve aux sommets des rochers et se guinde aux coupeaux des montagnes les plus aiguës, depuis qu'une fois elle a trouvé passage à son cours et qu'elle rencontre la sortie favorable au cristallin de ses ruisseaux, elle descend alors de son propre mouvement dans les plaines humides de Neptune et se porte de son propre poids au lieu de sa naissance, sans estre aucunement violentée, sinon d'un appetit interieur et d'une propension naturelle que toutes choses ont de chercher leur centre.

Le mesme en est de moy : la raison sembloit requerir de mon devoir ce que l'affection que j'ay à vos merites me dictoit dès long-temps, sçavoir est, de vous consacrer ce petit livret, bien qu'indigne d'arrester la veue de celuy de qui l'eloquence plus qu'admirable peut enrether les plus beaux esprits de la France. Et certes je ne pouvois le dedier à personne avec plus d'advantage qu'à vous mesmes ; c'est vous rendre ce qui est emprunté de vous et vous apporter en dehors ce que vous possedez entièrement du dedans.

Je ne vous offre rien qui ne soit vostre, sinon la sterilité et le langage peu cultivé que vous remarquerez en cet œuvre ; car, comme depuis ma jeunesse j'ay esté peu curieux des lettres et peu affectionné à la douce harmonie d'un langage bien poly, aussi ne se faut-il estonner si on trouve icy des discours qu'une langue mieux disante que la mienne eut defriché et perfectionné avec plus d'advantage. Vous m'accuserez peut estre d'imprudence d'enfanter au jour des choses inutiles qui devroient estre plustost couvertes de l'obscur manteau d'un silence que d'estre données au public ; toutesfois je vous respondray, avec un grand poëte de nostre siecle :

..... Et nugæ seria ducunt.

Parmy les gaillardises on y trouvera des preceptes serieux, non pas couchez en si bons termes que vous les avez donnez autrefois. Ce seroit aussi gauchir trop avant dans la temerité que d'entreprendre de vous suivre et d'entrer en paralelle avec vous, veu que celuy qui se presumeroit de marcher de front avec vostre eloquence se verroit autant esloigné de ses projects que vous le surpassez en sagesse et en prudence. Le bien dire vous est naturel ; l'éloquence par laquelle vous ravissez les oreilles de ceux qui vous escoutent n'est aucunement premeditée ; ce sont les dons advantageux que la nature vous a distillés en l'âme, et qui seroient plus que suffisans de s'advouer ce livret comme indigne de voir le jour, si vostre benignité et vostre douceur, qui marche de pareils pas en vous, ne suspendoit l'arrest de ce jugement. Ces deux vertus m'ont servy d'esguillon pour me porter à vous vouer et consacrer mon service et mes affections, en vous dediant et consacrant ce livret.

Pardonnez donc, Monsieur, et au trop de temerité que j'ay eue de vous presenter ce discours, et au peu d'experience que la nature m'a departy et donné de la cognoissance des choses : ce sont deux manquemens et deffauts qui accroistront d'autant plus mes affections et qui me serviront de garant pour vous tesmoigner que je suis et seray toute ma vie,

MONSIEUR,

Vostre très-humble et affectionné serviteur,

A. G.

A MONSIEUR DE MONDOR.

SONNET[1].

SI on veut voir quelque source argentine
Ou le courant d'un fleuve impetueux,
C'est sur un roc ou un mont sourcilleux
Qu'on peut en bref sçavoir son origne.

Toute eau descend du haut d'une coline;
Le Rhin, le Po et le Rosne areneux
Tirent leurs cours d'un pays montagneux
Et vont chercher aux Alpes leurs racines.

Ainsi, Monsieur, vous estes le mont-d'or
D'où l'eloquence espanchant son tresor,
Par cent canaux se distille en nos âmes:

Mont-d'or, vrayement, puisque vostre vertu
Dont au dedans vous estes revestu
Engendre en nous de si divines flammes.

1. Ce sonnet, ainsi que la pièce liminaire qui le suit et la préface en deux chapitres, manquent à l'édition de 1623.

A MESSIEURS LES ESCOLIERS JUREZ

DE L'UNIVERSITÉ DE LA PLACE DAUPHINE.

MESSIEURS,

SI jamais le navire de vos imaginations a esté porté par l'ocean spatieux d'une lecture admirable, où vous pouviez ensemble et rasserener les tenèbres obscures de vos melancholies, et borner vostre veue d'un million de raretez non moins belles que profitables, c'est dans l'estendue racourcie de ce petit livret et dans les detroits de cest ouvrage où vous le pouvez prattiquer avec asseurance. Vous voguerez icy avec toute certitude, sans crainte de tomber dans les destours et labyrinthes de difficultez et d'explications ; le zephir du sens literal conduira les rames de vostre barque dans un port de naïfveté où vous gousterez avec delices et à loisir ce que vous avez autresfois ouy en passant et à la haste. Le pilote de vos courses sera le bon jugement que vous en ferez et qui seul vous servira de guide en ce voyage ; vos yeux seront l'Ourse et la Cynosure sur l'aspect desquels vostre jugement fera cingler le galion de vos desirs, pour parvenir à la terre ferme d'une vraye liesse qui sera le port heureux où vous mouillerez l'ancre de vos lectures et où vous attacherez les cordages de vos plaisirs. Et en ceste navigation, prenez garde de ne heurter le vaisseau de vostre esprit contre les escueils d'une mauvaise opinion qui tournât au desadvantage de celuy qui a basty les principes de cest ouvrage; c'est un plat de ris qu'il vous presente : vous le devez prendre jovialement. Il n'est pas deffendu de lascher les rennes à la resjouyssance, pourveu qu'on puisse la retenir en temps et heure et maistriser les mouvemens qui nous pourroient alterer au dedans; et si de fortune les voix charmeresses de quelques syrènes envieuses vous persuadent, au milieu de la course de vos lectures, de voguer en autre endroict, bouchez vos oreilles de la cire d'une ferme resolution et vous attachez au mas d'une deliberation determinée de voir la fin aussi bien que le commencement. Le sieur Tabarin sera tousjours bien aise de sçavoir que le jugement que vous aurez fait de son interieur, l'entendant en public, symbolise avec celuy que vous ferez de ses œuvres en les feuilletant. Au reste, si vous faites voile dans le discours de cest œuvre, quand vous verrez quelques promontoirs lubriques ou quelques amas de mots qui vous sembleront indigestes, donnez un coup de rame plus avant, vous trouverez que si Tabarin insère quelques traicts de gaillardise un peu trop libre, le sieur de Mondor vous versera le suc emmiellé d'un langage plus scientifique et plus eloquent; et ainsi, vos courses et vos voyages achevez, le contentement vous demeurera à tout le moins en l'âme, après la lecture, que vous aurez feuilleté l'œuvre d'un de vos plus anciens et affectionnez serviteurs.

Adieu.

L'IMPRIMEUR AUX LECTEURS.

Messieurs,

IL y a trois ans que je vous eusse fait part de ce livret si je ne vous eusse veu aussi assidus aux leçons ordinaires du sieur Tabarin que vous m'y avez tousjours semblé estre portez et enclins d'une propension libre et naturelle. Je vous presente icy la première partie de ses œuvres, non au point vertical de sa perfection (car les choses precipitées ne peuvent estre parfaictes), en telle sorte toutesfois que plusieurs y trouveront quelque goust delectable; la seconde edition [1] nous produira occasion de le perfectionner et de le mettre en son apogée.

Je sçay bien qu'on vous a desjà presenté quelque chose de ses questions et demandes; mais comme elles ne sont pas toutes espraintes ny tirées des conceptions de Tabarin [2], aussi seront-elles d'autant plus inferieures aux fantaisies que je vous offre, veu que luy mesme il en a incisé et es-

---

1. Elle est conforme à la première.
2. Cette critique concerne la première partie du *Recueil général*, qui parut un mois environ avant l'*Inventaire universel*.

branché les superfluitez, jetté les premiers fondements et eslevé le frontispice, et ce avec plus de particularitez que vous pourrez remarquer en la lecture de ses gaillardises quelques traits de la doctrine du sieur de Mondor, non tirez si au vif qu'il peut faire sur son thetre; car, comme il est unique qui peut assembler les parties d'une vraye eloquence, aussi est-il seul qui en peut faire un racourcissement et en crayonner un pourtraict au vif.

En vain les philosophes nous disent que deux contraires ne peuvent demeurer en un mesme subject; vous remarquerez icy des qualitez discordantes qui toutesfois seront liées et unies d'un accord mutuel : la gravité se trouvera joincte aux gaillardises, la prudence aux feintises; bref, la sagesse aux facetieuses rencontres.

Recevez doncques de bon œil ce que nous vous presentons de pure et sincère affection, en attendant que nous vous faisions veoir la seconde partie [1], où nous vous promettons des merveilles.

Adieu.

1. Elle n'a jamais paru.

TABLE

DES FANTAISIES, DIALOGUES, ET DES CHOSES LES PLUS REMARQUABLES QUI SONT CONTENUES EN CE LIVRE.

Pages.

1. Quelle est l'herbe la plus mauvaise qui soit en la nature. 27
2. Faire un mal sans peché et un bien sans merite. . 30
3. A qui il fait bon prester. 32
4. Quelle femme on doit prendre en mariage. 33
5. Pourquoy les hommes nagent mieux que les femmes. 36
6. Qui sont les meilleurs taverniers. 38
7. Qui sont les mauvais mesnagers. 39
8. A quoy se peut comparer la vieillesse 41
9. Quant les medecins se trompent en leurs ordonnances. 43
10. En quel lieu il fait mauvais bastir. 45
11. Quel est le mestier le plus difficille à apprendre. . 46
12. Qui sont les plus prodigues. 48
13. Qu'est-ce que l'eau cordialle. 49
14. Pourquoy les femmes recherchent les hommes. . 50
15. Quelle difference il y a entre une dame et un chevalier. 53
16. Quels chevaux on doit prendre à louage. 54

17. Pourquoy les pourceaux ont les dents si longues. 56
18. Le moyen de tirer d'une femelle deux masles. 58
19. En quel temps est-ce que plus on boit moins on pisse. 60
20. Quel est le meilleur juge, de l'homme ou de la femme. 62
21. Pourquoy la femme n'a point de barbe au menton. 63
22. Pour faire un pont incorruptible. 65
23. Secret pour avoir en bref une bonne race de chevaux. 67
24. Pourquoy les femmes pettent plus souvent que les hommes. 68
25. Secret pour empescher les rats d'entrer en un logis. 69
26. D'où vient que les femmes pleurent. 71
27. Quel est l'animal le plus ingrat. 73
28. A quoy est empesché un canonnier. 74
29. Pourquoy les femmes sont timides. 76
30. Quel est le mestier le plus honnorable. 77
31. Qui sont les plus grands chiquaneurs. 79
32. Quel est l'animal le plus hardy. 81
33. De quelle peau il fait bon faire un tambour. 82
34. Qui est l'homme le plus glorieux. 84
35. Qui est le plus sçavant, de l'homme ou de la femme. 85
36. Quel est l'animal le plus fort. 86
37. Qui sont les mieux suivis. 88
38. Qui sont les meilleurs couvreurs. 89
39. Qui sont les plus liberaux. 91
40. Quant l'homme est le plus orgueilleux. 92
41. Quelle est la chose la plus joyeuse du monde. 94
42. Pourquoy les chats font l'amour en hyver avec des cris si estranges. 95
43. Qui sont les mauvais artisans. 97
44. Quel est le premier instrument du monde. 98
45. Pourquoy les femmes aiment les hommes si passionnement. 100
46. Qui sont ceux qui ne gaignent jamais leur cause. 102

47. Si un musnier, un tailleur, un sergent et un advocat estoient dans un sac, qui sortiroit le premier. 103
48. Qui sont ceux qui desirent d'estre borgnes. . . . 105
49. Qui sont ceux qui sont pires que les diables. . . 106
50. Qui pourroit refaire les signes du zodiaque s'ils estoient tombez. 108
51. Pourquoy les femmes sont plus blanches que les hommes. 110
52. Quel est le poisson le plus maladif qui soit en la nature. 112
53. Qui sont ceux qui ne doivent rien à personne. . . 115
54. Qu'est-ce qu'il arrive à un vieillard qui se marie. 116
55. Quel est l'animal le plus magnanime. 118
56. Pourquoy les vieillards ne jouent pas à la paume. 120
57. Quel est l'arbre le plus fertil. 122
58. A quel jeu il fait mauvais jouer avec les femmes. 124
59. Quelle est la beste la plus honneste de tous les animaux. 126
60. Pourquoy les enfants pleurent en naissant. 128
61. Quel est l'arquebusier le plus mal-à-droict. . . . 130
62. Qui sont ceux qui sont les plus sanguins. 132
63. Pourquoy les femmes donnent de l'argent en se mariant 133
64. Pourquoy les femmes n'usent point tant d'habits ny tant de soulliers que les hommes. 134

FIN DE LA TABLE.

EXTRAICT
DU PRIVILEGE DU ROY[1].

Par grace et privilege du Roy, il est permis à Pierre Rocollet, marchand libraire de ceste ville de Paris, d'imprimer ou faire imprimer, vendre et distribuer un livre intitulé : *Inventaire universel de tous les œuvres de Tabarin, contenant ses fantaisies, dialogués, paradoxes, preambules, farces, gaillardises, rencontres, etc.* Faisant très-expresses deffenses à tous imprimeurs, libraires et autres, d'imprimer ou faire imprimer dedans ou dehors ce royaume ledit livre, part ou portion d'iceluy, ny autres œuvres dudit Tabarin, tant imprimées qu'à imprimer, pendant l'espace de six ans, à compter du jour et datte des presentes, sur peine de confiscation des exemplaires, de tous despens, dommages et interests, et de mille livres d'amende, moitié à nous applicable et l'autre audit exposant. Voulons qu'en mettant au commencement ou à la fin dudit livre ces presentes ou un extraict d'icelles, qu'elles soient tenues pour signifiées et venues à la cognoissance de tous. Donné à Paris, le vingtiesme jour d'avril, l'an de grace mil six cens vingt deux et de nostre règne le douziesme.

Par le Conseil,

Signé PONCET.

Le dit Rocollet consent et accorde que Anthoine Estoc jouysse du susdit privilege comme il est accordé entre eux.

1. Ne se trouve pas dans la réimpression de 1622.

PRÉFACE

SERVANT D'ADVERTISSEMENT A LA SUITTE
DE CE DISCOURS.

*Qu'il n'y a aucune infamie à un homme de merite
de distribuer ses remèdes en public, ains que c'est
à grand honneur qu'il monte sur un theatre.*

CHAPITRE I.

LA vertu a un ascendant si advantageux sur le vice, qu'elle ne se peut voir captivée ny enchaisnée de ses liens ; l'esclat brillant de son auguste lumière dissipe, rompt et fend tous les nuages et obscuritez qui veulent ternir les rais de sa face. Et si le feu, pour estre le plus subtil et le plus leger element qui soit en l'univers, à cause de sa rareté, qui ne se peut voir enfermée ny contraincte, fait des effects si admirables et de si grands prodiges, quels plus grands efforts doit-on croire que fait la vertu pour n'estre abismée ou ensevelie dans les obscures grottes de l'oubliance? Il n'y a machine ny obstacle qui luy puisse empescher de se mettre au jour ; elle veut en fin couronner ses actions solemnellement et leur partager les lauriers deuz à leur merite. Or, comme elle a divers canaux par où elle fait distiller ses faveurs à ceux qui la suivent d'un courage genereux, aussi les hommes ont-ils recherché divers moyens de s'en rendre dignes et recommandables : les uns, laschant la bride à leurs passions, ont suivi les armes, où par leurs actions victorieuses ils ont dedans les combats engravé leur renommée sur le front de la posterité ; les autres ont embrassé la cognoissance des lettres, où ils ont acquis des lauriers immortels ; les autres ont prattiqué divers exercices pour embrasser la vertu et avoir part en ses faveurs, selon que leur dictoit leur propre naturel ; mais, comme toutes choses bonnes ne sont bonnes qu'en tant qu'elles sont communiquables, j'ay aussi tousjours estimé ceux qui cherissent la medecine et departissent ses richesses pour filz aisnez de la vertu. Medecine d'autant plus excellente que le suprême moteur des astres en a esté l'inventeur ; car, comme il n'y a rien de plus difficile que l'acquisition de ceste science, aussi n'y a-il rien de plus souhaitable que de voir un homme qui en face part à ceux qui en ont besoing, veu que les choses, pour bonnes qu'elles soient, si elles sont secrettes et cachées, perdent leur essence ; en vain nous aurions une puissance donnée de la nature, si par nonchalance et negligence on ne la mettoit en acte. De quoy serviroit à un homme d'avoir de grands biens, si en temps de famine et lors que la necessité voudroit graver ses loix, il les tenoit cachez en son grenier, sans les departir au peuple ? A quoy bon de sçavoir parfaictement pincer les cordes d'un luth, si on ne s'en veut point servir aux occurrences ? Plusieurs ont creu jusques à present, et mesme de ceux qui s'estiment les mieux sensez, que c'estoit une marque d'infamie à un homme de monter sur un theatre pour departir des remèdes au public (je ne doute pas que ce ne soit infamie à ceux qui sous ce manteau abusent du peuple et le trompent); mais je soutiens, par bonnes et valides raisons, qu'un homme de qui l'experience d'une longue suitte d'années a approuvé les remèdes ne peut acquerir que de l'honneur et de la gloire de se monstrer en public. Les trois plus forts pilliers qui peuvent servir de soubassement à mon dire sont : la rareté d'un remède qu'on debite, l'experience prattiquée de long temps, et l'utilité qu'en reçoit le public, qui trois jointes ensemble doivent effacer toutes les considerations de quelques uns qui estiment à deshonneur de monter sur un theatre. Premièrement, pour ce qui regarde la rareté, qui est-ce qui ne voit à l'œil qu'un secret qui peut apporter tant de bien dans une ville ne doive estre exposé à tout le monde ? Si la nature a descouvert quelque particularité à quelques uns qui ont tasché, depuis leur tendre jeunesse, de se perfectionner en la cognoissance des choses, sera-il dit pourtant qu'un public doit estre privé de ce thresor ? Faudra-il que ceste richesse, à la poursuitte de laquelle un homme aura consommé ses ans, demeure ensevelie dans un morne et paresseux silence ? Ce seroit desnier à la vertu ce qu'elle ayme et cherit davantage. En deuxiesme lieu, la preuve et l'experience qui peut juger en dernier ressort des actions humaines authorise grandement ce que j'ay proposé du commencement; et certes, je pourrois icy m'estendre en discours et permettre à ma plume de tracer combien l'experience cognue de tous peut advouer un homme de monter sur un theatre, si l'utilité que le public en reçoit ne me tiroit de son costé, utilité qui devroit fermer la bouche à ceux qui se formalisent de ceste proposition, veu mesmes que les actions que nous estimons les plus viles et abjectes, pourveu qu'elles buttent à nostre utilité, sont estimées pour très-honnestes. Quel thresor avons-nous en ce monde plus admirable que nostre santé? C'est où doit tendre le principal de nos actions; chacun doit soigner tant qu'il peut à conserver son individu : ce n'est rien d'avoir puisé l'estre de la nature, nous devons tousjours avoir le bien-estre, et chercher les moyens les plus convenables de nous y maintenir, qui sont d'autant plus tost trouvez qu'on nous les presente. Et certes, si on loue ceux qui, prevoyans quelque maladie qui leur peut arriver, vont rechercher le medecin devant le mal, quelle honte et quelle notte d'infamie trouverez-vous en celuy qui, pour vous relever de ceste recherche, vous vient presenter ses remèdes en public? Toutes ces raisons meurement digerées sont plus que suffisantes de faire confesser, voire mesme aux envieux, qu'il n'y a aucune infamie à monter sur un theatre, ains que c'est à grand quoy serviroit à un homme d'avoir de grands biens, si en temps de famine et lors que la necessité voudroit graver ses loix, il les tenoit cachez en son grenier, sans les departir au peuple? A quoy bon de sçavoir parfaictement pincer les cordes d'un luth, si on ne s'en veut point servir aux occurrences? Plusieurs ont creu jusques à present, et mesme de ceux qui s'estiment les mieux sensez, que c'estoit une marque d'infamie à un homme de monter sur un theatre pour departir des remèdes au public (je ne doute pas que ce ne soit infamie à ceux qui sous ce manteau abusent du peuple et le trompent); mais je soutiens, par bonnes et valides raisons, qu'un homme de qui l'experience d'une longue suitte d'années a approuvé les remèdes ne peut acquerir que de l'honneur et de la gloire de se monstrer en public. Les trois plus forts pilliers qui peuvent servir de soubassement à mon dire sont : la rareté d'un remède qu'on debite, l'experience prattiquée de long temps, et l'utilité qu'en reçoit le public, qui trois jointes ensemble doivent effacer toutes les considerations de quelques uns qui estiment à deshonneur de monter sur un theatre. Premièrement, pour ce qui regarde la rareté, qui est-ce qui ne voit à l'œil qu'un secret qui peut apporter tant de bien dans une ville ne doive estre exposé à tout le monde? Si la nature a descouvert quelque particularité à quelques uns qui ont tasché, depuis leur tendre jeunesse, de se perfectionner en la cognoissance des choses, sera-il dit pourtant qu'un public doit estre privé de ce thresor? Faudra-il que ceste richesse, à la poursuitte de laquelle un homme aura consommé ses ans, demeure ensevelie dans un morne et paresseux silence? Ce seroit desnier à la vertu ce qu'elle ayme et cherit davantage. En deuxiesme lieu, la preuve et l'experience qui peut juger en dernier ressort des actions humaines authorise grandement ce que j'ay proposé du commencement; et certes, je pourrois icy m'estendre en discours et permettre à ma plume de tracer combien l'experience cognue de tous peut advouer un homme de monter sur un theatre, si l'utilité que le public en reçoit ne me tiroit de son costé, utilité qui devroit fermer la bouche à ceux qui se formalisent de ceste proposition, veu mesmes que les actions que nous estimons les plus viles et abjectes, pourveu qu'elles buttent à nostre utilité, sont estimées pour très-honnestes. Quel thresor avons-nous en ce monde plus admirable que nostre santé? C'est où doit tendre le principal de nos actions; chacun doit soigner tant qu'il peut à conserver son individu : ce n'est rien d'avoir puisé l'estre de la nature, nous devons tousjours avoir le bien-estre, et chercher les moyens les plus convenables de nous y maintenir, qui sont d'autant plus tost trouvez qu'on nous les presente. Et certes, si on loue ceux qui, prevoyans quelque maladie qui leur peut arriver, vont rechercher le medecin devant le mal, quelle honte et quelle notte d'infamie trouverez-vous en celuy qui, pour vous relever de ceste recherche, vous vient presenter ses remèdes en public? Toutes ces raisons meurement digerées sont plus que suffisantes de faire confesser, voire mesme aux envieux, qu'il n'y a aucune infamie à monter sur un theatre, ains que c'est à grand honneur qu'un homme debite ses remèdes en public.

APOLOGIE

Pour le sieur de Mondor, et responce à quelques envieux.

CHAPITRE II.

LA calomnie a tellement pris pied dans la conception des hommes, et la mesdisance s'y est insinuée avec tant d'advantage, que la nature ne semble nous avoir produict que pour estre la butte et l'arc-boutant de toutes les javelines de l'envie. Depuis qu'on voit un homme de merite qui a quelque ascendant sur le commun, la calomnie prend le party de ceux qui envient son bon heur, et desbande le ressort de toutes ses inventions pour offusquer sa gloire et obscurcir sa renommée : en vain, pourtant, puisque la vertu du soleil brillant de la verité deslie en fin toutes ces nuées et debrouille ce cahos de confusion et ce meslange de discord. Depuis trois ans et demy que le sieur de Mondor a fait paroistre dans la ville metropolitaine de ce royaume ce que la nature luy avoit departy de plus rare, quelques-uns, qui ne peuvent digerer d'une volonté libre tant de secrets qu'il donne au public, ont tasché de ternir sa renommée par leurs discours calomnieux; ils ont dit que ses remèdes n'avoient la perfection à l'interieur qu'il leur donnoit à l'exterieur, par son eloquence; estomachs crus et cacochimes, qui ne sçavent à quel goust consommer tant de raretez! Qui est-ce dans Paris qui, voulant seulement receuillir la sentence de sa raison propre, n'opine grandement en sa faveur? Peut-on dresser une batterie contre tant d'experience que la vertu de ses remèdes a mesme faict paroistre aux yeux de ceux qui desadvouent par leur bouche ce que leur cœur authorise au dedans? L'experience est la mère de la verité; il est impossible que s'estant servy trois ans durant d'un remède, qu'on n'en descouvre les imperfections, s'il y en avoit; le temps decèle tout, il ne peut rien tenir caché. Il faut donc conclurre, puis que la bouche de tant de diverses personnes, et mesme d'un peuple de Paris, où est la pepiniere de tous les plus beaux jugemens du monde, aprouve ces remèdes, et concurre d'une mesme voix à ses louanges, qu'ils sont très-rares et très-excellens, et qu'en vain on s'attaque à la renommée de celuy qui en a eu la première invention, invention qui rendra à jamais sa memoire affranchie du trespas, et son nom si recommandable que la posterité en fera renaistre le souvenir dans les nations les plus esloignées de la terre. Et, certes, quel tiltre a-on de calomnier un homme qui n'a autre but que de servir le public, et duquel tant de personnes differentes d'aage et de qualité ont receu des guarisons notables? N'est-ce pas directement s'opposer à ce que la vertu enfante de plus rare et de plus excellent? Mais tant s'en faut que cela resjaillisse à son desadvantage, qu'au contraire cela fait reluire d'autant plus l'esclat brillant de sa renommée, s'il est vray que *contraria contrariis opposita magis elucescunt*. On a tousjours remarqué que l'envie a voulu obscurcir la candeur et integrité des hommes de merite, mais toutes les javelines qu'elle a brandi contre leur renom ne sont sorties qu'à sa propre ruine : plus elle a tasché de corrompre leur splendeur par le nuage espais de ses calomnies, plus ils ont fait paroistre les rays transparans de leur lumière.

INVENTAIRE UNIVERSEL

DE TOUTES

LES FANTAISIES, DIALOGUES,

PARADOXES, GAILLARDISES, RENCONTRES
ET CONCEPTIONS DE TABARIN.

Œuvre excellent, où parmy les subtilitez Tabariniques on voit luire la morale et eloquente philosophie du sieur de Mondor.

Fantaisie et Dialogue I.

Quelle est l'herbe la plus mauvaise qui soit en la nature.

TABARIN.

Mon maistre, il y a long-temps que je ne vous ay point importuné de mes discours : il n'est pas mal à propos de recommencer nos premières brizées. Me diriez-vous bien quelle est l'herbe la plus mauvaise du monde ?

LE MAISTRE. Bien que je ne veuille, par une filautie et ostentation trop advantageuse, me mettre au rang des hommes doctes, Tabarin, si est-ce pourtant qu'ayant consumé une grande partie de mon temps aux sciences et cognoissances des choses naturelles, je pourray en quelque chose te satisfaire en cecy.

La nature a caché des secrets et des vertus admirables dans les plantes : il n'y a racine, herbe, ny legume qui n'ait une force particulière ; mais comme ceste vertu est interieure en la plante, aussi y en a-il plusieurs qui n'ont jamais esté l'object de nostre cognoissance. L'experience et l'usage en a descouvert quelques unes ; mais nostre esprit, bien que très-capable de sa nature de penetrer dans la cognoissance des autres, toutesfois, à cause de l'imbecillité qui semble lier et retenir ses organes, n'en a peu jamais trouver les proprietez. C'est une chose admirable de voir comme la nature a diversifié ses œuvres et s'est rendue prodigue en ses effects. La ciguë a des qualitez si contraires qu'elle nourrit les estourneaux et empoisonne les hommes ; l'hyosciame, pris par un homme, apporte la mort, et pris par un porc ou un sanglier, luy apporte la vie ; les amandes amères concurrent à la santé de l'homme, et prises par les renards, leur causent la mort ; la ferule nourrit les asnes et tue les chevaux ; la mandragore, le pavot et infinité d'autres, prises avec excès, apportent de grands maux. Mais, entre toutes les herbes, je n'en trouve pas de plus mortelles ny de plus venimeuses que le napelus : c'est une plante dont la racine et le tronc apportent la mort mesme à ceux qui les manient et les tiennent, et prise par la bouche a une force si pregnante qu'elle s'insinue aussi tost dans le cœur, arrache et brusle l'interieur, et en peu de temps apporte une convulsion et restriction de nerfs, qui est en fin suivie de la mort, et n'y a medicament qui y puisse remedier quant une fois elle a penetré jusques au cœur.

TABARIN. Pour la première chose que je vous demande, vous ne me satisfaites pas, mon maistre. Voulez-vous que je vous enseigne quelle est l'herbe la plus mauvaise du monde?

LE MAISTRE. Je desireray tousjours, jusques au dernier poinct de la vie, avec un grand philosophe de l'antiquité, d'apprendre quelque chose.

TABARIN. L'herbe la plus mauvaise du monde et que la nature ait jamais produicte, c'est le chanvre.

LE MAISTRE. Le chanvre, Tabarin! Voicy un paradoxe inouy; quelle raison as-tu de ceste proposition?

TABARIN. Vous sçavez bien que les cordes sont faites de chanvre; ceste herbe a une telle vertu, que depuis que maistre Jean Guillaume l'a tenue demy quart d'heure sous le col d'un homme, elle luy baille une telle restriction de nerfs qu'elle luy fait perdre la vie. On n'y a que faire d'orvietan ny d'antidote : c'est une herbe qui a bien tost sorty son effect.

Fantaisie et Dialogue II.

Faire un mal sans peché et un bien sans merite.

Tabarin.

Mon maistre, que voudriez-vous prattiquer pour faire un mal sans peché et un bien sans merite ?

Le Maistre. C'est une chose qui emporte avec soy une contradiction manifeste, Tabarin. Nos actions sont bonnes ou mauvaises. Si elles sont mauvaises, ce n'est qu'en tant qu'elles ont un objet qui est mauvais en son essence, de manière qu'il est impossible de trouver une action mauvaise où il n'y ait pas de peché, veu que le peché est tellement lié et enchaisné aux infâmes actions, que la nature, en toute l'estendue de sa puissance, ne pourroit produire un acte mauvais qui ne fust un vice. Le mesme se peut dire de l'action qui est bonne : le merite est la recompense des bonnes actions, qui les couronne sollemnellement, et jamais un acte genereux ne peut estre mis sous le voile de l'oubliance ny caché dans les tenebreuses obscuritez du mespris ; la vertu, qui le produit et qui l'enfante au dehors, ne permettroit jamais qu'on le privast du merite qu'il doit recevoir ; la renommée luy serviroit de trompette en ce cas pour faire esclater sa splendeur. Pour moy, il n'y a aucune raison naturelle qui puisse conduire mon jugement à croire qu'on puisse faire un mal sans peché et un bien sans merite.

TABARIN. Il ne faut pas grande philosophie pour vous mettre bien en peine ; vous ne seriez pas bon à chercher la pierre philosophale, car vous n'y entendez rien. La façon par laquelle on fait un mal sans peché et un bien sans merite est très-facile à faire : vous l'avez faict plus de cent fois en vostre vie.

LE MAISTRE. Je te prie, Tabarin, fais moy part de ceste science, afin de m'en servir aux opportunitez.

TABARIN. Je n'en veux pas garder un morceau pour moy, je vous donneray tout. Pour sçavoir pratiquer ce secret, il vous faut chier dans vos chausses : voilà desja un grand mal sans peché.

LE MAISTRE. Il est vray, Tabarin.

TABARIN. Si vous voulez après tourner le feuillet et faire un grand bien sans merite, c'est d'aller laver vos chausses à la rivière : voilà un bien sans merite.

LE MAISTRE. O le gros vilain ! Nous importuneras-tu tousjours de tes villenies ?

Fantaisie et Dialogue III.

A qui on doit prester.

TABARIN.

On maistre, si vous aviez une grande somme de deniers, à qui vous voudriez vous addresser pour la prester ?

Le Maistre. Le temps d'aujourd'huy est si corrompu, Tabarin, et plein de vicissitudes et alterations, que si j'avois quelque argent à mettre à rente, je serois bien empesché de l'asseurer sur un ferme pillier. Toutes choses tirent de jour à autre au declin ; les familles les plus grandes, les races les plus relevées et les hommes qui semblent estre fondez sur les pilotis d'une fortune enracinée sont ceux qui sont plustost bouleversez. La fortune contrebalance ses faveurs : elle eslève l'un pour abbaisser l'autre. Rien ne peut demeurer en son estat ; car ce seroit desnier au temps le pouvoir et l'influence qu'il a sur nous, et aux mouvemens l'authorité qu'ils peuvent graver sur nos destins ; et ainsi il est maintenant bien difficile de trouver quelqu'un d'asseuré à qui avec certitude l'on puisse hardiment prester quelque chose.

Tabarin. Je vous veux oster de ceste difficulté qui enveloppe vostre cerveau et vous enseigner à qui il fait bon prester et mettre quelque chose en depost.

Le Maistre. A qui trouves-tu, Tabarin, qu'il face bon prester?

Tabarin. A une femme, mon maistre, car elle rend tousjours au double; elle vous donne tousjours pour une andouille deux jambons, et pour une cheville qu'on luy mette au bas du nombril, elle fait naistre deux cornes sur le front de son mary.

Fantaisie et Dialogue IV.

Quelle femme on doit prendre en mariage.

Tabarin.

Si le sort vous presentoit un bon party et que vous voulussiez vous marier, laquelle de ces trois choisiriez-vous pour vostre femme: une boiteuse, une borgne, ou une bossue?

Le Maistre. Le mariage est un lien et une cadène où sont attachez beaucoup de malheurs, Tabarin. Les plaisirs qu'on y reçoit sont bien tost changez en aigreur et amertume, et les douceurs dont on s'y repaist pour un temps donnent une funeste catastrophe de douleurs à la fin. Un homme qui se marie vend sa liberté, dont il ne doit avoir rien de plus cher et par laquelle seule il est homme constitué en son estre parfaict. Depuis qu'une fois ce petit Cupidon, de la pointe de ses javelines, a penetré dans nos cœurs, nous nous revestons de certaines passions et faisons naistre au dehors des actes qui desadvouent et deshautorisent la perfection que nous devrions avoir (je ne blasme pas pourtant le mariage, je sçais bien que c'est une chose saincte et une conjonction pure et sincère); toutesfois, quand bien je desirerois m'asservir aux loix d'hymenée, je voudrois rendre ma puissance terminée d'un bel object, et nourrir mes feux dans des flammes plus brillantes, que non pas borner mes volontez et arrester mes yeux sur ces monstres de nature qui ne sont qu'imperfection.

TABARIN. Si d'advanture vous cherchez un beau subject, il n'y a pas une de ces trois que je vous raconte qui ne soit capable par les rais de sa beauté d'attirer les Dieux mesme de leurs trosnes pour les carresser. Ce n'est pas pour vous persuader à les prendre toutes trois, car on ne doit pas avoir trois femmes ; mais c'est pour vous donner à choisir.

LE MAISTRE. De prendre la bossue, cela est grandement difforme. La nature a cecy de particulier, qu'elle veut estre bien ornée en toutes ses œuvres ; elle abhorre les monstres comme avortons de ce qu'elle engendre de si beau.

TABARIN. A la verité, une bossue ne s'accomoderoit pas bien avec vous, car de l'estendue de son dos elle tiendroit toute la place du lict, et ainsi il vous faudroit coucher dehors : ce n'est pas là vostre faict.

Le Maistre. De prendre une borgne, cela est encore grandement disconvenable et disproportionné avec une jeune beauté, car l'œil est l'ornement de la face et le premier organe de tout le corps, la porte de l'amour et l'entrée par où pénètrent les affections et vont au cœur.

Tabarin. Une borgne, d'autre costé, ne voit que la moitié du monde : c'est une pitié depuis qu'on ne voit goutte à manger sa souppe.

Le Maistre. Entre toutes celles que tu me présentes, j'aymerois mieux la boiteuse (si le sort me violentoit à me joindre sous les loix du mariage), car on peut cacher ceste indisposition, ce qui ne se peut prattiquer aux autres.

Tabarin. Vous estes mal conseillé, mon maistre ; il vous faudroit prendre la borgne.

Le Maistre. Pourquoy, Tabarin ?

Tabarin. Parce que vous auriez un advantage sur tous les autres cornards de Paris, car ils ont deux cornes et vous n'en auriez qu'une, veu qu'on dit que l'amour entre par les yeux, et que l'amour d'autruy fait les hommes cocus. Or est-il qu'il n'entreroit que par un œil ; *ergo*, vous n'auriez qu'une corne, et seriez grandement privilegié par dessus les autres de vostre qualité et de vostre condition.

Fantaisie et Dialogue V.

Pourquoy les hommes nagent mieux que les femmes.

TABARIN.

Mon maistre, vous qui vous vantez d'avoir esté autrefois aux escolles de philosophie et qui faites profession de sçavoir les secrets de la nature, dites-moy un peu pour quelle raison les hommes nagent mieux que les femmes.

Le Maistre. Il est très-aisé de t'en esclaircir, Tabarin. La coustume prend tellement pied sur la chose où elle grave ses loix et son authorité, que peu à peu, s'insinuant par ses habitudes en nous, elle se métamorphose en nature. C'est la raison d'où vient que l'homme, estant né libre, est esclave le plus souvent de ses propres passions; ses habitudes sont tellement enracinées qu'il ne peut se maistriser. J'en dis de mesme, la cause pourquoy les femmes ne nagent pas si bien que les hommes est que les hommes exercent plus souvent ceste action, *siquidem ex multiplicatis actibus acquiritur habitus*. Or, les femmes ne se portent jamais ou fort rarement à cest acte; jouxte aussi que la honte et la pudeur les retient de s'exposer ainsi à nud à la veue du monde, où au contraire l'imprudence et la hardiesse des hommes les precipite et desvoile toute sorte de vergongne pour se revestir d'un front obscène et d'un masque d'impudence et d'impudicité ; et ainsi la femme est empeschée d'exercer cest acte, qu'elle prattiqueroit à l'esgal des hommes, si l'honneur luy permettoit d'y aller aussi souvent qu'eux.

Tabarin. Sans doute qu'elles vous ont donné quelque chose pour deffendre leur cause et leur servir d'advocat en ceste affaire. Si est-ce pourtant que vous ne gaignerez pas vostre procès contre moy. Toutes vos raisons ne peuvent pas esbranler la constance ny la fermeté de mon fondement.

Le Maistre. Quel fondement as-tu, Tabarin, contre des raisons si pregnantes ?

Tabarin. Je dis que mes preuves ne cèderont jamais rien aux vostres ; qu'ainsi ne soit, je tiens que la vraye raison pourquoy les hommes nagent mieux que les femmes, c'est à cause que les hommes ont deux vessies au bas du ventre qui les soustiennent en nageant, et les femmes sont percées à jour de toutes parts. N'est-il pas vray que ceux qui ont des vessies nagent beaucoup plus facilement que ceux qui n'en ont point ?

Fantaisie et Dialogue VI.

Qui sont les meilleurs taverniers.

Tabarin.

Mon maistre, qui prenez-vous pour les meilleurs taverniers de Paris ?
Le Maistre. Tousjours Tabarin a soing de la cuisine et de la cave.
Tabarin. L'impudence d'un homme ! Il parle de cave comme s'il avoit une grande cave !
Le Maistre. N'ai-je pas aussi une cave garnie de toutes sortes de bons vins ?
Tabarin. Il n'y a seulement qu'une pièce en sa cave, encor a-elle la gravelle aussi bien que la fontaine du Palais : on ne peut la faire pisser. Mais vuidons un peu nostre demande.
Le Maistre. Pour respondre à ta question, il te faudroit aller par tous les cabarets de Paris et t'enquerir des gourmets pour sçavoir quelles sont les meilleures hostelleries, car c'est en ce lieu où se rencontrent les meilleurs taverniers. Toutesfois, pour satisfaire en quelque chose à ta curiosité, je te diray que les meilleurs taverniers sont ceux qui ont une courtoisie douce et attrayante, qui bien-veignent les hostes, les carressent et cherissent, qui ont toutes sortes de delicatesses en leurs viandes pour resveiller et

exciter l'appetit des personnes qui les visitent ; il faut de plus qu'un bon tavernier aye une grande cognoissance de la cuisine, des sausses et hauts gousts ; qu'il aye une maison bien garnie de tout ce qu'il luy faut ; qu'il soit logé au large ; mesme le meilleur est d'avoir une salle sur le derrière, afin d'asseoir les venans et de garder le corps de logis de devant pour ceux qui viennent loger, car on est tousjours bien aise d'avoir l'aspect de la rue et de ceux qui passent.

TABARIN. Devinez, selon vostre advis, qui je prens pour les premiers taverniers de Paris.

LE MAISTRE. Qui trouves-tu qui excelle en ceste vaccation, Tabarin ?

TABARIN. Ce sont les femmes, mon maistre, par ce qu'elles logent sur le devant et baillent à boire sur le derrière.

FANTAISIE ET DIALOGUE VII.

Qui sont les mauvais mesnagers.

TABARIN.

Qui trouvez-vous en l'univers qui soient les plus mauvais mesnagers ?

LE MAISTRE. Le mauvais mesnager provient de plusieurs sources et de plusieurs origines. La première cause, qui se peut dire efficiente en cecy, est le divorce qui arrive quant on est marié : les rixes, les noises, debats, querelles, jurges, contentions et crieries. La bonne intelligence qui devroit unir les mariez les disjoint, les separe; et au lieu d'un amour parfait qu'elle devroit enfanter en leur cœur, elle ne produit et n'engendre que haine, que tristesse. Ou l'homme sera addonné au vin, et ainsi la maison tire toujours à sa ruine ; ou la femme sera desbauchée et vivra trop licentieusement, et en ceste occasion l'homme, qui se voit mesprisé, mesprise et laisse les affaires en suspend, se depite, vend, romp et fracasse tout. Le neud qui tenoit ceste alliance si serrée et en son point vertical de bon heur se deslie et renverse ces pauvres gens au nadir de malheur ; jouxte aussi que quant un homme est porté d'une cupidité et avidité des sens, après hyvrognerie, bien qu'il soit en bonne intelligence avec sa femme, ruine pourtant la maison, allienne ses biens et est contraint le plus souvent de faire banqueroute. Voilà, à mon advis, ceux qui sont les plus mauvais mesnagers.

TABARIN. Vous n'y estes pas, mon maistre. Ces raisons ont bien quelque chose de superficiel et en apparence, mais elles ne touchent au fond de la besongne. Pour moy, je tiens que les plus mauvais mesnagers qui soient au monde sont les sergens, car ils ne se contentent pas seulement de vendre leurs biens et de prodiguer tout ce qu'ils ont de bon, mais vous les voyez le plus souvent sur le bout du pont Sainct-Michel vendre le bien d'autruy, et mesme en leur presence.

Fantaisie et Dialogue VIII.

A quoy peut on comparer une vieille.

TABARIN.

Vous qui estes desjà viedase, je veux dire vieux d'aage, et qui avez attaint la maturité de la vieillesse, dites-moy un peu à qui ressemble une vieille femme, de ceux que vous voyez qui ont le teint vermeil et poly comme du parchemin bruslé.

LE MAISTRE. Nostre estre est de soy labile, Tabarin, et ne peut demeurer en une mesme consistance; nous sommes subjets aux mutations des planettes, qui règlent et gouvernent les choses d'icy bas sous le cours ordinaire de leurs influences. Nostre jeunesse se peut comparer à une fleur printanière qui espanouit ses tresses chevelues parmy les moissons dorées que nous apporte l'avril à son retour, quant les prés commencent à s'emailler d'un milion de couleurs, qui d'un agreable representation resjouissent les esprits de ceux qui les contemplent et les sens de ceux qui les odorent. Nous sommes en nostre bas aage comme dans un printemps verdoyant, où peu à peu nos plantes, prenant accroissement, fleurissent et s'augmentent de jour à autre. La virilité est l'aage qui aporte la maturité à nos actions, qui les mesure au compas de la raison, qui règle nos mouvemens et qui modère par ses doux temperaments ceste ardeur bruslante qu'on voit esclater et bouillir aux jeunes gens : c'est alors que d'une meure consideration nous nous portons à des actions et des entreprises virilles et dignes d'un homme de grand courage. Nous ne sommes pas long-temps en cest estat : la nature n'a rien de permanent, de stable, ni d'asseuré, sinon le changement.

Tout se change et rechange,
Le temps nous fait, le temps mesme nous mange.

La vieillesse vient, qui aporte avec soy toutes sortes de maux, de misères, de calamitez, et n'y a instant où elle ne face ressentir les pointes cruelles de ses rigueurs. La nature, qui d'une force puissante devoroit toutes sortes de maladies, se rend alors esclave et tributaire de leurs rigueurs. Pour moy, ce à quoy je pourrois acomparer la vieillesse, c'est à un rude et facheux hiver où il n'y a que glaces, que frimats, que vents, pluyes, gelées, et qu'un comble parfait de toutes sortes d'intemperies.

TABARIN. Voilà bien tournoié pour venir tomber sur l'hiver. Voulez-vous sçavoir à quoy ressemble une vieille femme, ou un vieil homme ?

LE MAISTRE. A quoy une vieille femme ressemble-elle, Tabarin ?

TABARIN. A un vieux procez pendu au croc, car à faute d'en feuilleter les pièces les rats y font leurs nids, et un vieil homme est comme une vieille horloge : plus va avant, plus l'esguille se raccourcit, et plus les contrepoix s'allongent.

Fantaisie et Dialogue IX.

Quant les medecins se trompent.

Tabarin.

On maistre, puisque vous estes professeur ès sciences de medecine, sçavez-vous quant les medecins se trompent et faillent grandement en leurs receptes ?

Le Maistre. Les medecins se trompent quelquefois, Tabarin, car, comme nous sommes tous composez de divers temperaments, aussi est-il grandement difficile de les recognoistre parfaitement : car ce qui est à l'interieur, bien qu'il donne des signes au dehors et des aparences de ce qui est voilé et caché au dedans, toutesfois, souvent le peu d'experience que nous avons et le peu de certitude qu'on doit tirer par les superficielles marques, nous font gauchir en nos jugements. Tel aura le temperament chaut à qui un medecin donnera des medicamens exsiccatifs et rechauffans, et par ceste façon, au lieu d'attiedir et d'empescher le mal, il rengrege la douleur et lui donne des alimens plus forts. Un autre aura le temperament froit au dedans, qui à l'exterieur produira des marques d'un homme colère et chaut, de manière que, n'y ayant rien d'asseuré, il faut une longue experience pour servir de soubassement à son jugement, devant qu'ordonner une medecine pour un malade ; la raison doit plustost en ce cas consulter l'experience et ce qui s'est remarqué en pareilles adventures, que non pas se fonder sur ses propres bastiments. Je crois, pour mon regard, s'il y a quelque rencontre où les medecins sont souvent arrestez et trompez, c'est aux maladies chaudes et aigues, car alors la raison est tellement precipitée par l'ardeur de la maladie, qu'elle n'est pas libre d'exercer et de mettre au jour en bref ce qui est necessaire pour ces accidens, veu que les operations que nous exerçons sont d'autant plus valables qu'elles sont premeditées avec loisir et meure consideration : ce qui ne se peut pratiquer en ce cas, puisque l'ardeur de la maladie ne donne pas permission d'y songer.

TABARIN. Vous estes un beau medecin ! Vous l'avez bien rencontré ! Ce n'est pas aux maladies chaudes où les medecins se trompent et errent ordinairement ; c'est quant ils ordonnent une purgation pour purger le cerveau d'une femme : la medecine cherche haut et bas le cerveau pour operer, et n'y en trouve point ; voilà en quoy ils s'abusent, mon maistre.

Fantaisie et Dialogue X.

Où il fait mauvais bastir.

Tabarin.

Vostre père n'estoit-il pas maçon, mon maistre ? Je voudrois sçavoir de vous où il fait dangereux bastir.

Le Maistre. Il ne le fust jamais, Tabarin, et pour assouvir ta curieuse question il faudroit sçavoir les maximes des architectes et entrepreneurs ; c'est chez telles gens qu'il te faudroit addresser : là tu pourrois remarquer que pour dresser un bastiment et pour l'eslever en hauteur, qu'il faut premièrement jetter les fondements sur la terre ferme, ou sur des pilotis. On a veu jadis des edifices superbes et des bastimens de remarque succomber d'eux mesmes sous leur propre poix, pour avoir esté bastis et fondez sur le sable; aussi est-il très-certain que *nil tam durum aut tam robustum quod aliquando non conficiat aut consumat vetustas.* Les anciens ont eu en grande curiosité les bastimens, et en ont laissé des trophées eternels qui ne peuvent estre tellement mutilez des coups du temps et de la fortune qu'il n'en reste encor quelque partie pour renouveller la memoire de ceux qui les ont eslevez. L'Egypte et la ville de Rome ont fleury jadis en ces edifices, et maintenant la ville de Paris se decore tous les jours par ses bastiments ; mais tous en general, quant ils ont voulu bastir quelque superbe palais, ils ont estably et fondé leurs murailles sur le ferme. Pour moy, le lieu où je trouve plus dangereux à bastir est sur l'eau, car elle mine et sape peu à peu les fondemens et ruine en bref l'edifice.

TABARIN. O le grand arracheur de teste que voilà ! (Je veux dire architecte.) A vous voir, mon maistre, vous ne sçavez guères que c'est de bastir. Le lieu le plus dangereux pour edifier, c'est sur la teste ou sur le devant d'une femme, car il n'y a rien qui soit plus inconstant ny qui soit davantage en bransle.

FANTAISIE ET DIALOGUE XI.

Quel mestier est le plus difficile à apprendre.

TABARIN.

Mon maistre, quel mestier croyez-vous le plus difficile à apprendre ?

LE MAISTRE. Tu me demandes là une question qui porte son estendue bien loing ; il faudroit passer et transcendre toutes les cathegories des mestiers pour apprendre la resolution de ce poinct. Entre les mestiers, je tiens ceux-là les plus difficiles à apprendre où l'ouvrier et l'apprenty doit monstrer l'artifice des mains ; et tant plus l'ouvrage est delicat, plus le mestier est difficile, puis que nous ne pouvons pas tout d'un coup avoir nos operations directes, *quia ex multis actibus acquiritur habitus*, l'habitude ne s'acquiert que par le concours des actes.

TABARIN. *Maxime, Domine.* Diable ! j'entens le latin principalement quant il n'est pas trop espais.

LE MAISTRE. Il y a de certaines choses que nous ne pouvons parfaire sinon après y avoir employé une grande partie de nostre jeunesse, et bien que l'estude soit un art, et qu'on ne le compte entre les mestiers, je trouve pourtant que c'est la chose la plus difficile du monde à apprendre : car tel pense avoir fait un grand progrès dans les lettres, et penetré jusques au plus secret cabinet de la doctrine, qui se trouve encor sur le seuil des Muses et à l'entrée de la science, tant ce mestier est penible et difficile.

TABARIN. Vous n'y entendez pas grand chose, mon maistre ; toute vostre doctrine est superflue. Je vous voy enseigner qui est le mestier le plus difficile à apprendre : c'est le mestier des coupeurs de bourses et des tireurs de laine, car les premiers ne travaillent jamais sinon qu'en cachette, et les seconds n'osent pas mesme travailler à la chandelle ; ils ne font leurs ouvrages que de nuict.

Fantaisie et Dialogue XII.

Qui sont les plus prodigues.

Tabarin.

Uelles gens estimez-vous en tout l'univers pour les plus prodigues?

Le Maistre. Les philosophes, et principalement Aristote, ont creu à juste tiltre que la vertu tenoit tousjours le milieu, sans s'approcher aucunement des deux extremitez, qui sont vices. La liberalité tient son siege entre l'avarice et la prodigallité, et ceux-là sont prodigues qui ont des moyens, car, se voyans garnis, l'apprehension se retire de leur esprit, qui, concevant un monde de merveille, ne se soucient beaucoup de leurs biens, ains les dissipent, jouent et mutuent ; il leur semble à voir qu'ils ne sont point bien nez s'ils ne prodiguent leur argent et leurs richesses. Entre les prodigues je conte aussi ces jeunes courtisans qui ne voyent pas si tost une chose qu'ils la veulent acheter, sans regarder si elle leur sert ou non.

Tabarin. C'est une chose du tout admirable, que vous ne sçavez trouver pas une solution à mes demandes; je ne sçay pas où vous avez puisé vostre doctrine tant estimée, car je n'en vois paroistre aucun effect.

Le Maistre. Un homme ne peut pas contenir

en son cerveau toutes les sciences et raretez qui sont en l'univers ; nous sommes trop imbecilles de nature pour tout sçavoir. Les uns sont parfaits en une chose, les autres excellent en l'autre ; mais on n'en peut rencontrer un seul qui ait un tableau et un portrait racourcy de toutes les sciences.

TABARIN. Ceux qui sont les plus prodigues, mon maistre, ce sont les gueux, par ce que pour un double ils vous donneront plus de benedictions qu'un medecin de santé pour vingt escus.

FANTAISIE ET DIALOGUE XIII.

Qu'est-ce que l'eau cordialle.

TABARIN.

Mon maistre, je passois tantost sur un certain droguiste du Pont-Neuf où on parloit d'eau cordialle. Que croyez-vous que ce soit de l'eau cordialle ?

LE MAISTRE. Les eaux cordialles sont les essences des simples et des larmes qu'on tire par l'alambic, qui, par le feu, se purifient, prennent force et vigueur, et se revestent d'une nature bien plus aspre, non tant au goust qu'en l'interieur. Telles sortes de compositions se font pour les maladies qui viennent au cœur, comme syncoppes, defaillance, palpitations et autres infirmitez qui suivent tousjours ceste vie humaine, et telles eaux se nomment ordinairement cordialles, parce qu'elles sont faites pour le cœur.

Tabarin. J'ay veu hier de l'eau cordialle, mais elle n'avoit point passé par tant d'alambics comme vous dites. Ce fut comme j'estois en la Conciergerie du Palais. J'apperceus un pauvre homme qu'on alloit mener en Grève (je voyois bien à sa mine qu'il n'y alloit pas de bon cœur). Comme il estoit prest à partir, il demanda à boire. Or il est à remarquer qu'il y a une belle fontaine dans la court de la Conciergerie. On prend un verre et luy en porta-on de la plus fraische. Il la beut d'assez bon cœur, et je fus tout estonné qu'à peine il n'avoit pas achevé de boire qu'on luy mit la corde au col, et qu'on le mena au gibet. Pour moy, je crois qu'on ne sçauroit trouver eau plus cordialle que celle-là.

Fantaisie et Dialogue XIV.

Pourquoy les femmes recherchent les hommes.

TABARIN.

Our quelle raison les femmes ont-elles tant d'ardeur et de cupidité à la recherche des hommes ?

Le Maistre. La cause efficiente en est grandement belle, Tabarin. Entre tous les animaux il n'y en a point de plus associable que l'homme et la femme, parce qu'estans douez par dessus le commun du flambeau de la raison, qui leur sert de conduite en leurs actions, ceste raison ne peut demeurer en un lieu si elle ne se communique : *siquidem omne bonum est communicabile.* Elle ne peut se communiquer si elle ne s'insinue dans les esprits des humains, et ne peut s'insinuer que par le moyen de ceste societé et recherche que toutes les espèces font de leur semblable. La nature, mère prevoyante de tout ce qui prend accroissement icy bas, a tellement ordonné les choses en la perfection de leur estre, que d'un enclin naturel toutes choses sont portées à aimer, cherir et carresser son semblable et les individus de son espèce : c'est une liaison si ferme qu'il n'y a rien en ce monde qui la puisse alterer; les choses mesmes inanimées et insensibles ont aussi leur inclination. Ainsi, le feu monte en haut et la pierre descend en bas; tout cherche son centre; et bien que ceste inclination ne fut comme essentielle à l'homme et à la femme, les beautez qui rayonnent dans les yeux de l'un et de l'autre ne sont-ils pas assez forts pour les attirer à en faire la recherche? N'est-ce pas un aymant pour attirer et enrether un cœur le plus enforcé qui soit en l'univers ?

TABARIN. Par ma foy, il a raison! Diable emporte qui a raison! Et toutesfois vostre raison ne peut persuader ma raison que vous ayez raison. Il faut que je vous apprenne encore ce secret avec les autres. La cause pourquoy la femme recherche l'homme fut que Venus, la perle unique des beautez alertes, voyant son mary Vulcain boiteux des deux costez, et que ceste difformité qu'il avoit au visage à cause de sa forge n'estoit pas digne d'estre l'object de ses richesses ny de cueillir les lis et les roses qu'elle faisoit fleurir sur le verger empourpré de ses joues, delibera de le faire cornar. Elle s'accoste de Mars, dieu de la guerre, et le meine en sa couche nuptiale. Vulcain, jaloux d'une telle courtoisie, fit une chaîne pour les prendre tous nuds au piége. Il fait assembler les dieux et leur monstre ces deux amants, qui, se voyans descouverts, ne furent pas si bien enchaisnez qu'ils ne prissent la fuite. Vulcain, fasché d'avoir manqué à la prise, court après, le marteau au poing ; mais ses jambes, comme elles estoient disproportionnées, aussi ne peurent-elles jamais atteindre ces fuyars. Estant donc comme enragé de les avoir laissé eschapper, il jette son marteau après eux. Un mal heur et un bon heur arriva en ceste rencontre : le marteau se demancha, et, bondissant contre terre, la teste alla se fourrer dans les cuisses de Venus et le manche se mit au bas du ventre de Mars, où ils y sont demeurez depuis ce temps-là. Les hommes se peuplèrent et eurent la mesme marque ; c'est pourquoy la femme recherche tousjours l'homme, comme le voulant prier de luy faire la courtoisie de luy r'amancher son marteau.

LE MAISTRE. L'impudence estrange de Tabarin ! Encor plantera-t-il des estendars victorieux de sa villenie, et rira de ses follies !

Fantaisie et Dialogue XV.

De la difference d'une dame et d'un chevallier.

Tabarin.

Ostre maistre, quelle disproportion et difference rencontrez-vous entre une dame d'honneur et un brave chevalier.

Le Maistre. Voilà des questions honnestes et où on ne peut trouver aucune sorte de mal, Tabarin. Tu devrois me faire tousjours des demandes semblables, et non pas suivre tes propres passions et te mettre à l'abry de tes fantaisies. Pour te respondre, je dis que la difference est grande : premièrement en sexe, car l'un est d'un cœur plus masle et genereux, et l'autre d'un esprit plus foible et plus debile ; l'un ne respire que les sanglants assaults et les cruels combats de Mars, et l'autre n'ayme que les carresses et les mignardises de Venus ; l'un se plaist d'avoir le front ombragé d'un verdoyant laurier et charger ses mains d'une palme triomphante, l'autre ne veut courtiser que le myrthe et se mettre à l'abry sous ses feuilles ; l'un ne parle que d'entreprises hautes, de stratagesmes relevez, d'escarmouches et de batailles, l'autre ne veut que batailler deux dans la lice d'amour, et seul à seul triompher des prises et des conquestes de ses beautez ; l'amour anime la poitrine de l'un, le dieu Mars attise et enflamme le courage de l'autre ; l'un n'est fait chevalier que par ses actes genereux et hauts faits, l'autre n'a aucune de ces qualitez : les traits les plus puissans qu'elle decoche et les armes dont elle se sert ne sont que dans ses yeux, où il faut confesser que l'amour y fait et exerce souvent des cruautez et des rigueurs qui surpassent les batailles du dieu Mars, veu que la fatigue de l'un tombe sur les passions de l'âme, et l'autre sur le corps.

TABARIN. Je ne trouve pas tant de difference entre un brave chevalier que vous ; je n'y en trouve qu'une seule, mais qui esgalle en valeur toutes celles que vous avez apportées.

LE MAISTRE. Quelle est-elle, Tabarin ?

TABARIN. Toute la difference qu'il y a entre ces deux, c'est que le chevalier se fait par le haut du corps en luy mettant le collier de l'ordre au col, et une dame se fait par le bas du ventre. Voilà toute la difference.

FANTAISIE ET DIALOGUE XVI.

Quels chevaux on doit prendre à louage.

TABARIN.

DE qui principalement (si vous aviez quelque voyage à faire) voudriez-vous louer une monture, mon maistre ?

LE MAISTRE. Il fait bon de sçavoir toutes sortes de pratiques. Un homme qui ne sçait qu'une chose est indigne de vivre : car nostre vie n'estant qu'un meslange et changement continuel, il est besoin d'avoir divers ingrediens pour nous entretenir. Il y a diverses rencontres où les hommes se trouvent. Pour moy, j'ay autrefois voyagé, j'ay veu une partie de l'Europe, tantost à pied, tantost à cheval, selon les occurrences du temps où je me suis trouvé. Le plus souvent je prenois un cheval à louage pour me transporter d'une ville à une autre ; et est très-bon de prendre garde à ce qu'on loue, car souvent les chevaux sont hargneux, gastez, et ne cheminent qu'avec grande et difficile peine. Je croirois qu'un homme qui a de bons moyens et qui loue ainsi des chevaux pour voyager devroit estre plustot recherché que non pas ceux qui n'ont point grand chose ; à tout le moins seroit-on asseuré d'avoir une bonne monture.

TABARIN. Je vous veux enseigner le moyen de parler à certaines personnes de la confrairie de la Samaritaine, qui vous loueront une monture où vous pourrez gaigner quelque chose.

LE MAISTRE. Ce seroit outre l'ordinaire, Tabarin, qu'après s'estre servy d'un cheval qu'on vous donnast de l'argent.

TABARIN. Cela n'est pas tant hors de raison ; vous mesme, l'autre jour, en allant desjuner à la Pomme de Pin, quand vous eustes mangé vostre saoul, vous demandastes bien de l'argent pour la peine d'avoir si bien travaillé. Je vous apprendray ce secret pour pratiquer la mesme chose. Si vous voulez louer une bonne monture, il faut vous addresser à un macquereau : il vous donnera une beste qui courrera l'amble et vous conduira en moins de demie heure de Paris à Naples ; et encore vous aurez ce pardessus, et c'est advantage, que quand vous aurez rendu la monture à son maistre, les poulains vous demeureront pour les gages.

Le Maistre. O le gros porc ! Tu es tousjours fecond en villenies.

Fantaisie et Dialogue XVII.

Pourquoy les pourceaux ont les dents si longues.

Tabarin.

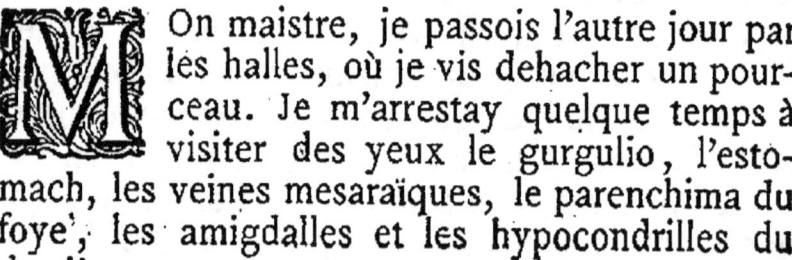On maistre, je passois l'autre jour par les halles, où je vis dehacher un pourceau. Je m'arrestay quelque temps à visiter des yeux le gurgulio, l'estomach, les veines mesaraïques, le parenchima du foye, les amigdalles et les hypocondrilles du derrière.

Le Maistre. Il n'y a rien qui approche tant par le dedans de la nature et de la composition du corps humain que ces animaux.

Tabarin. Je ne fus jamais tant estonné que lors que j'aperceus ses dents, qui sont fort longues. Me diriez-vous pas bien la raison pourquoy elles sont si longues, nostre maistre ?

Le Maistre. Les dents ont esté données de la nature à divers animaux pour s'en servir en diverses occurrences, Tabarin. Aristote, au livre 2 des parties animalles, dit qu'elles ont esté données aux uns pour l'ornement, aux autres pour se servir de defences, à plusieurs pour agresser; mais le premier but de la nature fut de les faire pour la mastication et pour moudre (s'il faut ainsi parler) la viande qui doit estre introduite dans l'orifice et concavité de l'estomach. Plusieurs philosophes tiennent les dents pour excrements du corps, comme les ongles, cheveux et autres choses superflues. Autres disent qu'elles sont animées et ont du sentiment. Pour moy, je tiens qu'elles ne sont aucunement sensibles de soy, ains qu'estant posées sur des nerfs, c'est d'où provient la douleur qu'on en reçoit aucune fois, où il est à remarquer que les parties qui sont excrementelles et superflues sont aussi dites contigues et ne prennent pas nourriture par introsusception, comme disent les philosophes, ni par intromission, mais elles se nourrissent en tant qu'elles sont proches des parties animées et prennent leur accroissement de ces parties; or, les dents, par la rencontre qui se fait en la mastication, se diminuent d'eux mesmes, et par ceste attrition deperdent autant de matière par le haut que la racine en prend par le bas; c'est pour ceste raison que nous voyons tousjours les dents des hommes d'une mesme grandeur; où au contraire il y a plusieurs animaux qui les ont longues, c'est à cause qu'elles ne font aucune rencontre et attrition en la mastication, comme sont ceux des animaux dont tu me parles et les dents canines, qui sortent tousjours en dehors et ne s'entrechoquent point.

TABARIN. Vous avez bien cherché des chemins et vous n'estes pas encor au vray sentier. Sçavez-vous pourquoy les pourceaux ont les dents si longues ?

LE MAISTRE. Pourquoy, Tabarin ?

TABARIN. C'est qu'ils mangent tousjours de la viande qui est deux fois machée ; ils n'ont pas peur de se casser les dents : il n'y a point d'ossemens en leur viande.

LE MAISTRE. O le gros porc, de nous embausmer icy des villenies d'un pourceau ! Il est bien vray qu'on ayme tousjours à discourir de son semblable.

Fantaisie et Dialogue XVIII.

Tirer d'une femelle deux masles.

TABARIN.

Mon maistre, auriez-vous bien l'invention de faire deux masles d'une seule femelle ?

LE MAISTRE. Cela est une chose impossible, Tabarin. Les poëtes nous vont feignant qu'il y avoit jadis une fontaine qui changeoit le sexe des hommes ; mais, d'un individu en faire deux, cela est grandement difficile. Pour mon regard, j'ay cogneu et cognois encore des hommes dedans la ville de Paris qui, à l'instant de leur naissance, ont esté filles, et huit jours après ont pris l'estre et le sexe d'homme. Cela se fait peu souvent, à la verité, mais la preuve en est d'autant mieux authorisée que l'on peut se rendre certain de ce que je dis. Autres sont et hommes et femmes tout ensemble : on les nomme hermaphrodites. Toutesfois, comme il est à remarquer que le sexe d'une fille ou d'un garçon provient de la froideur ou de la chaleur qui abonde en la matrice, aussi celuy qui a deux sortes de sexe ne peut exercer librement les actions de tous deux, ains, selon que le temperament qu'il a est chaud ou froid, il produict des actions qui le rendent feminin ou viril. Il est bien vray que cela est rare, mais toutesfois la nature, qui prodigue librement ses effets, fait voir encore des compositions plus rares et plus exquises. Pour ce que tu me parles, d'un individu en faire deux, la nature ne le peut.

TABARIN. On m'en fit pourtant une experience l'autre jour sur la teste.

LE MAISTRE. C'est une chose du tout impossible et hors de la sphère d'activité de la puissance de la nature.

TABARIN. Je m'en vay vous l'enseigner, car je voy bien qu'autrement vous ne pourrez pas me croire. Pour faire d'une femelle deux masles; il vous faut aller en nostre grenier et prendre une des thuilles les plus vielles que vous trouverez sur la couverture de la maison, puis la jetter du haut en bas : la thuille se cassera en deux, et ainsi, d'une thuille vous avez deux thuilliots. N'est-ce pas d'une femelle faire deux masles ?

Fantaisie et Dialogue XIX.

Quant plus on boit moins on pisse.

Tabarin.

EN quel cas est-ce que tant plus on boit moins on pisse ?
Le Maistre. Voicy une question qui est ample, Tabarin. Il y a diverses maladies qui causent la retention de l'urine : nous avons un appetit en nous qui s'esveille quand la nature manque d'alimens necessaires ; cest apetit et ceste sourde cupidité de reintegrer les brèches que la chaleur naturelle a causé en nostre estomac par la digestion attire l'imagination et demande ce que luy est propre et apte. Le manquement et le deffaut est double : ou il tient de la faim, ou de la soif. Si ceste defaillance procède de la faim, l'apetit qui demande à restaurer ceste partie est appellé des philosophes *appetitus calidi et sicci* ; si ceste brèche tire son origine de la soif, on la nomme *appetitus frigidi et humidi*. Quand nous avons beu, la liqueur, ayant passé et esté recuite dans l'estomac, descend dans la vessie, et de là est portée dans le canal pour estre jettée dehors ; où il est à remarquer qu'il y a des maladies où plus on boit moins se sent-on excité à l'urine, comme on peut voir ceux qui sont hidropiques : l'eau s'insinue par

les pores dans le cuir, et, s'espanchant par tout le corps, ne peut raffraichir les parties interieures, qui sont bruslées au dedans et consommées de l'excessive chaleur et de l'adustion qui y agit. La pierre et la gravelle sont aussi des maladies qui empeschent et bouchent les conduits de l'urine, de sorte que plus on boit moins on pisse, et, toutesfois, c'est alors qu'on a grand desir de pisser et de vuider ses eaux excrementelles, qui, pendant que le passage leur est fermé, croupissent comme dans les mornes paresses d'un lac, et donnent de grands ressentiments de douleurs à celuy qui en est travaillé.

TABARIN. Y a-il long-temps que vous estudiez, nostre maistre ? Vous avez perdu vostre argent, car vous ne me sçauriez resoudre un seul point.

Le temps où plus on boit et moins on urine, c'est quant on se trouve au milieu de quatre ou cinq servantes qui jouent des orgues par derrière : vous beuverez et humerez cent milles vesses et pour le moins autant de pets, sans uriner une seule goute d'eau.

Fantaisie et Dialogue XX.

Quel est le meilleur juge, de l'homme ou de la femme.

TABARIN.

Mon maistre, je suis en procez pour un enfant qu'on a fait à ma sœur. Je soutien qu'il nous doit apartenir. Que me conseillez-vous d'aller voir, un homme ou une femme, pour decider et juger de ceste affaire ?

Le Maistre. En toutes les actions que les hommes font, ils ont tousjours un grand advantage sur les femmes, car ces operations procedantes d'un jugement plus solide et d'un intellect plus ferme font aussi paroistre des effets plus signalez ; la justice est une des premieres vertus qui brillent et qui rayonnent en l'âme de l'homme, vertu d'autant plus excellente et d'autant plus rare qu'elle moule nos actions et imprime nos sens au prototipe de la grandeur de Dieu ; d'autant plus riche qu'elle engrave en nous des marques de la divinité, et du pouvoir que les cieux ont sur les corps inferieurs d'icy bas. Ceste vertu, comme elle est la plus divine et la plus excellente, aussi desire-elle d'estre en paralèlle d'un excellent et rare objet : *siquidem finiti ad infinitum nulla datur proportio.* Or est-il qu'il n'y a chose au monde qui soit plus capable d'estre l'archive, le sanctuaire et le temple de la justice que l'homme; ses jugements considerés, ses actions composées et ses temperamens plus qu'admirables sont les doux attraits qui esmeuvent ceste divine deesse de posseder entièrement leur odeur, et d'establir son throsne en leurs âmes; où au contraire les femmes sont d'une humeur volage, qui voltigent au gré des vens de leurs propres passions, et se laissent facilement emporter à la première tempeste qui surgit dans l'occean spatieux de leurs imaginations et vaines pensées.

TABARIN. Je m'estonne que vous avez le jugement si gauche, et le sentiment si esmoussé, que de vous persuader que l'homme face meilleure justice que la femme. La femme est si equitable et si juste en ses actions, que, bien qu'elle ait perdu son procez, si est-ce pourtant que tousjours elle veut avoir le droit pour elle et le conserver tant qu'elle peut.

Fantaisie et Dialogue XXI.

Pourquoy la femme n'a point de barbe au menton.

TABARIN.

On maistre, je m'estonne que la nature a fait la femme sans barbe, et pourquoy elle en a plustost voulu bien-heurer l'homme de ceste faveur, que de luy en faire part.

Le Maistre. S'il y a de l'estonnement en cecy, le subject en a des marques assez suffisantes. Il faut que tu sçaches, Tabarin, que nous avons deux sortes de poils, selon Aristote : ceux qui naissent avec nous, comme les cheveux et les sourcils, et ceux qui prennent accroissement avec nostre puberté, comme la barbe. Or, il est à remarquer que, selon les temperaments de nos corps, nous avons le poil roux ou noir, ou blond ou blanc. Ceux qui l'ont roux participent davantage du feu ; ceux qui sont d'un poil noir sont plus melancholiques et terrestres : et la cause pour laquelle les femmes n'ont point de barbe est qu'elles sont destituées de la chaleur naturelle qui en est la cause efficiente ; leur temperament est plus froid et plus humide que celuy de l'homme, et, par consequent, les pores par où devoit passer la barbe (qui est un excrement et une pure evacuation d'humeur qui s'esvapore en poil) sont remplis d'autre matière.

Tabarin. J'ay icy un pore qui est rempli de matière, et, toutesfois, il ne laisse pas de porter de la barbe : c'est pour renverser vostre opinion et vous apprendre mon secret. La raison pourquoy les femmes n'ont point de barbe au menton, fut qu'un jour, le deluge universel ayant innondé par toute la terre, Deucalion et Pyrrha, restaurateurs du genre humain, qui estoient encor tous jeunes et sans barbe, firent un vœu et un sacrifice à Jupiter, pour sçavoir qui regneroit des deux. Mercure leur vint dire qu'ils se baignassent tous deux dans une fontaine qui est en Thessalie, et que la première à qui la barbe viendroit au menton tiendroit l'empire universel de la terre.

Ils y vont pour executer son commandement. Comme ils estoient en la fontaine pour se baigner, l'homme, qui se voyoit à nud, mit sa main à son menton et aux parties septentrionalles, d'où vient le nort. La femme vouloit faire de mesme ; mais de malheur, comme elle fut preste de porter sa main à sa bouche, un frelon commence d'un vif esguillon à la picquer au bas du ventre ; elle aussi tost y porta sa main, et, au lieu d'avoir la barbe au menton, elle la porta plus bas, nostre maistre.

Fantaisie et Dialogue XXII.

Pour faire un pont eternel.

TABARIN.

Omment voudriez-vous faire pour bastir un pont avec tant d'artifice que jamais on n'en peut trouver la fin ?
LE MAISTRE. Il est impossible de le faire, Tabarin ; car, comme je t'ay dit tantost, il n'y a rien en ce monde que le temps rongeard et la vieillesse ne consume. Quels plus beaux bastiments et quels plus forts edifices sçauroit-on faire maintenant que ceux qui ont esté jadis construits à Rome, que tant de grands colosses, obelisques, theatres, amphitheatres, piramides, et autres infinis bastimens qu'on y voit encor,

tous ruinez et corrompus ? Ce n'est pas en vain que les poëtes feignent Saturne père du Temps, qui tient une faux en la main et qui mange ses propres enfans. Tout ce qui est subject aux influences des astres, et qui est sous leur protection, se roule de cercle en cercle dans les changemens et vicissitudes. Il n'y a rien d'asseuré que l'inconstance. Le temps, qui a edifié une chose, cent ans ou deux cens ans après la corrompt, la mange et la devore ; il ruine ce qu'il met au jour, et s'il y a quelque chose principalement où il grave la severité de ses loix, c'est en la structure des bastimens. Les ponts les plus solides sont souvent emportez par la ravine et le reflus des eaux, de sorte que je tiens pour impossible de faire un pont d'eternelle durée.

TABARIN. Il n'y a rien de plus facile, mon maistre ; il ne faut que planter les pillotis de vostre pont sur une femme, le pont sera immortel, car on dit tousjours :

Femme couchée et bois debout
On n'en peut jamais voir le bout.

Fantaisie et Dialogue XXIII.

Pour faire une bonne race de chevaux.

Tabarin.

On maistre, quelle prattique voudriez-vous faire et quel enseignement voudriez-vous suivre pour avoir une bonne race de chevaux ?

Le Maistre. Tu me fais icy des demandes qui passent les limittes de mon art, Tabarin.

Tabarin. On m'a dit pourtant que vostre père fut toute sa vie maquignon des haquenées du Pont-Neuf ; vous en devez sçavoir des nouvelles.

Le Maistre. Cela est aposté. Mais pour te respondre, je te dis ce que dit le poëte :

> *Fortes creantur fortibus et bonis*
> *Est in juvencis, est in equis patrum*
> *Virtus : nec imbellem feroces*
> *Progenerant aquilæ columbam.*

Pour avoir une bonne race de chevaux, il faudroit faire couvrir les jumens par des coursiers genereux et des genets d'Espagne qui esgallassent les neiges en candeur et les vents au trot, car les philosophes disent que l'effet prend toute son excellence de sa cause, et que plus la cause qui enfante et produict cest effect est rare et relevée, plus l'effect est à admirer, bien que la corruption se soit aujourd'huy tellement insinuée que tout va de pis en pis. Jamais tout ce qui naist ne tient de la bonté que pouvoient avoir ceux dont il emprunte son estre :

> *Ætas parentum, pejor avis, tulit*
> *Nos nequiores, mox daturos*
> *Progeniem vitiosiorem.*

TABARIN. Je vous prie, si vous ne sçavez rendre resolution de mes demandes, ne me payez pas de grec, car je n'y entends rien. Le seul moyen pour avoir en bref et en moins d'une journée une race de bons chevaux, il faut prendre cinquante putains et les faire couvrir : vous trouverez en moins d'une heure qu'elles auront engendré plus de cent poulains.

FANTAISIE ET DIALOGUE XXIV.

Pourquoy les femmes pettent plus souvent que les hommes.

TABARIN.

Mon maistre, j'ay tousjours ouy dire à Rome que la femme pette mieux que l'homme ; en donnerez-vous bien la raison, ou si vous mettriez bien vostre nez au fond de ceste difficulté ?

LE MAISTRE. Allez, gros villain ! tousjours vous nous entretiendrez de ces contes et salles demandes !

TABARIN. Je vous prie, ne m'esconduisez point de ce que je vous requiers : vostre courtoisie obligera ma fantaisie de gouster ceste ambrosie.

LE MAISTRE. La raison de ta question est toute claire. Ne sçais-tu pas que les femmes sont d'une humeur froide et humide, et qu'elles ont fort peu de chaleur naturelle ? Voilà la raison pourquoy, ne faisant pas la concoction parfaicte, elles engendrent des cruditez qui s'esvacuent en vents le long des boyaux et sortent en dehors par où l'emboucheure leur semble favoriser davantage.

TABARIN. Vous n'avez pas mis le nez assez avant en ceste affaire. La raison pourquoy les femmes sont plus subjettes à petter et siringuer des ventositez que les hommes, c'est qu'elles n'ont point de haut de chausse : tousjours le vent leur souffle au cul.

FANTAISIE ET DIALOGUE XXV.

Pour empescher l'entrée d'un logis aux rats.

TABARIN.

MOn maistre, j'entendois hier crier par la ville un certain estranger : La mort aux rats et aux souris ! Comment voudriez-vous faire pour empescher les rats d'entrer en un logis ?

LE MAISTRE. La nature s'est fait paroistre

mère de toute admiration quand elle a produict des animaux et des plantes mesmes qui, de leur propre interieur, ont une certaine inimitié et antipathie. Ainsi le loup et la brebis se portent une haine secrette, l'elephant et le rinoceros se haïssent, l'aigle et le dragon sont contrepointez, le coc et le lion s'entrebattent, le milan et le poussin se portent une secrette inimitié. Dans les plantes, le chesne et l'olivier sont en divorce, la vigne ne peut croistre où il y a des choux ou du lierre; et ainsi de mesme, pour empescher les rats d'entrer en un logis, il ne faut que luy opposer leur ennemy particulier et naturel, sçavoir, le chat. Il y a une telle dissention entre ces deux animaux, qu'ayant mis dans une maison une bonne cinquantaine de chats, j'empescherois cent rats d'y mettre le pied : car ils sont tellement antagonisez que tous ils y perdroient la vie plustost que de demordre ou de quitter la place.

TABARIN. Il ne faut pas prendre tant de peine, car si ce cas arrivoit au mois de janvier, quant les chats sont en amour, où pourriez-vous en trouver un tel nombre? Le meilleur expedient qui soit au monde pour empescher les rats d'entrer en un logis, c'est de mettre un sergent dedans; car les rats, qui ne vivent que de ronger, sçachant qu'un sergent y aura esté (comme ce sont tous rongeurs), ils se douteront qu'il n'y aura plus rien à ronger, et n'y entreront jamais.

Fantaisie et Dialogue XXVI.

Pourquoy les femmes pleurent.

Tabarin.

Mon maistre, d'où vient que les femmes pleurent si souvent ? A la moindre chose qui leur arrive, vous les voyez fondre et resoudre en larmes.

Le Maistre. Cela provient de l'inegalité de leur sexe et de leur temperament avec la temperie des hommes, et de la bassesse de leur courage, car :

Flere, loqui, nere, statuit Deus in muliere.

Les larmes sont excrementelles et deschargent grandement le cerveau quand elles fluent par les yeux. La douleur, qui est une des onze passions qui agitent et bouleversent nos sens, fait naistre aussi tost en nostre imagination un ressentiment de tristesse qui, porté par les conduicts des nerfs dans les concavitez du cerveau, le compresse et empesche la libre fonction de ses esprits. Cest empeschement et ceste compression faict distiller les larmes et les fait couler par les yeux pour tesmoigner au dehors ce que nous ressentons au dedans. C'est la mesme chose qui se prattique aux meteores des pluyes : le soleil, par l'ardeur de ses rais, attire et eslève de la terre des vapeurs qui, imitant la vitesse du feu, bien qu'en leur essence ils soient pure eau, montent toutesfois et se rarefient; puis, quand ils sont eslevez au haut de l'air, la compression se fait, tant de ceux qui montent que de ceux qui, chargez de matière, de leur propre poix veulent tomber, et de ceste seule compression naissent les pluyes qui fondent et divisent l'air et tombent sur la terre. Le mesme en est des larmes : l'estomach envoye des vapeurs au cerveau, où se croupissant, elles se distillent en pluye, et ce, tant plus que l'humidité et la temperie froide reigne dans un corps comme en celuy de la femme. Voilà la seule cause pourquoy les femmes pleurent si souvent.

TABARIN. Je ne trouve aucunement cela probable pour moy, car la seule raison pourquoy elles pleurent plus souvent que les hommes, c'est qu'elles ont tousjours la fonteine devant elles et en tirent quand bon leur semble. Diable ! si quelqu'un avoit un differend à vuider, il y auroit moyen d'y boire par les deux bouts : c'est une vraye lechefrite.

Fantaisie et Dialogue XXVII.

L'animal le plus ingrat.

TABARIN.

Mon maistre, quel est l'animal le plus ingrat qui soit en la nature ?

LE MAISTRE. C'est le chat, Tabarin, animal cauteleux et qui ne cherche que son interest. Encor le chien a cela de particulier qu'il affectionne et cherit son maistre plus que soy-mesme ; les histoires ne sont remplies que des traits de leur fidelité, qui n'a rien d'egal avec tous les autres animaux, et qui seulle surpasse mesme la fidelité des hommes. Mais le chat n'a autre soin dans un logis que de mal faire ; s'il croyoit obliger son maistre de prendre les rats et les souris au piège, il ne le feroit jamais : il n'y est porté que de sa propre inclination, qui le rend antagoniste de ceste insecte. Au reste, nous avons des exemples remarquables de la perfidie et ingratitude des chats ; entre autres, celuy de Rome qui tua son maistre me servira de garand. Son maistre, le caressant, s'endormit ; le chat s'attaqua à luy de furie, et me souvient d'avoir leu autrefois son epitaphe, qui commence en ceste sorte :

Hospes, disce novum mortis genus : improba felis
Dum trahitur, digitum mordet, et intereo.

Ceux qui ont veu les particularitez de Rome peuvent authoriser ce que je dis.

Tabarin. Vostre chat ne chattouillera pas ma raison et ne chastiera point mon jugement pour desister de ce que je crois estre l'animal le plus ingrat du monde.

Le Maistre. Qui tiens-tu donc, Tabarin, pour l'animal le plus ingrat ?

Tabarin. C'est le poux, nostre maistre ; parce que plus vous le nourrissez, plus il vous picque et vous fait de mal.

Fantaisie et Dialogue XXVIII.

A quoy est empesché un canonnier.

Tabarin.

Nostre maistre, voicy une question où il faut ouvrir vos esprits et esguillonner vostre jugement à la responce d'icelle. Me diriez-vous bien à quoy est empesché un cannonier ?

Le Maistre. Je ne peux pas sçavoir les addresses de ce mestier, Tabarin, et ne sçay pas en quoy il pourroit estre bien empesché. Toutefois sçais-je très-bien qu'un cannonier ayant à manier l'element le plus subtil de tous, qu'il faut qu'il soit aussi grandement subtil, car plus le feu est contraint, plus il s'efforce de rompre tous les obstacles qui semblent enchainer ses puissances et captiver ses forces ; il se rarefie, et les montagnes les plus espaisses, les roches les plus fortes ne sont pas suffisantes de resister à sa furie quant une fois il est allumé. Encor la poudre à canon a cela de particulier, qu'un grain estant embrasé, au mesme instant tout s'enflame, et faut à toute force qu'il trouve passage. Un canonnier doit estre premièrement experimenté à tirer en droite ligne, et est à remarquer que quant les balles viennent tomber *ad angulos rectos* (comme disent les mathematiciens), elles ont bien plus d'effort et font davantage d'effect que quant le canon est braqué *ad angulos acutos aut obtusos*. Cela esmousse facilement sa force ; et certes, s'il y a de l'empeschement à bien dresser sa visée contre un bastion ou une tour, il n'y a pas moins d'adresse à sçavoir sa portée et sa charge, et le temps où je crois qu'il est bien empesché est quant, l'ayant trop chargé, le feu rompt et esclatte, fend la pièce et estonne tous les champs des environs.

TABARIN. Vous n'avez point tiré au but, mon maistre. Ce à quoy un canonnier se trouve bien empesché, c'est à charger une femme, car il n'y sçauroit jamais faire entrer assez de munitions : bien souvent il y vuide son fourniment, et toutesfois il ne peut jamais si bien faire que les balles ne demeurent tousjours dehors.

Fantaisie et Dialogue XXIX.

Pourquoy les femmes sont timides.

Tabarin.

Pour quelle cause estimez-vous que les femmes sont si craintives ? Vous les voyez, au moindre accident qui leur arrive, serrer les fesses et les hipocondrilles du derrière.

Le Maistre. La crainte est une des passions de l'ame racontée par Aristote en ses morales, procedante d'un courage debile et effeminé, qui, representant à l'imagination le danger et l'inconvenient futur, attiedit l'ardeur du cœur et le rend inepte à se preparer de luy resister. Ceux qui sont d'un sang froid et qui tiennent d'une nature plus humide sont plus subjets d'estre maistrisez de la crainte : le moindre bruit les estonne, car, ayant peu de sang, à la première rencontre de l'estonnement qui les saisit, il se retire au cœur, comme à sa source principale, et quitte les autres membres, qui, estans destituez des esprits sanguins portez par les nerfs, perdent souvent le mouvement et deviennent comme abastardis à toutes sortes d'entreprises : c'est d'où procède la timidité des femmes, elle leur est ordinaire et comme donnée en partage de la nature, à cause de l'imbecillité de leur sexe et de la froideur de la temperie qui domine en eux.

Tabarin. Que vous n'avez garde de nous battre, nostre maistre !

Le Maistre. Pourquoy, Tabarin ?

Tabarin. Vous parlez de trop loing. Il ne faut pas faire une si exacte recherche de la philosophie moralle et feuilleter tous les cahiers de vos raisons pour trouver la responce de ce que je demande. La raison est très-evidente. Les femmes sont craintives pour ce que leur pot estant desjà fendu, au moindre bruit qu'on fait elles craignent qu'on ne le vienne casser.

Fantaisie et Dialogue XXX.

Quel est le mestier le plus honorable.

Tabarin.

Entre tous les mestiers du monde, lequel trouvez-vous qui soit le plus honorable, mon maistre ?

Le Maistre. C'est la peinture, Tabarin ; ce mestier ou plustost, c'est art a tant de proportion avec l'honneur et la bienseance d'un homme genereux et qui veut faire profession de sçavoir quelque chose, que les princes et les grands de la cour ne tiennent à contrecœur de s'en rendre professeurs. Ceste partie orne grandement un homme et le rend en son estre parfait. Mais devant que d'acquerir la perfection de la peinture, le chemin est très-difficile à tenir ; peu s'en sçavent bien desmeller. Premièrement, on doit bien sçavoir meller une couleur, donner les dimensions, les proportions et les latitudes au corps qu'on veut peindre ; puis on doit sçavoir parfaitement la perspective, les racourcissemens, relever les ombrages par des couleurs proportionnées et vives. Bref, ce mestier me semble le plus honnorable, puisqu'il est honoré, respecté universellement de tout le monde, et que c'est le seul mestier qui peut si bien tromper nos sens et imiter la nature, que bien souvent les plus experimentez y sont pris.

Tabarin. Je ne le trouve pas pourtant le mestier le plus honnorable, car il feroit tort à celuy de maistre Jehan Guillaume. Par ma foy, je croys, pour mon regard, que son mestier est le plus honorable de tous les mestiers : car, premièrement, quand il veut travailler, il met ses beaux habits ; on le meine dans un carosse à deux roues, et ce, parmy une grande afluence de peuple ; et, en signe de plus grand honneur, quant il est prest d'achever son ouvrage, chacun oste son chapeau. Voulez-vous trouver un mestier plus honorable au monde ?

Fantaisie et Dialogue XXXI.

Qui sont les plus grands chiquaneurs.

TABARIN.

Mon maistre, qui croyez-vous qui soient les plus grands chicaneurs de la ville de Paris ?

Le Maistre. Helas ! Tabarin, la justice est aujourd'huy si mal policée qu'il n'y a plus au monde que chicanerie. Le moindre divorce qui arrive, on se met en procez, on plaide, et le plus souvent on se ruine; car les biens s'y consomment en frais et vains despens. Les sergeans, les procureurs et les notaires me semblent les plus grands chicaneurs ; car, quant les parties seroient mesme sur le point d'un accord, si l'un de ces trois peut s'ingerer entre icelles, il les persuade de tout rompre et de ne parler aucunement que de procez et de contentions ; par ainsi les affaires s'aigrissent de plus en plus, et chacun de son costé se partit en cent pièces pour s'opposer à son compagnon. On tasche par mille sortes de surprises d'avoir pied sur son voisin et de le consommer en justice. Les loix sont aujourd'huy prophanées ; le diable a tellement semé la zisanie et la grenne de discord dans l'univers, qu'il n'y a province qui n'en ait esté gastée et corrompue. Tel aujourd'huy vous tesmoignera à l'exterieur mille sortes d'affections, qui demain vous fera appeller injustement devant le juge. En ceste affaire je tiens les sergeans pour les allumettes et les fusilz des chicaneurs.

Tabarin. Vous avez bien quelque espèce de raison, nostre maistre ; mais pourtant je trouve que les femmes sont les plus grands chiquaneurs du monde.

Le Maistre. Les femmes, Tabarin ! C'est un grand paradoxe que tu me racontes, veu que les femmes sont d'une nature douce et facile, et qui ne mandent point de querelles.

Tabarin. Elles sont si remplies de chicanerie, que quant elles auroient fait vuider le procez à leur advantage, ou que leur cause leur succederoit selon leur plaisir, jamais pourtant elles ne se pourront tenir de playder, voire mesme elles se servent de juges et ne donnent pas assignation à ceux seulement qui ont le tort, ains elles font adjourner ceux qui ont le droict et veulent tousjours avoir le procez sur leur bureau.

Fantaisie et Dialogue XXXII.

L'animal le plus hardy.

TABARIN.

Puis que vous avez quelque legère cognoissance de la nature des animaux (comme vous dites), me diriez-vous bien quel est l'animal le plus hardy et le plus genereux des animaux ?

LE MAISTRE. Cela est hors de doute, Tabarin : c'est le lion ; car, comme il est le plus furieux de tous les autres, aussi est-il tousjours le plus hardy. La hardiesse et la generosité d'une chose se recognoit par la hautesse des entreprises et des assaux qu'elle fait. Or, entre tous les espèces des animaux, qui sont presque infinies en nombre, il n'y en a pas qui face paroistre plus de generosité et de hardiesse que le lion. Il est armé d'un masle courage qui l'accompagne en ses actions ; il n'y a beste, pour furieuse qu'elle soit, qui l'ose affronter, ny aller de pair avec luy. Les tigres et leopars les plus cruels sont bien aises de relever de sa force et de tenir leur hardiesse à dependance de luy. Enfin, pour abreger, c'est le plus hardy des animaux.

TABARIN. Vous vous trompez, mon maistre. Je ne veux pas dire que vous ayez menty ; mais cela ne vaut guères mieux. L'animal le plus hardy qui soit sur la terre, c'est l'asne des muniers, mon maistre, parce qu'il est tous les jours au milieu des larrons, et toutesfois il n'a aucune peur.

Fantaisie et Dialogue XXXIII.

De quoy il faut faire un tambour.

Tabarin.

De quelle matière, si vous estiez capitaine d'armes et que vous voulussiez suivre les estandars de Mars, voudriez-vous faire un tambour ?

Le Maistre. Ce n'est pas mon exercice d'estre capitaine, Tabarin. Dès le plus tendre de mon enfance j'embrassay les lettres et me mis à l'abry des lauriers d'Apollon, sans beaucoup m'enquester des palmes triomphantes de Mars ; aussi nous faut-il tousjours embrasser ce à quoy nous sommes enclins de nature et aller où nostre propre passion nous porte. Bien souvent on contraint nos affections de desister des choses où naturellement elles sont propenses ; et au lieu d'un bien, cela engendre un grand mal. Pour mon regard n'ayant eu jamais en l'esprit d'autre affection que les lettres, j'ay quitté toutes autres sortes de vacations pour m'y arrester ; c'est pourquoy je ne te pourrois point esclarcir de quelle nature il faut faire un tambour, veu que je ne suis guière experimenté en cest art. Toutefois, selon que le jugement me le dicte, on le fait de la peau d'un asne, comme la plus dure des animaux et qui ne s'use point tant. A peine ceste beste est-elle en ce monde qu'elle semble n'y estre que pour le travail : on la bat, on la frappe jusques mesme après sa mort. On en fait encor des couvertures pour les tambours, et on les frappe de rechef ; de manière que cest animal n'est en la terre que pour estre frappé et battu.

TABARIN. N'en avez-vous point de pitié, nostre maistre ? Car on dit tousjours qu'on est touché au vif quand on voit battre son frère. Voulez-vous sçavoir de quoy il fait bon faire un tambour qui ne s'usera jamais ?

LE MAISTRE. De quelle matière, Tabarin ?

TABARIN. Il faut prendre la peau du ventre d'une femme : vous avez beau frapper, bien qu'elle soit fendue jamais elle ne se cassera. Et aura-on cela de particulier, qu'en un tambour, après avoir bien battu, il se bande et débande ; mais tout au contraire en une femme, car plus vous batterez le maroquin, plus le tambour s'enflera.

Fantaisie et Dialogue XXXIV.

Quel est l'homme le plus glorieux.

TABARIN.

Mon maistre, qui trouvez-vous entre les hommes qui soit le plus glorieux ?

Le Maistre. Les plus glorieux sont ordinairement ceux qui ne sçavent rien, car s'ils ont une petite particularité, et la moindre chose par dessus le commun, vous les voyez qui de leur propre bouche se vantent, se glorifient, et semblent tenir sous leurs pieds tout le monde asservy.

On en rencontre d'autres qui se vanteront en leurs ayeux, en leur noblesse, et croiront que pour estre sortis de noble race on les doive plustost cherir et carresser.

D'autres, plus grossiers et mesme de la lie du peuple, prescheront leur louange et excellence par tout, sans se beaucoup soucier du proverbe qui dit : *Laus proprio sordescit in ore.*

Tabarin. Ce ne sont point là les plus glorieux, mon maistre.

Le Maistre. Qui sont donc ceux que tu estimes pour les plus glorieux, Tabarin ?

Tabarin. Ce sont les gueux, mon maistre : ils sont si glorieux, que quand ils ont chié dans leurs chausses, ils ne voudroient point pour tout l'or du monde que leur chemise touchast à leur cul. Ne voilà pas une grande gloire ?

Fantaisie et Dialogue XXXV.

Qui est le plus sçavant, de l'homme ou de la femme.

TABARIN.

Mon maistre, on voit d'ordinaire les hommes estudier et se peiner pour parvenir à quelque degré de science, ce pendant que les femmes s'amusent autour d'une quenouille. Qui est-ce, de l'homme ou de la femme, qui est le plus sçavant ?

LE MAISTRE. Tu me fais une demande qui ne peut tourner qu'au desadvantage de la femme et à l'honneur de l'homme, Tabarin. Il faut que tu sçaches que les philosophes disent que tous nous avons une puissance pour apprendre et sçavoir quelque chose ; la femme est aussi bien ornée et enrichie de ceste puissance que l'homme, mais il est à remarquer que *frustra est potentia quæ non reducitur ad actum*. Plus la puissance est actuée et bornée de l'acte qu'elle regardoit, plus le subject qui en est annobly a d'advantage sur celuy qui n'a que la simple puissance et qui n'a jamais produict d'acte : car la production d'un acte réiteré engendre l'habitude de la science. Or est-il que, bien que les femmes eussent la mesme puissance que l'homme à pouvoir acquerir une notion et cognoissance parfaicte de quelque chose, l'homme pourtant a cest advantage qu'il met sa puissance en acte, ce que la femme ne pratrique pas; car c'est fort rarement qu'on voit des femmes sçavantes. Pour les hommes, leur propre naturel et temperament les y porte; ils sont beaucoup plus aptes à la science, à cause de la chaleur naturelle qui surabonde en eux et qui espure leurs esprits.

TABARIN. J'ay trouvé pourtant dans mon calandrier que les femmes sont plus sçavantes de beaucoup que les hommes.

LE MAISTRE. Sur quelle raison fonde-tu ce problème, Tabarin?

TABARIN. Quand un homme est marié et qu'il a fait toutes ses estudes, je trouve que sa femme est souventesfois plus sçavante que luy: car il y aura peut-estre dix ans qu'elle sçaura que son mary est cornard, et luy n'en sçaura rien.

FANTAISIE ET DIALOGUE XXXVI.

L'animal le plus fort.

TABARIN.

On maistre, qui trouvez-vous entre toutes les espèces des animaux qui soit le plus apte à porter une pesante charge?

LE MAISTRE. Je tiens que c'est l'elephant,

Tabarin; car, comme il est le plus massif et le plus solide de toutes les autres espèces qui sont en la nature, aussi est-il le plus fort et le plus robuste à soustenir quelque pesant fardeau. Les histoires romaines en peuvent porter un suffisant tesmoignage : ils se servoient de ces animaux, au raport de Jules Cesar, aux batailles et rencontres, les chargeoient de tours et machines de guerre pour battre l'ennemy en ruine et s'opposer aux furieuses escarmouches qui se presentoient. Dans ces tours on voyoit souventesfois une quantité de personnes qui brandissoient des javelines sur ceux qui les vouloient afronter, et par le moyen de ces animaux rompoient les rangs de leurs ennemis, penetroient au travers des plus espais escadrons et donnoient souvent la victoire à ceux qui estoient en grand danger de la perdre. Si on regarde à la force du corps et à la grandeur et proportion des membres, on remarquera tousjours la verité de ce que je dis.

TABARIN. De sorte que vous estimez que ce sont les elephans qui sont les plus forts animaux de la terre, et moy je dis que c'est la femme : je n'auray pas grande difficulté de le prouver, car l'experience me plegera tousjours. La raison la plus solide par où je veux prouver que la femme est la plus forte des animaux, est que plus on la charge, plus elle est joieuse et plus elle vous caresse.

Fantaisie et Dialogue XXXVII.

Qui sont les mieux suivis.

Tabarin.

Qui sont ceux qui sont les mieux suivis ?

Le Maistre. Ceux qui ont plus de suite sont ordinairement les grands de la cour, car la faveur qui s'insinue parmy eux et qui seule modère et règle leurs pas fait que plusieurs attrais de la beauté qui rayonne en ses yeux et de la douceur de ses promesses se laissent facilement emporter à toutes sortes de services et de submissions pour attraper quelqu'une de ses courtoisies; et plus ils se voyent en grand nombre, plus ils s'assemblent; et par ainsi les grands sont tousjours les mieux suivis, car ils sont les plus courtisez; jouxte qu'un nombre infini de personnes de qualité se joignent à eux, les uns pour y avoir quelques places, les autres pour pratiquer quelque charge et y gagner le maniement de quelque office, les autres pour s'y mettre à l'abry et se deffendre des torts, injures et malefices dont on pourroit user envers eux. Enfin chacun est bien aise d'avoir accès chez les grands pour se renommer d'eux. Il n'y a personne qui ne tienne à grande faveur d'estre à leur suitte.

TABARIN. Ce n'est pas là où gist le lièvre, mon maistre. Ceux qui sont tousjours les mieux suivis sont les gueux; car ils ne cheminent jamais sans un escadron de poux, et des plus gros; ils ont une avant-garde, arrière-garde, cornette, cavallerie et infanterie pour le champ de bataille. Il est d'ordinaire dans leurs chausses ; c'est le rendez-vous de toute la compagnie.

Fantaisie et Dialogue XXXVIII.

Les meilleurs couvreurs.

TABARIN.

Ntre tous les mestiers que j'ay remarqué, j'ay admiré celuy des couvreurs, pour l'addresse qu'ils ont à se guinder sur le feste et le sommet des plus hauts et des plus aigus edifices de l'univers. Qui croyez-vous pour estre bons couvreurs, mon maistre ?

LE MAISTRE. Voicy une question qui n'est point du ressort de mon jugement, Tabarin, car je n'ay jamais eu aucune prattique en cest art.

TABARIN. Si est-ce pourtant que vous avez une qualité des couvreurs qui m'a tousjours fait persuader le contraire.

LE MAISTRE. Quelle qualité, Tabarin ?

TABARIN. Quand on veut parler d'un couvreur, on dit que le vent luy souffle au derrière ; si cela est, vous estes un des premiers couvreurs de la ville de Paris, car tousjours le vent vous souffle au cul. Mais cependant donnez-moy la resolution de ce que je demande.

Le Maistre. Pour resolution de ta difficulté, je dis qu'on cognoist l'addresse d'un couvreur quand il se guinde sur le sommet d'un clocher ou sur le feste superbe de quelque beau bastiment, car alors la terreur qui s'imprime en son cœur pour la hauteur de l'edifice le feroit bien tost jetter et descendre à bas, si son industrie et son addresse ne luy servoit de soubassement pour fonder les pilliers de son asseurance qui chancelle, se voyant si haut eslevé.

Tabarin. Les meilleurs couvreurs que je trouve en la nature, ce sont les macquereaux, mon maistre : car, quant ils sont dans un logis, ils font si bien leur affaire et couvrent avec une telle industrie qu'ils ne laissent pas un trou ouvert ; ils bouchent tous les pertuis qu'ils trouvent.

Fantaisie et Dialogue XXXIX.

Qui sont les plus liberaux.

Tabarin.

Mon maistre, entre les hommes qui font profession de la vertu, lesquels estimez-vous les plus liberaux ?
Le Maistre. La liberalité suit tousjours un homme bien né, Tabarin, et qui aime la vertu ; car, comme c'est une action qui ressent quelque chose de divin, aussi est-elle seule qui annoblisse et qui face davantage paroistre l'esclat d'un courage genereux. Et certes, puisque la nature a tellement ordonné ses effets que les choses bonnes ne sont bonnes qu'en tant qu'elles sont communiquées, qui ne doute qu'un homme ne soit grandement à louer, lorsque, porté d'une certaine bienveillance envers ceux qui sont en degré inférieur, eslargit de ce peu de commodité à ceux qui en ont besoin, à ceux que la fortune a tellement renversé du comble de bon heur où peut-estre elle les avoit eslevés auparavant, qu'ils sont contraincts de mandier ce qu'ils prodiguoient autrefois ? Pour ceux qui sont liberaux, on n'en trouve guière maintenant : la corruption a tellement pris racine dans le monde, que peu de gens embrassent la vertu; neantmoins, comme il y a tousjours quelques

uns qui suivent le vray sentier et laissent le vice, ceux qui ont occasion et qui peuvent estre plus liberaux que les autres sont les riches, Tabarin; car, ayant la puissance et les dispositions, ils peuvent mettre l'acte au jour plustost que les autres.

Tabarin. Nous ne boirons point tous deux dans un verre, mon maistre, car nous sommes de contraire advis. Les gens les plus liberaux que je remarque au monde sont les couppeurs de bourses, pource qu'ils ne sont pas seulement contens de despencer leur argent et de mettre leur bourse au sec, mais ils vuident aussi celle d'autruy.

Fantaisie et Dialogue XL.

Quant l'homme est le plus orgueilleux.

Tabarin.

EN quel temps trouvez-vous que l'homme soit le plus orgueilleux?

Le Maistre. L'homme est un esprit transcendant, qui a des conceptions hautes, des pretentions genereuses, et qui se persuade un monde de merveilles; mais quant une fois il est arrivé au comble de ses desirs, et qu'il a heureusement effectué ce que ses pretentions luy dictoient, c'est alors que, bouffy de superbe et d'arrogance, il foule et terrasse aux pieds toutes les considerations qui pourroient contrevenir à ses desseins ; il s'estime si grand et si eslevé, qu'il se persuade n'y avoir puissance en tout l'univers qui puisse faire escrouler ses pretentions, ou contreminer ce qu'il a dans l'esprit ; sa propre passion l'emporte au dessus de tout ce qui se pourroit imaginer de contraire à ses opinions. Mais s'il y a temps où un homme soit orgueilleux, c'est quand il a gaigné quelque victoire, qu'il voit ses trophées enrollez sous les drapeaux de la renommée, et que sa vertu s'est tellement rendue recommandable parmy le peuple, qu'on n'entend que le bruict de sa gloire.

TABARIN. Vous vous trompez lourdement, nostre maistre. Le temps où l'homme est grandement orgueilleux, c'est quand il estronne.

LE MAISTRE. Qu'entens-tu par ce mot, Tabarin ?

TABARIN. Qu'il chie, en bon françois, et principalement quand il a la foire ; car il ne se leveroit pas pour un prince : il faut qu'il chie son saoul.

Fantaisie et Dialogue XLI.

Quelle est la chose la plus joyeuse du monde.

TABARIN.

Mon maistre, quelle est la chose la plus joyeuse du monde quand elle vient à naistre ?

LE MAISTRE. Helas ! Tabarin, nous sommes subjects à tant d'infortunes et agitez durant ceste vie de tant de tempestes et tourmentes, que je ne crois qu'il y ait chose au monde qui se resjouisse d'avoir pris naissance. Quant nous venons à entrer dans la carrière de ceste vie mortelle, la première chose que nous faisons, c'est de pleurer la misère et les angusties que nous avons à souffrir ; misères, helas ! d'autant plus grandes et funestes, qu'elles semblent, dès l'instant de nostre conception, conspirer nostre totale ruine. Nostre vie est une mer de malheurs et d'encombres, où nostre barque s'insinuant perd peu à peu la terre des contentemens, se voit bouleversée de mille sortes d'aquilons qui, s'entrechocquans, la souslèvent jusques aux nues de calamitez, puis l'abisment et l'enfoncent dans les profondeurs d'une condition miserable. L'air que nous humons tous les jours est peu souhaittable, et si ce n'estoit que le nom d'estre recompense en quelque chose les funestes accidens et les esclandres qui se reçoivent en la vie humaine, il n'y a personne qui deust souhaitter d'avoir jamais pris accroissement, tant nous sommes subjects aux loix de l'inconstance!

TABARIN. N'y trouvez-vous pas d'autres finesses, mon maistre?

LE MAISTRE. Je n'y vois aucun effect qui me face cognoistre qu'il y ait animal qui soit joyeux de naistre en ceste miserable vie.

TABARIN. La chose la plus joyeuse du monde, quand elle prend naissance, c'est un pet; car à peine entre-il dans l'enclos de la nature, qu'il commence à chanter un air melodieux. C'est un plaisir de gouster ses accens et ses tons entrecoupez; cela est d'une suave et delectable odeur.

FANTAISIE ET DIALOGUE XLII.

Pourquoy les chats font l'amour en hyver.

TABARIN.

On maistre, j'ay admiré cent fois qu'en la plus excessive rigueur de l'hiver les chats se font l'amour, et ce avec une telle vehemence qu'ils font un bruict indicible. J'en voudrois bien sçavoir la raison.

LE MAISTRE. Les raisons en sont grandement belles, Tabarin. Si nous voulons consulter les philosophes, ils nous diront que cest animal recherche plustost les femelles en hyver qu'en esté à cause que la chaleur naturelle, qui est l'efficiente de l'amour, est plus vive et plus condensée: *vis unita fortiùs agit.* Le froid exterieur agit alors et contrainct la chaleur qui estoit estendue par tout le corps de se porter incontinent au cœur et à l'interieur, où estant, le sang, qui y tient son siége principal, s'eschauffe et s'embrase et esmeut les passions à suivre l'object qui leur vient en teste. Si maintenant tu demandes pourquoy les chattes en ceste recherche crient et font un si grand bruict, je te diray que l'amour est aveugle, et qu'à bon droict les poëtes l'ont peint avec un bandeau sur les yeux; car, comme ces animaux outre l'ordinaire sont portez à l'amour en ce temps, où l'air externe refroidit les passions les plus embrasées, aussi y procèdent-ils par des voies inaccoustumées; leurs passions les aveuglent et leur bouchent toutes sortes de considerations; ils se jettent furieusement sur les femelles, qui, ne pouvans endurer l'aspreté de leurs ongles, crient et font un bruict estrange (car il est permis de se plaindre quand on reçoit quelque mal et qu'on endure quelque traverse).

TABARIN. Toutes vos raisons n'ont point grande energie. Voulez-vous sçavoir la vraye cause de cecy?

LE MAISTRE. Il n'y a chose au monde que je desire ignorer que le vice, Tabarin. Si ceste raison a quelque chose de curieux, je seray bien aise que tu m'en faces part.

TABARIN. La raison donc pourquoy les chattes

crient si furieusement quand le matou les recherche, c'est qu'ils sçavent l'antipathie qu'il y a entre le chat et le rat ; et de peur que le matou ne s'en aille de leur compagnie, si de fortune un rat luy venoit au devant, la femelle crie et se tourmente afin d'advertir le rat, et par ce signal de ne troubler le plaisir qu'elle reçoit en ceste accointance. Voilà le vray nœud de la besongne. Vous les verrez au plus froid de l'hiver, à la clarté de la lune, courtiser la dame. Ma foy, il n'y fait guière chaud pour plusieurs.

FANTAISIE ET DIALOGUE XLIII.

Qui sont les mauvais artisans.

TABARIN.

Quelles gens doit-on appeler mauvais artisans, nostre maistre ?

LE MAISTRE. Les mauvais artisans sont ceux qui ne veulent pas travailler, ains, au lieu de mettre à chef quelque genereuse entreprise, se vont promener, se donner du bon temps ; l'ivrongnerie vient après, qui, s'estant une fois plantée dans la cervelle de telles gens, les corrompt entièrement et les rend ineptes à pouvoir faire quelque chose de bon ; car leurs membres, par la force du vin qui agit au dedans, demeurent comme assopis ; l'oisiveté les suit en dos, qui les rend nonchalans, de façon qu'ils aiment mieux estre feneants que de travailler ou de suivre leur exercice ordinaire. Voilà, à mon advis, ceux qui sont les plus mauvais artisans, Tabarin.

TABARIN. Vostre advis n'est guière bon, nostre maistre. N'appellez-vous pas un bon ouvrage quant un homme sçait bien boire et bien manger? Pour moy, je crois que c'est le meilleur mestier du monde. Les plus mauvais artisans sont les charpentiers et les menuisiers, parce que, quant ils ont fait une besongne, bien qu'elle soit toute neufve et qu'on leur reporte, ils ne s'en veulent jamais servir. Par exemple, si un charpentier a fait une potence, bien qu'elle n'ait servy qu'une fois, il ne la veut pas reprendre pour soy; le mesme en est d'un menuisier quant il fait une bière: au diable si jamais on luy voit reprendre.

FANTAISIE ET DIALOGUE XLIV.

Quel est le premier instrument du monde.

TABARIN.

Mon maistre, entre tant d'instrumens que la nature a inventés, qui croyez-vous qui soit le plus beau?

LE MAISTRE. L'instrument le plus beau et où il y ait plus d'harmonie, c'est le luth, dont les cordes estant pincées d'une main sçavante, fait un son harmonieux et un accord delectable, qui, charmant, par sa douceur plus que nectarine, les oreilles de ceux qui les entendent, les ravissent par un doux enthousiasme et les emportent jusques dans le ciel. Le ton couppé de ces cordes s'entrebat et s'entrechoque, et, sous ce discord accordé, eslève nos esprits de la terre pour nous faire gouster des raretez plus que divines. Il n'y a rien qui charme tant la tristesse que le son harmonieux d'un luth. Ainsi, Orphée jadis appaisa toutes les furies de l'enfer sous les accords emmiellez de sa lyre. Je crois aussi, comme elle est la plus belle pièce qui soit en la nature, qu'elle est quant et quant l'instrument des instrumens.

TABARIN. Vous n'y estes pas, mon maistre. L'instrument des instruments c'est la main, car elle sert aux deux principaux organes de nostre corps : sçavoir, à la bouche et au cul. Il n'y a rien qui ressemble tant à un tisseran que la main ; car, quand il fait sa toille, il jette sa navette par un bout et la reprend par l'autre. Le mesme en est de la main : elle est si avaricieuse, que ce qu'elle met par la bouche elle le retire par l'organe du derrière.

Fantaisie et Dialogue XLV.

Pourquoy les femmes aiment les hommes si passionnement.

Tabarin.

Mon maistre, vous m'avez dit quelque chose pourquoy les femmes recherchent les hommes; mais vous ne m'avez pas dit pourquoy elles s'y portent si passionnement.

Le Maistre. L'amour est une des premières passions de nostre ame, Tabarin. Depuis qu'une fois il s'est fait place dans nos veines et que d'un trait de ses yeux il a decoché ses feux sur le diamantin rocher de nostre cœur, il emporte tellement nos esprits que nous recherchons avec avidité ce que la prudence nous deveroit faire eviter avec meure consideration. Nostre sang, qui est le premier pris en ceste rencontre, bouillonne au dedans de nostre cœur et embrase tellement nostre ame, que necessairement il faut trouver de l'eau pour attiedir ses fureurs; et qui pis est, là où est nostre mal, c'est là où nous trouvons le remède et la guarison, ainsi que nous voyons dans les plantes : celles qui sont veneneuses en un endroit portent la medecine en l'autre. Les femmes aiment les hommes à cause de l'inclination particulière qu'elles y ont.

TABARIN. Je m'en vay vous en descrire l'histoire ; elle est grandement belle. Il vous faut croire qu'au commencement du monde chacun alloit nud, et sçavoit-on tous les secrets que son compagnon eut peu imaginer, car tout le corps estoit entièrement ouvert. On voioit l'epiglotte, les amigdailles, l'estomac, le parenchima du foye, les poumons, les vaines mesaraïques, les intestins ; bref, tout estoit descouvert. Quelques uns se formalisèrent et firent une hecatombe aux dieux pour remedier à ce mal. Jupiter ordonna qu'on fercit des lassets pour rejoindre ces parties et prevoir doresnavant à cest encombre ; plusieurs furent destinez pour faire lesdits lassets. Les premiers qui furent faits furent pour les enfans ; les femmes, qui brusloient d'un desir d'estre servies des premières, malgré les ouvriers, emportèrent ce qui estoit de fait ; mais de malheur, comme elles eurent toutes resjoint leur ouverture, l'estoffe leur manqua, le lasset fut trop court de demi pied. Les hommes y allèrent trop tard : on n'avoit pas bien pris leur mesure. Comme ils eurent en general rejoint leur crevasse, ils trouvèrent que leur lasset fut trop long de demi pied. Depuis ce temps là, les femmes sont si envieuses que les hommes ont cest avantage sur elles, que tousjours elles les poursuivent pour avoir un bout de leur lasset et pour coudre ce qui reste d'ouverture. Voilà une raison tirée du premier livre des Argonautes.

Fantaisie et Dialogue XLVI.

Qui sont ceux qui ne gaignent jamais leur cause.

TABARIN.

Qui sont ceux qui plaident tousjours et toutefois ne gaignent jamais leur cause, mon maistre?

LE MAISTRE. Il faut dire que le ciel verse de funestes influences à l'homme, et qu'il est grandement subjet aux infortunes, quant il plaide sans discontinuation et que toutesfois il perd tousjours son procès.

Il y a des personne nées soubs un si mauvais astre, que, bien que leur cause soit bonne, toutefois, par la negligence qu'ils y aportent ou par le peu d'intelligence qu'ils donnent à leurs advocats de leur affaire, bien souvent perdent leur cause; car s'il y a chose au monde qu'il faille solliciter et y aporter un soin particulier, c'est à un procez, veu qu'il y a tant de subtilitez qu'à la moindre action qu'on oublie, la partie adverse vous bat en ruine; et, qui pis est, il y en a de ceste nature, que plus ils perdent, plus ils y entrent: leur esperance leur sert d'esguillon pour les y esmouvoir, veu qu'ils se persuadent qu'il ne faut que gaigner une fois pour se remettre sur pieds.

TABARIN. Enfin, pour conclusion, vous ne sçavez qui sont ceux qui perdent ordinairement leur cause. Ce sont les vieillars, nostre maistre.

Le Maistre. Les vieillars, Tabarin ! Comment entens-tu ceste amphibologie ? Les vieillars ne mandent que repos et ne se meslent que bien rarement de plaider. Pourquoy perdroient-ils leur cause de la façon que tu dis ?

Tabarin. Ils perdent tousjours leurs procès parce qu'en tout ce qu'ils font ils n'ont jamais le droit, ains ils sont froids comme glace.

Fantaisie et Dialogue XLVII.

Si un musnier, un tailleur, un sergent et un procureur estoient dans un sac, qui sortiroit le premier.

Tabarin.

Mon maistre, esguisez le tranchant de vos resolutions, je m'en voy emmancher la serpe d'une subtille demande. Si vous aviez enclos dans un grand sac un sergeant, un musnier, un tailleur et un procureur, qui est-ce de ces quatre qui sortiroit le premier, si on luy faisoit ouverture.

Le Maistre. A la verité, Tabarin, il faut que je confesse ingenuement que je suis bien empesché à resoudre ceste demande, veu que je ne voy surgir aucune raison qui me face cognoistre lequel des quatre sortiroit le premier : cela est indifferend, et les actions qui sont indifferentes ne peuvent pas se resoudre facillement, car les philosophes disent que toutes les fois que deux causes sont tellement preparées à produire un effet que *non est major ratio unius quam alterius, tunc non datur actio*, l'effet ne suit pas ; aussi il faut qu'il y eut quelque disposition qui dispose l'agent à sortir son effet *extra causas*. Mais je ne rencontre aucune raison formelle pourquoy l'un sortiroit plustost que l'autre, puisque *omnia sunt paria*, sinon que je die que celuy qui seroit le plus proche de l'emboucheure du sac sortiroit le premier.

TABARIN. Je voy bien qu'il faut que je vous enseigne ce secret, mon maistre, à la charge que vous payerez pinte.

LE MAISTRE. Il n'y a chose qu'un homme vertueux ne doive prattiquer pour apprendre quelque science.

TABARIN. Le premier qui sortiroit du sac, si un sergent, un tailleur, un musnier et un procureur estoient dedans, c'est un larron, mon maistre. Il n'y a rien de plus asseuré que ce que je dis.

Fantaisie et Dialogue XLVIII.

Qui sont ceux qui desirent d'estre borgnes.

Tabarin.

Mon maistre, j'entendois l'autre jour un certain quidam qui disoit qu'il voudroit avoir donné cent escus et qu'il fût borgne. Qui sont ceux qui, à juste tiltre, peuvent faire ce souhait ?

Le Maistre. Il faut qu'un homme soit grandement hors de soy pour avoir ceste cupidité dans l'âme, Tabarin. La veue est un des premiers organes du corps et la plus delicatte partie qui y soit, pour estre d'une admirable et incroyable structure, où l'autheur de l'univers a enclos ce qu'il avoit de rare et d'excellent dans ce monde; car, soit que nous considerions les deux paires de nerfs qui tirent leur origine du cerveau et par où sont portez les esprits visuels, dont l'une, pour le mouvement, est plus dure, l'autre, pour la veue, est plus delicate, ou que nous regardions l'humeur cristallin qui est au centre de l'œil, et la tunique qui ressemble à la toille des araignées qui l'enveloppe, ou les deux autres humeurs qui l'environnent et où l'œil semble nager ; si nous venons par après à voir et contempler le reth admirable et les tayes qui entournent tout le corps de l'œil, les muscles qui eslèvent et abaissent les paupières, et l'artifice que la nature a employé en ce bastiment admirable, nous trouverons qu'un homme est grandement imprudent de souhaiter la perte inestimable de la plus belle partie qui soit en luy.

Tabarin. Les hommes qui souhaittent et desirent d'estre borgnes sont les aveugles. Si vous ne me voulez croire, allez au monastère des Quinze-Vingt : je m'asseure que vous n'y en trouverez pas un qui ne desire de vous voir pendre.

Fantaisie et Dialogue XLIX.

Qui sont ceux qui sont pires que les diables.

Tabarin.

Stimez-vous qu'il y ait des gens soubs le ciel qui soient pires que le diable, nostre maistre ?

Le Maistre. Cela ne se peut faire, Tabarin ; car, comme le diable a esté dejetté par le supreme moteur des astres du haut sommet des cieux pour son arrogance, aussi depuis a-il inventé toutes sortes de malices, joint que l'esprit qu'il a, qui est en degré plus haut que l'homme et qui n'a rien perdu de la science qui luy avoit esté infuse en la creation, s'est employé au mal et au vice, de façon qu'il est impossible d'excogiter quelque chose en l'univers qui soit pire que le diable.

Tabarin. Je trouve pourtant quelque chose en la nature qui les passe de beaucoup en malice.

Le Maistre. Quelle chose est-ce qui les surpasse, Tabarin?

Tabarin. Les sergens, nostre maistre. Ils sont pires que les diables, car les diables ne tourmentent que l'âme, mais eux ils tourmentent l'âme et le corps. Aussi n'y a-il rien que les diables craignent davantage qu'un sergeant; l'histoire qu'on me contoit l'autre jour en fait foy.

Le Maistre. Quelle histoire, Tabarin?

Tabarin. Il faut que vous sachiez qu'en la frontière de Picardie, assez proche de Compiegne, un sergeant des plus fins qui soient au monde donna assignation à trois pauvres villageois pour un certain procez dont il estoit question. Ces pauvres gens, pour retarder l'assignation de huitaine, l'emmenèrent à la première hostellerie qu'ils trouvèrent, où ils firent apprester le disner. Comme ils estoient en la chambre d'en haut, un diable commanda à l'hostesse de luy tirer pinte pour se raffraichir (car il vouloit aller ce jour à Madril). Comme il beuvoit, il entend du bruit à la chambre; il demande quels hostes estoient arrivez: on luy dit qu'il y avoit un sergent qui mangeoit trois pauvres diables (entendant parler des villageois), et alors mon diable commença à escamper sans paier l'hoste. Et puis allez mettre vostre nez au derrière de telles gens.

Fantaisie et Dialogue L.

Qui pourroit refaire les signes du zodiaque s'ils estoient tombés.

TABARIN.

Ostre maistre, si par la longueur du temps (comme toutes choses sont corruptibles) le zodiaque venoit à estre privé de ces trois signes : sçavoir est de *Aries*, de *Taurus* et du *Capricorne*, quelles gens estimés-vous en ce monde qui les puissent refaire et remettre en leur entier ?

Le Maistre. Voicy une question haute, Tabarin, et où les astrologues les plus subtils s'y trouveroient assez empeschez.

Tabarin. Je le manday l'autre jour à monsieur Jean Petit, mais jamais il ne me sceut respondre.

Le Maistre. Pour te satisfaire, il faut premièrement que je te donne quelque legère cognoissance des corps celestes. On divise ordinairement tout l'amas et l'agregé des cieux en dix cercles, desquels les premiers, qui sont les plus grands, sont l'equinoxial, le zodiaque, les deux colures, le meridian et l'horison ; les autres, qu'on appelle petits, sont le tropique du cancre, le tropique du capricorne, le cercle arctique et le cercle antarctique ; or, tous ces cercles ont divers mouvemens, selon qu'ils ont divers pôles sur lesquels ils tournent. Le zodiaque divise toute l'estendue du ciel en deux parties de bihais, dont vient qu'on l'appelle l'echarpe et le baudrier du ciel. Ce cercle est garni de douze signes par où le soleil passe tous les ans une fois. Outre tous ces cercles, il y a encor dans le ciel cinq zones qui divisent ce grand tout en cinq principalles parties : la zone torride, les deux temperées et les deux froides.

Tabarin. Pour la zone torride, je crois qu'il y en a aussi bien en terre qu'au ciel, car pour aller au pays de Suède, j'ay tousjours ouy dire qu'il faut passer par la zone torride.

Le Maistre. Maintenant, pour revenir à ta demande, je te dis qu'il y a un grand debat entre les philosophes pour sçavoir si les corps celestes sont composez de la mesme matière que les corps inferieurs ; car, estant de la mesme matière, il suiveroit qu'ils seroient subjets à la corruption et qu'ils partageroient aux vicissitudes et changemens qui se lisent icy bas, ce qui ne se peut croire, veu qu'on n'y a jamais remarqué aucune alteration, corruption ny changemens ; de sorte que, n'y ayant aucune raison qui me puisse persuader que les cieux sont subjets à se corrompre, je diray aussi qu'en vain tu me fais ceste demande, et que c'est une chose impossible que cela arrive.

Tabarin. Mais supposons que cela soit.

Le Maistre. En ce cas je tiens qu'il n'y a personne en la nature qui les peut remettre ny reintegrer en leur premier ordre, sinon le premier moteur des astres, et celuy qui donne le bransle à leurs mouvemens; luy seul les pourroit restituer en leur premier estre, car cela est hors de la puissance des hommes.

TABARIN. Et moy je trouve, si les signes de *Aries*, de *Taurus* et du *Capricorne* estoient tombez, que les femmes pourroient les remettre en bref.

LE MAISTRE. Comment cela se feroit-il, Tabarin?

TABARIN. Il ne faudroit qu'envoyer une femme dans le zodiaque. Si elles ont le pouvoir de faire croistre des cornes en terre, pourquoy ne pourroient-elles pas en engendrer dans le ciel?

FANTAISIE ET DIALOGUE LI.

Pourquoy les femmes sont plus blanches que les hommes.

TABARIN.

Mon maistre, quelle raison avez-vous pour me faire croire que les femmes sont plus blanches que les hommes?

LE MAISTRE. Il y a deux raisons principalles qui te peuvent attirer à ceste cognoissance, Tabarin: le temperament qu'elles ont au dedans et les accidens qu'elles empruntent au dehors. La nature a tellement disposé l'artiste bastiment du corps humain, qu'elle a fait voir tousjours des marques très-certaines à l'exterieur du corps de ce qui estoit caché à l'interieur; car, selon que plus ou moins nous abondons en une qualité, elle imprime en la superficie externe les effets qui la peuvent faire recognoistre: ainsi ceux qui sont sanguins, colères, billieux ou melancoliques, ont des caractères en dehors qui donnent à entendre ce qui est au dedans. La mesme raison est pour les femmes : elles sont blanches à cause de leur temperament, qui est froid et humide, et qui n'est point adustif; leur sang, qui colore les membres des hommes par sa chaleur, estant en eux d'un degré plus rabaissé, ne sort point les effets de l'autre, qui est plus intense; voilà pour ce qui regarde leur temperie. Quant aux accidens que je t'ai apporté pour la deuxiesme raison de leur blancheur, cela authorise encor de beaucoup mon propos, veu que les femmes, comme elles sont lasches, debiles, et qu'elles n'ont rien de viril, aussi ne se mettent-elles point ou fort rarement à l'air; elles ayment à estre enfermées dans la chambre, elles ne vont point au soleil, elles craignent le hasle, jouxte qu'elles sont grandement curieuses de se polir le cuir, d'avoir le teint frais, où au contraire les hommes se jettent au travers de toutes sortes de dangers, traversent les mers, vont dans les regions lointaines et intemperées, où tantost ils sont agitez du froid, tantost ils sont bruslés de l'ardeur du soleil, et ne prennent point tant de cure de se blanchir la face. Voilà la vraye raison de ce que tu me demandes, Tabarin.

Tabarin. Y a-il long-temps que vous estudiez, nostre maistre ?

Le Maistre. Depuis ma jeunesse, Tabarin. Les sciences n'ont point de bornes ny de limites, car tout ainsi que nostre ame est eternelle *a parte post*, aussi la sphère des choses qu'elle peut comprendre et sçavoir est d'une immense et infinie estendue.

Tabarin. On vous a volé vostre argent, car vous n'avez pas appris la moitié de ce qu'il faut sçavoir. La raison pour laquelle les femmes sont plus blanches que les hommes, vous dites que c'est à cause de leur temperament de dedans et des accidens de dehors.

Le Maistre. Aussi est-ce la verité, Tabarin.

Tabarin. Et moy je dis que les femmes sont plus blanches que les hommes à cause qu'on les savonne tous les jours par dedans, et qu'on les frotte bien souvent par dehors.

Fantaisie et Dialogue LII.

Quel est le poisson le plus maladif qui soit en la nature.

Tabarin.

Ainsi que dernièrement je lisois Pline en son livre qu'il a fait de l'histoire des animaux, j'admirois le nombre infiny des poissons, et comme la nature s'est rendue prodigue en leurs proprietez.

DES FANTAISIES DE TABARIN.

LE MAISTRE. L'espèce des poissons a une grande estendue, Tabarin, qui se diversifie en divers effects, autant admirables en proprieté qu'esloignez de la conception ordinaire des hommes. La remore arreste les navires au plus fort de leurs courses; la scolopendre, estant prise à l'hameçon, a ceste proprieté de vuider ses boyaux pour s'eschapper de la mort; la torpille engourdit la ligne et le bras du pêcheur, par une secrette proprieté; la seiche et une infinité d'autres ont des secrets particuliers dont ils se servent aux occurrences.

TABARIN. Nous ne sommes pas icy sur les proprietez; je voudrois sçavoir de vous quels sont les poissons les plus maladifs, nostre Maistre.

LE MAISTRE. En ce cas, Tabarin, je te diray avec Aristote, ce grand flambeau de toute l'économie philosophique, qu'il n'y a pas un seul poisson qui ne soit maladif et qui n'engendre de la corruption; car, s'il est vray que *datur resolutio usque ad materiam primam* (comme disent les philosophes), il ne faut pas douter que, comme le poisson participe davantage de l'humidité de l'eau, qu'il ne soit aussi grandement subject à la corruption, car toutes les choses ne se corrompent qu'en tant qu'elles sont humides; et ainsi, comme nostre substance se revest et induit souvent les qualitez de l'aliment dont nous nous nourrissons, il ne faut aucunement s'esmerveiller si on se sent indisposé au dedans quant on a mangé du poisson; l'estomach, qui nage alors dans l'humidité de ceste viande, aggravé comme d'un fardeau insupportable, ne peut exercer ses fonctions. Il y a toutesfois des poissons qui sont très-sains et de bonne digestion; mais il ne se peut trouver poisson plus dangereux ny plus fievreux que l'anguille, pour l'indigestion, l'intemperie et les cruditez qu'elle fait naistre à ceux qui s'en nourrissent.

Tabarin. Pour un homme qui devroit penetrer dans la nature de toutes les choses que nous voyons en ce globe terrestre et cognoistre les proprietez des animaux, vous n'y entendez pas grande finesse.

Le Maistre. Que veux-tu, Tabarin,

*Indicium est bene compositæ mentis
In arduis rebus se nescientem profiteri.*

Je te dis ce qui m'en semble.

Tabarin. Desirez-vous sçavoir quel est le poisson le plus maladif et le plus mal sein qui soit au monde?

Le Maistre. Sçachons voir, Tabarin.

Tabarin. C'est le macquereau, mon maistre. Ceste viande est tellement subjecte à la corruption, qu'elle vous engendre en moins de rien des galles aussi larges que ma main; et de plus, elle a une telle force que des chausses d'un homme elle en fait une estable à poullains, de manière que bien souvent on est contrainct de faire son esté en plain hyver, et d'aller de Paris en Suède.

Fantaisie et Dialogue LIII.

Qui sont ceux qui ne doivent rien à personne.

TABARIN.

Quelles gens estimez-vous si favorisez de la nature qu'ils ne doivent rien à personne, mon maistre ?

LE MAISTRE. Jamais on ne peut faire la rencontre de telles gens, Tabarin. Toutes les causes secondes, comme elles sont dependantes de la première, et que d'elle nous empruntons nostre estre, aussi en general luy sommes nous redevables, et bien qu'un homme eust tellement contenté ses creanciers qu'il se puisse dire ne devoir plus rien à personne, si est ce qu'il doit tousjours à Dieu, suprême monarque de l'univers. Jamais nous ne luy pouvons payer le bienfait que nous avons reçeu de luy en la creation, et que nous recevons tous les jours en la conservation de nostre estre. Ainsy les roys, potentats, empereurs et monarques, tous sont debteurs de la divine Majesté ; leur sceptre, leurs empires et leurs couronnes ne relèvent que du ciel, qui tient en main les resnes de leurs gouvernemens et le frein de leurs republiques ou monarchies. Dieu les peut donner à regir et gouverner à qui bon luy semble. Les princes et grands doivent aux roys leur entretien, leur fortune et leur grandeur ; nous sommes tous subalternez à l'empire l'un de l'autre : les magistrats doivent aux Princes, le peuple doit au magistrat, le fils doit au père ; de manière qu'il n'y a rien en l'univers qui ne doive quelque chose, soit censives, hommages, reverences ou dependances.

TABARIN. Je sçais bien qu'il y a des gens qui ne doivent qu'à deux personnes, sçavoir : à Dieu et au monde ; mais j'en trouve d'autres en contreschange qui ne doivent rien du tout et ne veulent rien devoir ; vous les verrez le plus souvent coucher au milieu des rues à l'abry du ciel, de crainte qu'ils ont de devoir deux sols pour leur giste.

LE MAISTRE. Qui sont ces personnes, Tabarin ?

TABARIN. Ce sont les gueux, nostre maistre. Ce sont gens affranchis de toutes debtes ; au contraire, ils demandent à tout le monde.

FANTAISIE ET DIALOGUE LIV.

Qu'est-ce qu'il arrive à un vieillard qui se marie.

TABARIN.

Nostre maistre, qu'arrive-il à un vieillard qui se marie en ses vieux jours ?

LE MAISTRE. La vie humaine est balancée entre le bien et le mal, les douleurs et la joye, les contentemens et les disgraces,

Tabarin. De ceux qui se marient en leur vieillesse, les uns se trouvent joyeux et favorisez de la fortune ; les autres se trouvent mal ; ils desadvouent et maudissent cent fois la journée qu'ils ont prattiqué leur mariage pour se voir reduits et enchaisnez à toutes sortes de misères.

Tabarin. Aussi c'est une pitié, quand on pense dresser la viande, que le manche de la cuillière est rompu, par ma foy, car j'ay tousjours ouy dire en Espagne : *no acuerdan juntamente un hombre anciano y una muger manceba*[1].

Le Maistre. En après, il arrive souvent qu'un vieillard qui se remarrie entre en jalousie : ce mal l'importune sans cesse ; il ne peut faire un seul pas qu'il ne songe à l'honneur de sa maison.

Tabarin. C'est un honneur qui est bien tost respandu : il ne faut pas grand chose pour le casser, car il est desjà fendu.

Le Maistre. Outre plus, il faut qu'il aye un soin particulier des affaires du logis, ce qu'il ne faisoit auparavant ; et puis le mariage est subject à tant de malheurs (comme je t'ay dit autrefois), que la vieillesse venant à y adjouster ceux qu'elle engendre, il ne faut pas douter que de ceste union ne resulte un comble parfait de desastre ; plustost, comme dit l'Italien, je pourrois *contare le onde del aqua*, ou, comme dit Virgile, *scire quot Ionij veniant ad littora fluctus*, que de raconter la moindre partie des traverses qui arrivent aux vieillards.

Tabarin. Tellement que vous voilà au bout de vostre latin. Je m'en vay vous enseigner ce qui arrive aux vieillards quand ils se marient.

1. Un homme vieux et une jeune femme ne s'accordent pas ensemble.

LE MAISTRE. Qu'arrive-il, Tabarin ?

TABARIN. Il arrive deux choses : ils changent de nom et d'espèce.

LE MAISTRE. Pour changer de nom, cela se faict : ils peuvent avoir quelque terre ou seigneurie d'où ils empruntent le nom ; mais pour changer d'espèce, il est impossible : on ne fait pas de telles metamorphoses.

TABARIN. Ils changent de nom, car si on les appelle Pierre ou Guillaume, quand ils sont mariez on les appelle Jean ; ils changent d'espèce, car, au lieu qu'ils sont hommes, en moins d'une demie heure ils deviennent coucou. Ne voilà pas changer de nom et d'espèce ?

FANTAISIE ET DIALOGUE LV.

Quel est l'animal le plus magnanime.

TABARIN.

Mon maistre, entre toutes les espèces des animaux, lequel est-ce qui vous semble le plus hardy et le plus magnanime ?

LE MAISTRE. La hardiesse et la grandeur de courage est, au dire d'Aristote, comme l'ornement et la splendeur de toutes les autres vertus ; et s'il y a quelques animaux qui puissent contester à juste tiltre ceste qualité, c'est l'homme : car, comme il est animé de la raison qui conduit ses actions, aussi entreprend-il avec plus de hardiesse et plus de courage. Il est bien vray que le lion a une grande magnanimité; mais l'homme la laisse autant derrière soy comme il le surpasse en degré; le plus grand courage qui se remarque en luy, c'est de se pouvoir vaincre soy mesme et se rendre maistre de ses passions. Il se monstre genereux et hardy entre les grands; entre les mediocres, il est modeste; il se resjouit moderement des bonnes fortunes et des heureux succès qui luy arrivent; si la roue se renverse, et au lieu qu'il estoit constitué dans un apogée de bon heur, qu'il soit rabaissé et enveloppé entre mille sortes de bourasques et de tempestes, il mesprise les infortunes, foule aux pieds les esclandres, marche tousjours d'un front asseuré et hardy parmy les accidens funestes qui luy arrivent, et, pour conclurre, *sibi semper existit æqualis*. Au reste, quand il est besoin de faire paroistre quelque esclat de sa generosité, il se porte à des entreprises hautes et magnanimes, rompt toutes les machines qui le peuvent empescher, et rapporte enfin les lauriers et les conquestes deues à ses merites.

TABARIN. Nous ne sommes pas en mesme ligne, nostre maistre; mon jugement est bien esloigné du vostre.

LE MAISTRE. Quel animal estimes-tu pour le plus hardy et le plus magnanime, Tabarin?

TABARIN. C'est le poux, mon maistre. Cest animal est si genereux qu'il ne craindra pas d'attaquer un des plus gros gueux de l'escole Saint-Germain et de le prendre au collet; il faut qu'il aye une grande hardiesse, ouy.

LE MAISTRE. L'impertinent! Tousjours Tabarin persiste en ses folies.

Fantaisie et Dialogue LVI.

Pourquoy les vieilles gens ne jouent pas à la paume.

TABARIN.

IL y a fort long-temps que je suis en doute d'une chose, mon maistre.

LE MAISTRE. De quoy, Tabarin? Si je peux te satisfaire, je serois bien aise de te relever de ce doute.

TABARIN. Sçavez-vous bien la raison pourquoy les vieillars ne jouent point au tripot? L'autre jour, en passant, je n'y vis que des jeunes gens.

LE MAISTRE. Ceste raison est assez triviale, Tabarin: le jeu de la paume, par dessus toutes les autres recreations qu'un homme peut honnestement prendre pour se retirer du soucy importun de ses affaires, demande un grand exercice et un mouvement extraordinaire. Pour bien jouer au tripot, il faut avoir premièrement une bonne veue.

TABARIN. On dit tousjours : bon pied bon œil.

LE MAISTRE. L'œil est celuy qui mesure, conduit et proportionne les coups, qui prevoit les hasars de la balle, qui cognoist les deffaillances et règle entièrement les pas de celuy qui joue. Outreplus, il est requis qu'un joueur de paume ait non seulement une grande dexterité pour dresser, gauchir et destourner ses coups ; mais aussi une grande agilité et promptitude de corps ; il faut qu'il soit dispos, allègre et d'un visage gaillard, ce qui ne se retrouve pas dans les vieillars; car depuis que la vieillesse vient organiser nos membres et s'introduict dans nos sens exterieurs, les forces commencent à deffaillir; ceste agilité admirable qui nous faisoit auparavant embrasser des actions hardies et genereuses se metamorphose en une lente et melancolique paresse ; nos adresses se fletrissent; la pointe de nostre nature ne peut exercer ses fonctions avec promptitude et allegresse, ains nous sommes alors comme chargez d'un fardeau insupportable, qui appesantit, debilite et agrave entièrement nos sens, de manière qu'il ne se faut beaucoup estonner si on ne voit point les vieillars jouer à la paume, veu qu'ils ne peuvent pratiquer ny se porter à un tel exercice.

TABARIN. Vous n'y estes pas arrivé, mon maistre. La seule cause pour laquelle on ne void jamais les vieillars jouer à la paume est que leurs balles ont tant tripoté en leur jeunesse, qu'elles sont usées ; jouxte aussi qu'ils ne peuvent plus mettre ny dans la blouse ni dans le trou, car les cordes de leurs raquettes sont lasches et desbandées.

Fantaisie et Dialogue LVII.

Quel est l'arbre le plus fertil et le plus fructueux.

TABARIN.

Mon maistre, vous avez vogué sur les mers, vous avez veu diverses contrées et diverses regions : quel arbre avez-vous remarqué, durant vostre voiage, pour le plus fertil et le plus fructueux?

LE MAISTRE. A la verité, Tabarin, ceux qui voyagent ont grand avantage sur les autres, qui, assopis de la morne paresse de l'oisiveté, ayment mieux languir, croupir en leur païs sans exercer aucun vray acte d'homme, que de se porter aux provinces estrangères, où toutesfois on y apprend tousjours quelques raretez particulières. La nature, selon l'assiette des lieux où les arbres sont plantez, les a rendus fertiles ou infructueux.

..... *Non omnis fert omnia tellus,*

dict Virgile ;

Hic segetes, illic veniunt felicius uvæ,
Arborei fœtus alibi, etc.

Il y a des contrées et des regions propres à une sorte d'arbres qui, plantez en une autre province, ne peuvent prendre aucun suc ny aliment, ains, au lieu de vegeter et de prendre quelque acroissement, ils meurent, se sèchent et perdent leur feuillage. Au reste, s'il y a lieu où on puisse trouver des arbres fertiles et grandement fructueux, c'est en France et en Italie; car, comme ce sont deux provinces constituées sous la zone temperée, et cultivées avec tout le soin qu'on y peut apporter, aussi abondent-elles principallement en beaux arbres fruictiers, qui sont aucunefois tellement chargez de fruicts qu'on est contraint de les appuier avec des fourchettes. Maintenant, si tu t'enquiers quelle espèce d'arbre porte le plus de fruict, je ne peux point te satisfaire, veu qu'il y a une infinité de plantes qui s'esgallent au rapport et simbolisent grandement en la quantité du fruict; toutesfois j'estime les arbres pour les plus fructueux ceux qui rapportent deux fois l'année, comme ceux desquels parle le poète :

Bis gravidæ segetes, bis fructibus utilis arbos.

Voilà ce que je te peux dire sur ce subjet.

TABARIN. Vous n'y sçavez rien, mon maistre. L'arbre le plus fructueux et le plus fertil qui soit en la nature, c'est une potence; car cet arbre a une telle proprieté qu'à l'heure mesme qu'il est planté il porte du fruict, et ce sans aucune apparance de fleurs ni de feuillage : j'en vis l'autre jour un, à la Grève, qui mourut à cause que sa corde estoit trop courte de deux pieds.

LE MAISTRE. Au contraire, Tabarin, c'est la corde qui les fait mourir.

TABARIN. Nullement, car si la corde eust esté assez longue et qu'elle eust touché à terre, jamais on ne l'eust peu estrangler; et encor cest arbre a cela de singulier que dès le lendemain qu'on en a cueilly le fruict, il en fait esclore un autre.

Fantaisie et Dialogue LVIII.

A quel jeu il fait mauvais jouer avec les femmes.

TABARIN.

Mon maistre, je crois vous avoir veu jouer quelquefois avec les dames.

LE MAISTRE. Les honnestes recreations ne sont point deffendues, Tabarin, pourveu qu'on ne passe point les bornes ny les limites de l'honnesteté.

TABARIN. Me diriez-vous bien à quel jeu il est très-dangereux de jouer avec elles?

LE MAISTRE. A tous jeux, Tabarin, car les femmes sont d'une humeur autre que les hommes : elles ne se manient pas par la raison, et ne règlent point leurs conceptions au moule de la bienseance ; mais souventefois elles se laissent ravir à leurs propres passions et se gouvernent en toutes sortes d'actions selon que leur propre naturel les conduit.

TABARIN. Je sçay bien qu'il est très-dangereux de jouer au trou-madame avec elles, car on ne s'en retire jamais ses braies nettes ; elles ont tousjours le gain de la partie, et, qui pis est, on a beau butter au treize, jamais les balles n'y entrent.

Le Maistre. Se peut-il faire que tu te sois tellement revestu du manteau de l'insolence que tu oses proferer icy des parolles si dissonantes de l'honnesteté?

Tabarin. Que ne me rendez-vous resolution de ma demande?

Le Maistre. Je t'ay desjà dit qu'il fait mauvais de jouer avec les femmes quelque jeu que tu me puisses presenter, car, au moindre espoir du gain qu'elles pretendent, elles s'en orgueillissent, se presument et croyent avoir fait acquisition de ce qu'il y a de rare en l'univers.

Tabarin. Si est-ce pourtant qu'en tout ce qu'elles pratiquent, et principallement au jeu, elles ayment mieux avoir le dessous que le dessus, mon maistre.

Le Maistre. Cela est faux, Tabarin; il n'y a rien de si superbe ni de si glorieux que la femme: depuis qu'une fois l'ambition s'est emparée de son cœur, elle s'imagine de sçavoir tout, de pouvoir tout; bref, de marcher à l'égal de l'homme.

Tabarin. Je m'en vay monstrer à quel jeu il fait dangereux de jouer avec les femmes (si de fortune vous vous trouviez en ceste rencontre).

Le Maistre. A quel jeu, Tabarin?

Tabarin. C'est au jeu de quille, mon maistre; car elles ne se contentent point seulement de gaigner la partie, mais elles taschent tousjours d'abattre la quille du milieu, qui est la principalle et qui seule vaut neuf.

Fantaisie et Dialogue LIX.

*Quelle est la beste la plus honneste
de toutes les bestes.*

TABARIN.

Je me plais à parler des animaux, mon maistre.

LE MAISTRE. *Pares cum paribus pari passu ambulant*, Tabarin ; il n'y a rien où on prend tant de contentement que de parler de ses semblables.

TABARIN. Je me plais aussi avec vous, mon maistre. Dites-moy un peu, s'il vous plaist, quel est l'animal le plus honneste de tous les animaux.

LE MAISTRE. Il faut faire icy une distinction, Tabarin ; car, si tu parles de tous les animaux en general, en tant que ce mot d'animal se communique tant aux raisonnables qu'aux bruttes et à ceux qui ne sont pas douez ny ornez de la raison, il est hors de doute que c'est l'homme qui est le plus honneste de tous, veu que la raison qui anime et organise ses sens le conduit à des actions vertueuses et honnestes où la bienseance partage les premiers rangs et tient le haut bout. Que si ta demande ne s'estend que sur les bestes irresonnables, il y en a de diverses espèces qui sont grandement honnestes et qui semblent avoir appris et emprunté la civilité de l'homme, tant en leurs actions ils font paroistre des effets de l'honnesteté; toutefois, comme entre plusieurs il y en a tousjours quelques uns qui sont douez de quelque perfection par dessus les autres, je crois que parmy tous les animaux que nous pouvons remarquer en ce bas monde, qu'il n'y en a point de plus honneste que l'hermine : c'est un animal net, pur et candide, qui produit en dehors des actions honnestes et civiles; bref, je n'estime point qu'il y en ait aucun qui le puisse esgaller. En après, si nous jettons la veue dans les campagnes azurées du ciel et que nous regardions les oyseaux, hostes de l'air, peut-on remarquer rien de plus poly, de plus candide et de plus honneste ?

TABARIN. Toutes vos raisons n'ont rien de valable. Les animaux que je trouve les plus honnestes sont les chiens et les pourceaux, mon maistre. Pour les premiers, vous les voyez, à chaque rencontre qu'ils font de leur semblable, se venir lecher le derrière, peur des crottes, tant ils sont civilisez. Pour les seconds, voulez-vous trouver un animal plus honneste qu'un pourceau? Il a ceste discretion qu'en allant parmy la rue, s'il voit de fortune quelque viel estron contre une muraille, il ayme mieux le manger que de le laisser en la voie des passans.

LE MAISTRE. O le gros villain et le vray prototipe d'impudence ! Faut-il que tu nous embausmes icy de tes discours importuns !

Fantaisie et Dialogue LX.

Pourquoy les enfans pleurent en naissant.

Tabarin.

Mon maistre, quelle est la vraye raison pour laquelle les enfans pleurent et gemissent quand ils viennent au monde ?
Le Maistre. Les pleurs, les sanglots et les gemissemens sont les fidels messagers et les avant-coureurs de la tristesse, Tabarin. Si nous pleurons et gemissons en entrant dans la carrière de ceste vie mortelle, nous en avons du subject, car qu'y a-il de plus miserable, de plus infortuné et plus remply de misères que l'estat de l'homme ? Quoy de plus funeste et de plus deplorable ? A peine sommes-nous embarqués dans le navire inconstant de cette vie, qu'un million de tourmentes, d'orages, de vents et de bourasques contraires s'eslevent contre nous, qui sont autant d'escueils, lesquels nous aheurtons tous les jours. A peine avons-nous commencé de naistre que nous commençons de mourir ; de sorte que la mort et la vie sont tellement jointes et liées par ensemble, que celuy qui relève de l'un est tributaire de l'autre. Nostre vie est comme une fleur qui, comme dit le poete,

Sole oriente viret, sole cadente cadit.

Durant le peu de sejour que nostre âme est enchaisnée et garrottée des liens de ceste lourde et pesante masse terrestre, durant le peu de temps que nous respirons l'air de la vie, nous sommes subjects à tant d'encombres et à tant d'esclandres divers qu'il ne faut pas s'estonner si nous apprehendons tant d'entrer en ce monde, veu qu'une certaine inclination naturelle nous dicte les maux et les accidens futurs que nous aurons à endurer à l'advenir.

Tabarin. Je crois que vous participez de la nature de l'asne, mon maistre, car vous estes si stupide que vous ne pouvez relever d'aucun doute.

Le Maistre. Que veux-tu, Tabarin! l'esprit de l'homme, bien que capable et suffisant de soy de cognoistre tout ce qui s'opère et se prattique icy bas, investy toutesfois et ensevely dans la pesanteur de ce corps, il ne peut exercer librement ses fonctions et n'acquiert les cognoissances qu'avec une difficile peine.

Tabarin. La vraye cause et la seule raison pourquoy les enfans pleurent quand ils viennent au monde, c'est parce que leurs mères ont perdu leur pucelage, et qu'ils ont esté contraincts en passant de les baiser au cul.

Fantaisie et Dialogue LXI.

Quel est l'arquebusier et l'archer le plus mal-à-droict.

Tabarin.

C'Est une belle chose que d'estre lourdaud, mon maistre.

Le Maistre. Ouy, à des gens comme toy, Tabarin, qui sont tellement embourbez dans la paresse et l'oisiveté, qu'ils ne peuvent produire aucun acte de gentillesse.

Tabarin. Dites-moy, s'il vous plaist, quel est l'arquebuzier ou l'archer le plus mal-adroict qui soit au monde.

Le Maistre. La dexterité est une partie qui annoblit grandement un homme, principalement un qui s'adonne à la chasse, car il se peut asseurer qu'au mesme instant qu'il delache son coup le lièvre est frappé. Cela ne se faict pas si aisement par ceux qui sont stupides, engourdis et mal-adroicts; ils tirent cent fois sur un object sans en aprocher aucunement. Pour tirer avec adresse, il faut premièrement avoir une veue asseurée, qui ne chancelle point et qui ne soit ennuagée d'aucun brouillas : car, depuis que les espèces sont portées indirectement dans l'organe, nous ne voyons l'object que de travers, et ainsi nous ne pouvons delacher le coup ny avoir prise sur ce que nous desirons. Jouxte que la longue experience pratiquée de long-temps nous rend beaucoup plus prompts et adroicts à faire quelque chose. L'habitude ne s'acquiert que par le concours des actes souvent reiterez, qui facilitent la puissance à operer et la rendent souple à exercer toutes sortes d'actions (bien que plusieurs philosophes estiment qu'à la production du premier acte l'habitude s'engendre en nous). Je ne doute pas qu'il ne se produise, mais non pas avec tant de perfection que lors que nous avons rendu la puissance plus apte par la concurrence des actes consecutifs. Pour mon regard, s'il y a quelqu'un qui me semble mal-adroict et inepte à quelque chose, ce sont les villageois.

TABARIN. Si est-ce qu'ils addressent aussi bien au trou, quand il leur en prend envie, que les plus experts citadins de Paris. L'archer et l'arquebusier le plus mal-adroict qui soit en la nature, c'est le cul, mon maistre, car il a si peu d'addresse qu'il prend sa visée aux tallons, et s'en va frapper au nez[1]. Encor il a cela pardessus les autres que, jaçoit que sa poudre soit mouillée, elle ne laisse point de frapper ; les vesses sont comme la poudre blanche, elles frappent sans bruit ; mais alors qu'on entend murmurer, c'est signe que le feu est dans le canon et que le nez en aura bien tost sa part.

LE MAISTRE. O l'impudent ! Voilà tousjours le centre et le rendez-vous des demandes de Tabarin.

---

1. Cette question et la solution que lui donne Tabarin ont été vraisemblablement empruntées au sieur des Accords (Tabourot), mais elles datent de plus loin, car elles font partie de *Plusieurs demandes joyeuses en forme de quolibets* (vers 1530), in-16, goth.

Fantaisie et Dialogue LXII.

Qui sont ceux qui sont les plus sanguins.

Tabarin.

Mon maistre, puis que vous avez une cognoissance de la medecine, qui sont ceux qui ont le sang chaud ?
Le Maistre. Cela peut venir du temperament de dedans, Tabarin, et aussi de ce qui arrive de l'exterieur et du dehors. Les bilieux et ceux qui participent davantage de la nature ignée sont plus chauds et plus sanguins; les esprits qui sont portez par les nerfs dans le corps sont plus mouvans; c'est la raison pour laquelle on les voit enflammez et collorez à la moindre disgrace qu'ils reçoivent. De l'autre costé, la nourriture et l'aliment que nous prenons concurre encor grandement à avoir le sang chaud; ceux qui se nourrissent et se repaissent ordinairement de viandes de haut goust, qui boivent intemperement du vin, ont un sang bruslé et deseiché; ceux qui ne peuvent manger un morceau sans espices, sans poivre, et autres tels ingrediens qui d'eux-mesmes sont exsiccatifs, me semblent estre les plus sanguins.

Tabarin. Devinez, selon vostre jugement, qui sont ceux qui me semblent les plus sanguins?
Le Maistre. Qui sont-ils, Tabarin?

TABARIN. Ce sont les juges, les procureurs et les advocats, car ils ne vivent que d'espices. Par ma foy, ils sont friands ! pour un procès de cent escus, ils luy feront une sausse où ils mettront pour deux cens escus d'espices et d'ingrediens.

Fantaisie et Dialogue LXIII.

Pourquoy les femmes donnent de l'argent à leurs maris en espousant.

TABARIN.

JE m'etonne d'une chose : pourquoy, quand un homme se veut marier, il faut que sa femme luy donne de l'argent. Cela me semble de rude digestion, car bien souvent l'homme dissipe inutilement ce que sa femme luy apporte.

LE MAISTRE. C'est une coustume qui a tellement pris pied entre les hommes d'aujourd'huy, que cela se prattique par tout, non sans raison toutesfois, car le mariage doit estre fait entre personnes esgalles. Or, comme la femme ne peut point aller de pair avec l'homme, pour son peu de vertu et la discordance qu'il y a entre les actions de l'un et les prattiques de l'autre, afin de se pouvoir mettre en ligne parallelle avec l'homme, elle apporte l'argent, peste des mortels, et pour lequel aujourd'huy la vertu est prophanée.

Jouxte aussi que la femme est donnée à l'homme pour le mesnage et pour les œuvres serviles de la maison.

TABARIN. A la verité, il y en a qui vivent aucunefois de mesnage [1], car ils vendent tout ce qu'ils ont. Ce n'est pas pourtant la raison pour laquelle elles apportent de l'argent en leur mariage.

LE MAISTRE. Quelle raison est-ce, Tabarin ?

TABARIN. La cause pourquoy les femmes donnent de l'argent à leurs maris en espousant, c'est qu'elles marchandent un laboureur pour labourer leur terre, et qu'elles achètent un fond pour planter des cornes.

FANTAISIE ET DIALOGUE LXIV.

Pourquoy les femmes n'usent point tant d'habits ni tant de souliers que les hommes.

TABARIN.

On maistre, encor un petit mot pour mon argent ; je ne vous importuneray plus d'aujourd'huy. Dites-moy pourquoy les femmes n'usent point tant d'habillemens ny de soulliers que les hommes.

LE MAISTRE. On peut apporter quelque raison

---

1. Molière a fait son profit de ce joyeux dicton. Voyez *Le Médecin malgré lui*, acte I, scène I.

de cecy, Tabarin; l'usure ne se fait que par l'attrition et l'entrechoc des habits. Or est-il que les femmes ne font point d'exercice si violant qui puisse causer une si grande attrition en leurs vestemens que les hommes, qui embrassent toutes sortes d'exercices, pour violants qu'ils puissent estre.

TABARIN. Pour la dernière chose que je vous demande, vous ne me satisfaites pas plainement. La seule raison pourquoy les femmes n'usent point tant de souliers que les hommes, c'est qu'elles cheminent davantage du devant et du derrière que des pieds.

LE MAISTRE. O l'impudence signalée de Tabarin! Ne me parlez plus de la sorte[1]. [Et dès lors il se teût.]

---

1. Ce qui suit entre deux crochets, ne se trouve pas dans tous les exemplaires de première édition, et ceux où cette phrase est omise ont en réclame le mot *Farces* au lieu du mot *Fin*. Cette particularité sembleroit annoncer que l'*Inventaire universel* devoit d'abord se terminer avec la Question LXIV.

FIN.

FARCES TABARINIQUES.

L'ARGUMENT DE LA PREMIERE FARCE.

Yphagne se trouve amoureux de Madame Olimpia, femme de Lucas, et luy envoie une lettre par Tabarin. Lucas est amoureux de la seignore Ysabelle, et donne un poulet à Tabarin pour luy porter. Le capitaine Rodomont, son maistre, intervient, qui, le trouvant en cest office, le veut tuer. Il luy commande de rendre ces lettres; Tabarin les donne, mais il prend l'une pour l'autre. Pyphagne se fache de voir la lettre de Lucas, Lucas celle de Pyphagne. Ysabelle vient; Pyphagne promet cent escus à Tabarin pour tuer Lucas, qui luy en offre autant pour tuer Pyphagne. Pyphagne, à ce mot, saute sur Tabarin. Ysabelle vient au bruit, puis tous se batent.

PYPHAGNE[1].

Epis que l'amor intraé dans le cao del l'huomo, depis que sto foco s'insinuaé dans le cor et la cogitation dellé personé, on ne fat que souspirar, que gemir, que lacrimar; on n'entendi que doulour, que

1. Ici, comme dans les deux farces qui font partie du Re-

singulti, que tribulation, que calamitaé. Il y a quelquo tempo que mi trouve inflamao de la moyer de Messire Lucas, madona Olimpia, beltaé incomparabilé, lé stelé del'mia anima, li ochi di mia fortuna, et me sento ardente d'un tel desiderio de la pouvoir parlar, de ly communicar la mea volontaé, que non possum avoir bin, et volio terminar la mia passion et demandar remedio al seignor Tabarin. — Tabarin!

TABARIN. Qui va là ? Mort de ma vie, vous me ferez chier dans mes chausses !

PIPHAGNE. Tabarin, que fasto, filio ? Vien que te volio communicar un negotio d'importentia, fradelle.

TABARIN. Je suis empesché.

PIPHAGNE. Il s'amuse à cagar, à urinar, sto larro Tabarin.

Piphagne et Tabarin.

TABARIN.

Ui a-il ? Ha ! c'est donc vous, sieur Piphagne ? Mettez dessus, s'il vous plaist ; je crois qu'il y a long-temps que vous n'y avez mis.

PIPHAGNE. Tabarin, me charo, my te volio pregar d'una difficultaé.

cueil général, Piphagne et Rodomont parlent un jargon composé de mots empruntés à diverses langues. Voyez à ce sujet la note de la page 219 du tome I.

TABARIN. D'una difficultaé ?

PIPHAGNE. Mi trouve inamourao de la moier del seignor Lucas.

TABARIN. Vous estes amoureux de la femme de Nicolas Joffu ? Et allez, vieux peteux ! vous faites comme les chats, qui font l'amour en hyver ; vous voilà sur l'aage, vous estes plus propre à aller à Saint-Innocent qu'à courtiser.

PIPHAGNE. Adagio, Tabarin, som il cao blanché, fradelle, ma la cauda viridé, et te volio donnar cesta lettera pour portar al mia anima, madona Olimpia.

TABARIN. Vous voulez que je porte ceste lettre à madame Olimpe ?

PIPHAGNE. Chi, Tabarin, por ly communicar la mea affection, l'incendio et le foco qui m'enflammao el cor.

TABARIN. Que me donnerez-vous ?

PIPHAGNE. D'homme da bin, ti daro cinquanti ducati.

TABARIN. Cinquante escus ! Allez vous en à la maison ; par la mort de ma vie, elle est à vous.

Tabarin et Lucas.

LUCAS.

Comme j'estois au banquet,
  Bon birolet,
Et qu'on dançoit à ma nopce,
La mère au cousin Jacquet,
  Bon birolet,
Me dit : Vostre femme est grosse.

O vive l'amour! vive le phenix des amans! Le petit Cupidon est entré si avant dans ma poictrine que je ne puis plus vivre sans donner quelques allegemens à mes flammes; le feu me transporte de telle façon que je ne fais que cracher poësie.

TABARIN. Sans doute, il est arrivé un basteau d'amoureux.

LUCAS. Je suis espris de l'amour de mademoiselle Izabelle, la femme du sieur Piphagne; il faut que je lui relance la babaude, c'est une petite friquette. Je voudrois bien rencontrer quelque estaffier de la Samaritaine pour luy envoyer une lettre. A propos, voicy un homme que je cherche. A vous, galant homme, à vous, Monsieur Tabarin.

TABARIN. Il m'appelle Monsieur, par ma foy! diable! il veut attraper quelque chose de moy, sans doute. Qu'i a-il, messire Lucas?

LUCAS. Monsieur Tabarin, je voudrois bien que vous me fissiez un plaisir, je vous donnerois bonne recompense.

TABARIN. Il n'y a chose qu'on ne fasse pour ses amis.

LUCAS. C'est que je suis grandement passionné de l'amour de madamoiselle Izabelle. Si vous luy voulez porter ce poulet et me rapporter bonne responce, je vous donneray cinquante escus.

TABARIN. Teste non pas de ma vie! voicy des vieillars qui se veulent faire cocus l'un l'autre; si est-ce, puis qu'ils m'offrent de l'argent, j'en veux voir l'experience. Messire Lucas, je vous promets d'effectuer vos commandemens.

LUCAS. Dites-luy que je suis robuste, guilleret et dispos ; au reste, ne luy dites pas que je porte le brayer. Me donne au diable si je ne luy relance le limosin comme il faut ; laissez faire à moy seulement. Me recommande, Tabarin ; il y a cinquante escus pour la recompense.

TABARIN. Nous en verrons les effects.

Tabarin seul.

TABARIN.

ME voilà bien empesché : j'ay icy deux lettres à porter à deux diverses personnes, où il y a de l'argent à gaigner ; d'autre costé, mon maistre, qui est le capitaine Rodomont, me criera tantost. Je sens desjà une gresle de coups de bastons sur mes espaules ; s'il recognoist que j'aye ces deux lettres icy, il m'estropiera, par ma foy.

Le capitaine Rodomont et Tabarin.

RODOMONT.

CAvallierès, mousquetaderes, bombardas, canonés, morions, corseletés ! aqui, veillaco !

TABARIN. Il appelle le lieutenant, le corporal, le port-enseigne, les sergens, et si il est tout seul en sa compagnie (il est bien vray qu'il en a tousjours plus de cent dans ses chausses, qui luy font escorte).

RODOMONT. Som il capitanio Rodomonté, la bravura, la valore de toto del mondo; la ma spada s'est rendue triomphanté del toto universo.

TABARIN. Il est vray, par ma foy, il n'y a personne qui joue mieux de l'espée à deux jambes que luy.

RODOMONT. Que fasto en sta casa, Tabarin? que fasto, veillaco? Que volio ste lettere? Io te quero ablar.

TABARIN. Me voilà perdu, mon affaire est descouverte! Ha! je suis mort! Que dois-je faire? Il vaut mieux luy confesser ingenuement la besongne. Mon maistre, ce sont deux lettres, l'une pour porter à la femme de Piphagne.

RODOMONT. A la seignor Isabella?

TABARIN. Ouy, mon maistre; et l'autre à madame Olimpe.

RODOMONT. Aqui, veillacon? aqui, poerco? Io te quero matar, eres Moerto! El creados du grand Capitanio, eras Mercorio amoroso? Io te quero matar.

TABARIN. Ah! monsieur, ne poussez pas d'avantage, vous effondrerez le baril à la moustarde.

RODOMONT. Io te quero matar, veillaco.

TABARIN. Helas! mes amis, il m'a fait faire une aumelette sans beurre. Comment! que ces vieux penars me veulent faire servir de macquereau, j'en auray ma raison, foy de caporal, devant qu'il soit une heure.

Piphagne, Tabarin.

PIPHAGNE.

L'Impatientia grandé que senté un cor amoroso produisé mille tormenti en la anima ; mi sento transportao de manera pour respecto de la moier de messire Lucas que non possom respirar.

TABARIN. Ah ! monsieur le marchant !

PIPHAGNE. Responso, fradelle.

TABARIN. Ouy vrayment ; mais ce sera à coups de baston sur vos espaules. Mort de ma vie ! pour qui me prenez-vous ? Vous me prenez pour un maquereau !

PIPHAGNE. Pian, pian, adagio.

TABARIN. Tenez, de par le diable, voilà vostre lettre (encor ne sçais-je si je ne luy ay pas baillé l'une pour l'autre).

Lucas, Tabarin.

LUCAS.

Qu'est-ce depuis qu'un homme est amoureux ! il ne mange, ne boit ; il est tousjours aux escoutes. J'ay tant de desir de sçavoir ce qu'aura fait le sieur Tabarin que je ne fais que languir.

TABARIN. Et bien, monsieur l'affronteur, vous venez ainsi abuser des pauvres orphelins ! Quel mestier m'avez-vous fait exercer ? Vous deviez vous addresser aux courtaux de la Samaritaine, et non pas à moy. Tenez, voylà vostre lettre.

LUCAS. Monsieur, si j'ay offencé, je vous prie de me pardonner la faute ; au reste, je vous tiens pour un homme de bien.

Piphagne, Izabelle.

PIPHAGNE.

AH pauvreto mi ! Y pensé far l'altri becco-cornuo, et ly corni mi vienné al cao de mi ! la mea moyer me voillio plassar al signo di capricornio ! O vituperoso de Tabarin ! ô mariol ! ty sera matao, et volio mandar mea moyer, et luy communicar la lettera del fato mio. Isabelle ! Isabelle, moyer !

ISABELLE. Qui va là ?

PIPHAGNE. Corni qui me vienné, cornucopia, qui me croissé en le cao. Madona putana, deshonnour de casa mia, marchantia del regimente dei guardi, vedesto sta lettera ? Cognosseo sta scriptura, madona moier, an ?

ISABELLE. On dict bien vray, qu'il n'y a jamais personne de plus jaloux que les vieillars ; tousjours mon mary est aux aguets, tousjours il a quelque chose en la teste.

PIPHAGNE. Ah vituperosa ! va in casa, que ne te volio vedere.

Tabarin, Piphanio.

TABARIN.

On maistre le capitaine Rodomont m'envoye chercher à disner; il est temps de luy en trouver. A propos, voicy le sieur Piphagne.

PIPHAGNE. Tabarin, remedio ! ty ma donao la lettera del messire Lucas ; remedio, fradelle !

TABARIN. Vertu de ma vie ! l'affaire est descouverte. Je luy ay donné l'une pour l'autre, par ma foy.

PIPHAGNE. Me vuoi far un servitio, fradelle ; ty daro centi ducati.

TABARIN. Cent escus ? Mort de ma vie ! c'est double gaignage. Que desirez-vous de moy ?

PIPHAGNE. Volio matar messire Lucas, qui me volio plantar des corni sur le cao !

TABARIN. Vous le voulez tuer ?

PIPHAGNE. Chy, Tabarin ; veritaé, fradelle.

TABARIN. Il est mort, par ma foy ! Vous me donnerez cent escus ?

PIPHAGNE. Centi ducati, fradelle.

Lucas et Tabarin, Piphagne demeure à la porte.

LUCAS.

Omment, trente diables! que je reçoive un affront du sieur Piphagne! il me veut faire cornard!

TABARIN. Voicy le moyen de venir riche. Il me faut aller tuer le sieur Lucas. Je l'empescheray bien de courir : je luy couperay les jarrais. Le voicy venu tout à propos ; il ne le faut pas prendre en traistre, je m'en vay l'advertir que je le veux tuer.

LUCAS. Tabarin, si tu me veux faire la courtoisie d'aller trencher la teste au sieur Piphagne, je te donneray cent escus.

TABARIN. Cent escus? N'y a-il qu'à le jetter du haut en bas du Pont-Neuf? il est mort, par ma foy! Voicy une journée heureuse pour moy, gaigner deux cens escus! Ouy, je vous promets de le tuer.

Piphagne, Lucas, Tabarin et Isabelle.

PIPHAGNE.

Traditoré della carne salatà! me vuoi matar, mariol?

TABARIN. Tout beau! monsieur; regardez ce que vous faites.

ISABELLE. Quel bruict entends-je à la place?

Lucas. Comment, monsieur! vous voulez donc ventouser ma femme ?

Piphagne. Ti sera matao, laro oriental! ti sera matao!

FIN DE LA PREMIERE FARCE.

FARCE SECONDE.

L'ARGUMENT DE LA SECONDE FARCE.

Francisquine, jointe par mariage à Tabarin, se plaint de luy et donne promesse au sieur Piphagne et au sieur Lucas de la venir trouver, l'un à minuict, l'autre à deux heures, moyennant chacun cent escus. Tabarin, ayant entendu le marché, se descouvre à Francisquine, prend ses habillemens, et vient à l'heure en habit de femme, reçoit les cent escus de Piphagne, puis l'attache à un poteau. Lucas vient à son heure, donne l'argent, et est commandé de Tabarin (qu'il pense estre Francisquine) de bastonner Piphagne. Cela fait, Tabarin se descouvre à Lucas, et l'attache au même lieu, puis le fait battre par Piphagne; mais comme il le veut chastrer, Francisquine et Piphagne se jettent sur sa fripperie.

Francisquine, Tabarin.

FRANCISQUINE.

C'Est une chose miserable d'estre mariée aujourd'huy à des ivrognes et à des gens qui n'ont autre soin que de la cuisine ! Il y a quelque temps que je suis jointe par mariage à Tabarin, et il est tousjours aux cabarets.

TABARIN. Est-ce de moy que tu parles ? Par la mort diable, regarde ce que tu dis; car si tu me faches, je me jetteray sur ta fripperie et n'en bougeray de trois heures. Tu m'appelles ivrogne ! Y a-il homme qui vive plus de mesnage que moy ?

FRANCISQUINE. Vrayement ouy, vous vivez de mesnage : toute nostre vaisselle est engagée. Maudite soit l'heure que je vous vis jamais[1] !

TABARIN. Tu as un si beau pot, s'il n'y a point de pied, il y en faut mettre un.

FRANCISQUINE. Encor ne me sera-il pas permis de me plaindre; tousjours il est autour de moy pour espier mes actions.

TABARIN. O la fausse chatte ! elle demande le matou, par ma foy ! C'est l'humeur des femelles

---

1. Dans le Médecin malgré lui, acte I, scène I, Martine dit à Sganarelle : *Un homme qui me vend pièce à pièce tout ce qui est dans le logis ! Que maudits soient l'heure et le jour où je m'avisai d'aller dire oui.* On voit qu'ici Molière n'a guère eu qu'à copier.

d'aujourd'huy : à peine sont-elles aussi grandes qu'un tonneau, qu'elles veulent avoir le bondon. Je veux faire semblant de me retirer et veiller sur ses actions. Je sçais bien qu'il y a long-temps qu'elle me veut faire cornard; il faut que j'en voie l'experience.

Piphagne, Francisquine, Tabarin.

PIPHAGNE.

SI la natura produisé qualco flore bellissimo, ié por un ruffian et por un asino. Mi trové inamourao grendementé de la moier de Tabarin, qui se nommeo Francisquina. Sto larro la captivaé en sua casa, de manera qu'elle est à l'extremitaé, et my ly volio communicar la mea affection.

TABARIN. Sans doute voicy quelqu'un qui veut faire l'amour à ma femme; il faut que j'escoute et que je voye les actions qui se feront au marché de la beste.

PIPHAGNE. D'homme da bin, trouvao l'objetto radioso de la mea passion.

FRANCISQUINE. Bon jour, seigneur Piphagne.

PIPHAGNE. Bon journo, filia chara; il som vestro servitore, filia dolcissima; l'amor mi a rendué esperduo del vestra beltaé, de sorte que non possum mangear ni dormir por vestra consideration, filia chara.

FRANCISQUINE. Sieur Piphagne, vous sçavés

que nous sommes pauvres : Tabarin boit et mange tout ce que nous avons.

Piphagne. Donna mi la man et vo darò centi ducati, d'homme da bin, avec un bragar pour vestro mario et dué corni.

Francisquine. L'heure que vous pourriez venir à mon logis (car Tabarin est allé à la taverne), c'est sur la minuict.

Piphagne. Media nocté, filia dulcissima.

Francisquine. Ne manqués pas d'apporter les cent escus.

Piphagne. Centi ducati, filia cara.

Tabarin. Par ma foy, voilà le marché fait, la beste est vendue ; si est-ce que je ne veux point qu'elle m'apperçoive, nous verrons autre chose avec le temps : je sens desjà les cornes qui me percent la teste.

Lucas, Francisquine, Tabarin.

Lucas.

UN amoureux n'a point de repos. J'estois dernièrement caché derrierre un arbre, le dieu Cupidon me donna un coup de flèche au bas du ventre : la flèche est demeurée, qui me donne mille tourmens. Je me suis rendu amoureux de la femme d'un certain cornard de Tabarin, qui s'appelle Francisquine.

Tabarin. Il parle de moy, par ma foy ! Quel diable luy a si bien dit mon nom ?

LUCAS. C'est une petite friquette, le miroir de la perfection; l'eau m'en vient à la bouche quant j'y songe.

FRANCISQUINE. C'est aujourd'huy la journée des amoureux: en voicy encor quelque nouveau.

LUCAS. Ah! la voilà, la petite friande; je luy veux faire la reverence. Madame Francisquine, si vous me voulliez faire part en vos affections et me faire ceste courtoisie que de me mener en vostre logis ce soir, je vous donneray cent escus.

FRANCISQUINE. Mais vous me semblés desjà vieillard.

LUCAS. Diable m'emporte! je suis robuste et du naturel des poreaux: j'ay la teste blanche, mais la queue verte. Au reste, vous aurez cent escus; laissez faire à moy seulement.

FRANCISQUINE. Cent escus et cent escus font deux cents escus; voicy une bonne journée pour moy.

LUCAS. Où est allé vostre cornard de mary?

FRANCISQUINE. Il est allé boire à son accoustumée.

TABARIN. Ah! la double carogne! Ah! la vilaine! Tu ne crois pas que je sois icy. Endurer qu'on me face cornard en ma presence! Il faut prendre patience. Ainsi font les filles qu'on ne marie point en temps et en heure: elles se tirent la queue entre les jambes et prennent patience.

FRANCISQUINE. Si vous me voulez venir trouver, venez à deux heures après minuit et aportez les cent escus.

LUCAS. Faites en sorte que vostre coçu de mary n'en sache rien, et me recommande.

FRANCISQUINE. A dieu, sieur Lucas.

Tabarin, Francisquine.

FRANCISQUINE.

N dit bien vray, qu'il n'est que de chercher fortune : si je me fusse tenue dans le logis, je n'eusse pas fait ceste heureuse rencontre.

TABARIN. Et bien, madame la carongne ! madame la putain ! quel marché avez-vous fait ?

FRANCISQUINE. Voilà comme Tabarin me traitte ordinairement. Mercy de ma vie, je ne suis pas de ces gens-là.

TABARIN. Comment, mort diable ! ne t'ay-je pas ouy faire le marché ? N'as-tu pas donné l'heure à l'un à minuit, à l'autre à deux heures ? O fausse vilaine !

FRANCISQUINE. Sans doute je suis descouverte ; il vaut mieux luy desclarer entièrement l'affaire sans la celer.

TABARIN. O l'affrontée !

FRANCISQUINE. Je n'eusse pas voulu faire cela sans vous en advertir, mon mary ; mais c'est pour attraper leur argent.

TABARIN. Encor as-tu de l'esprit. Laisses-moy masnier ceste affaire-là ; va-t-en au logis seulement, et m'apreste tes vieux habits, et me laisse faire du reste. Je m'habilleray à la façon de Francisquine, et après avoir pris leur argent, je leur donneray cent coups de baston.

Piphagne, [*Tabarin, habillé comme Francisquine*].

PIPHAGNE.

La nocté obscura é le journo de la mia felicitaé ; le tenebré sarano la clartaé radiosa del mia anima et de mes contenti ; aportao centi ducati pour far la simbolisambula et engendrar un Piphanio dans la matricé de Francisquina ; la media nocté favorisé al mia amor. Francisquina ! Francisquina !

TABARIN. Que vous plaît-il, monsieur ! Je n'ay pas manqué de me trouver à l'heure, cependant que mon cocu de mary est à la taverne (j'attraperay les cent escus).

PIPHAGNE. A filia cara ! mi sento transportao d'amor.

TABARIN. Avez-vous aporté les cent escus ?

PIPHAGNE. Chy, filia, tenié les centi ducati ; alon al casa del vestra signoria.

TABARIN. Tout beau, tout beau ; à qui pensez-vous parler ? C'est à Tabarin à qui vous parlés.

PIPHAGNE. Ah pauvreto mi ! y som ruinao, y som desesperao !

TABARIN. Vrayement, il faut que vous soyez attaché à ce poteau ; je vous frotteray tout mon saoul pour vostre argent.

PIPHAGNE. Ah journo mal'heureusa ! calamitaé grande qui me tombé sur le cao !

Lucas, Piphagne, Tabarin.

LUCAS.

Voicy l'heure que m'a donné Francisquine pour venir à son logis; j'apporte les cent escus. Ah! comme je luy relanceray la babaude. Hola! hola!

TABARIN. Qui va là?

LUCAS. Madame Francisquine, je suis venu à l'heure que vous m'aviez donnée; au reste, j'apporte les cent escus.

TABARIN. Vous plait-il les donner, monsieur? (Il se faut tousjours faire payer devant le coup; aprenez, vous autres.) Monsieur, puisque vous me portez tant d'affection, il faut que vous donniez cent coups de baston à un de vos corrivaux qui est venu ce soir à ma porte.

PIPHAGNE. Centi bastonaé! Ah pauvreto my!

LUCAS. Ah pendard! vous venez donc à la poursuitte de madame Francisquine? Vous aurez cent coups de bastons.

PIPHAGNE. La fievre amorosa qui me transportao, ah! pauvreto Piphanio!

LUCAS. En a-il assez, madame?

TABARIN. Il est bon crocheteur, il en portera bien encor une douzaine. Mais ce n'est pas tout: pourquoy m'appelliez-vous, tantost, cornard? Vous le payerez.

LUCAS. Ah! monsieur, pardonnez-moy. (Je pensois parler à madame Francisquine, et c'est à

Tabarin que je m'addresse! Me voicy perdu! je sens desjà une gresle de coups de bastons sur mon dos.)

TABARIN. Vous ne vous mocquerez point de vostre compagnon; je veux qu'il vous en donne autant comme il en a reçeu.

LUCAS. O pauvre Lucas! te voilà bien traitté.

PIPHAGNE. Et ty m'a donnao des bastonnaé et te le volio rendre, fradelle.

LUCAS. Tout beau, monsieur, mes espaules sont trop foibles.

TABARIN. Ce n'est pas tout, je le veux chastrer.

FRANCISQUINE. Quelle rumeur est-ce que j'entens à la porte? J'ay peur que Tabarin n'eut joué quelque mauvais tour à ces pauvres amoureux.

TABARIN. Aportes-moy un cousteau, je le veux chastrer.

LUCAS. Eh! monsieur, n'est-ce pas assez, si vous avez eu cent escus de moy?

PIPHAGNE. Ti le volio castrar, mariol, et ti daro cinquante bastonnaé; ti m'a robao, larro! forfante oriental! ti m'a robao la mea pecunia, et te volio matar.

FIN.

LES
RENCONTRES
FANTAISIES
ET
COQ-A-L'ASNES FACECIEUX

DU BARON DE GRATTELARD

Tenant sa classe ordinaire au bout du Pont-Neuf

*Ses Gaillardises admirables, ses Conceptions
inouies et ses Farces jovialles*

A PARIS
De l'imprimerie de Jullien Trostolle
vis à vis du Cheval de bronze
et se vendent en la gallerie
du Pont-Neuf

A MONSIEUR DESCOMBES[1].

Monsieur,

Oy d'homme, il y a quelques jours qu'il me prit envie de vous faire voir quelque chose de plaisant (comme vous sçavez que je suis assez recréatif de moy-mesme) : Crisigoulin m'avoit promis de me donner ses œuvres à imprimer ; mais son absence estant cause qu'il n'est point icy, la perte que je fis de sa douce presence me fit perdre dèslors toute l'esperance que j'avois de faire voir ses ouvrages au public. Depuis ce temps-là, sous vos chaud'pisses (je veux dire sous vos aus-

---

1. Lorsque Tabarin trônoit à la place Dauphine, cette place et ses abords étoient occupés par divers charlatans, au nombre desquels se trouvoit un certain Désidério Descombes, ou Decombes, qui débitoit ses drogues sur un théâtre établi à l'entrée du Pont-Neuf et de la rue Dauphine. Cet empirique, qui ne payoit pas de bonne mine et dont le jargon doctoral étoit moins goûté que celui de Montdor, s'étoit qualifié, lui ou son bateleur, du titre de *Baron de Grattelard*. Ces Rencontres et Fantaisies furent donc publiées comme un extrait du répertoire du théâtre en plein vent de Descombes, extrait du reste réduit à bien peu de chose, si l'on considère que sur quatorze demandes ou questions, sept, dont une seule présentant une solution différente, appartiennent au *Recueil général*. Ces fragments, presque textuels, viennent corroborer l'opinion émise ailleurs que le *Grattelard* n'a pas été publié pour la première fois en 1623, à la suite du Recueil général en deux parties, mais bien en 1622, en même temps que l'*Inventaire universel*. (Voir la Bibliographie Tabarinique.)

pices), le sieur baron de Grattelard, de sa grace, nous a faict cet honneur que de nous venir voir, et de joindre les accords harmonieux et emmielez de sa voix aux doux et agreables passe-temps qui nous retiennent icy dessus ; et voyant desjà que tout le monde l'appreuve pour un nourrisson de Minerve, à cause de la vivacité de son esprit (ce qui vous doit apporter du contentement et à moy aussi, car je l'ayme, foy de corporal de mon quartier), cela m'a meu à faire un amas et recueil de ses plus riches rencontres et subtilitez, ce qui n'a point mal réussi. Vous y treuverez (je m'en asseure) un goust plus delicieux que celuy que vous savourez en mangeant vos salades empoisonnées et autres choses de trop haut goust pour moy. Je ne l'ay point voulu exposer en public, si, au prealable, vous ne luy serviez de targue pour le defendre de la bouche envieuse de plusieurs qui me contraindront en fin de leur bailler de la marotte, foy d'homme Recevez donc ce petit present, Monsieur ; regardez-le de bon œil, et permettez qu'en le mettant au jour, je puisse dire que je suis et seray à jamais,

MONSIEUR,

Votre très-humble et affectionné serviteur,

JULIEN TROSTOLLE.

L'IMPRIMEUR AU LECTEUR.

AMy lecteur, j'avois dès long-temps desiré de te faire voir ce petit livret, sçachant trop bien que pour le jourd'huy le monde se plaist et est bien ayse d'entendre des gaillardises et rencontres joyeuses, en quoy le sieur Grattelard est assez fecond; car comme de sa nature il est jovial, aussi se nourrit-il ordinairement dans toutes sortes d'honnestes recreations. Une chose te veux advertir : que tu ne treuveras pas en ce livre un langage bien poly ny relevé; il est tel que moy-mesme l'ay recueilly dessus le theatre. Si tu y prends quelque contentement, cela m'obligera à te faire voir autre chose; il y a tousjours quelque nouveauté sous la presse de Trostolle.

Et me recommande.

LES RENCONTRES

FANTAISIES ET COQ-A-LASNES

FACECIEUX

DU BARON DE GRATTELARD

Tenant sa classe ordinaire au bout du Pont-Neuf

*Ses Gaillardises admirables, ses Conceptions
inouies et ses Farces jovialles.*

DEMANDE I.

*Quelle difference y a-il entre une femme
et une maison*[1] *?*

GRATTELARD.

On jour, mon maistre; enfin me voilà arrivé en ceste ville.

LE MAISTRE. A la bonne heure, Grattelard; j'en suis très-joyeux.

GRATTELARD. Par ma foy, je viens d'un lieu

---

1. C'est la Question II de la seconde partie du *Recueil général*. Même solution, texte légèrement modifié.

où j'ay bien eu du plaisir, il n'en faut point mentir : car, comme dit l'autre, la volupté qu'on conçoit, ce neanmoins... Plaist-il? Dame! en voilà un qui me regarde, mon maistre. Est-ce pour bien ou pour mal?

Le Maistre. C'est pour bien : il n'y a personne en la compagnie qui te vueille mal.

Grattelard. Regardez donc aussi bien le derrière que le devant.

Le Maistre. Mais tu te perds en tes discours, Grattelard. En quel lieu as-tu eu tant de contentement?

Grattelard. A propos, ouy, à la verité. Par ma foy, ça esté dans le Palais, où j'ay veu plaider quatre sortes de personnes bien differentes. La cause s'agitoit entre un bossu, un boiteux, un chastré et un aveugle. Le bossu disoit qu'il y avoit long-temps qu'il estoit en procez, et qu'il vouloit estre deschargé de ses pièces. Le boiteux presentoit sa requeste là-dessus, et disoit qu'il avoit fait une infinité de pertes, et qu'on luy feroit tort si on ne luy bailloit le droit. Mais ce de quoy je m'estonnay d'avantage, ce fut d'un aveugle qui dit qu'il ne payeroit jamais les interests si on ne faisoit en sorte qu'il vit les pièces, et qu'il vouloit estre necessairement esclaircy du fait. Devinez qui a perdu la cause, mon maistre.

Le Maistre. Lequel est-ce de ces quatre qui a perdu son procez, Grattelard?

Grattelard. Ç'a esté le chastré, par ma foy, car il ne sceut jamais faire exhibition des pièces necessaires au procez; et, bien d'avantage, il fut seul qui demeura sans pouvoir monstrer ne produire aucuns tesmoings, et ainsi perdit son procez faute de produire. Mais, à propos de marée, quelle difference trouvez-vous entre une femme et une belle maison?

Le Maistre. Il n'y a point grande difference, Grattelard. Une belle maison, bien bastie et enrichie au dedans de toutes ses particularitez, peut en quelque chose symboliser et convenir avec les beautez de la femme. Si j'estois philosophe, je pourrois apporter des differences et des raisons pourquoy les femmes ne peuvent pas s'accorder, quant à leur nature, ensemble avec une maison; mais, quant aux accidens, il y a bien de la convenance.

Grattelard. Ny en la nature, ny aux accidens, il n'y a rien de plus discordant qu'une maison et une femme.

Le Maistre. Comment, Grattelard?

Grattelard. La difference d'une femme et d'une maison est que, quand on veut bastir une maison, on la couvre de peur qu'il ne pleuve dedans; et la femme, au contraire, plus vous la couvrirez, plus il y pleuvera. Voylà la difference, mon maistre.

Demande II.

Pourquoy on mouille les œufs quant on les met cuire[1].

GRATTELARD.

Mon maistre, je fus l'autre jour le plus estonné du monde de voir nostre chambrière qui, mettant cuire un œuf à la coque, cracha dessus ; sçavez-vous bien la raison pourquoy cela se fait ?

Le Maistre. C'est l'ordinaire coustume qui se pratique, Grattelard ; j'ay veu tousjours ceste façon de faire depuis ma jeunesse. Je parlois l'autre jour à un certain philosophe de cecy ; il me disoit que le feu ou la chaleur estant autour d'un air condensé....

Grattelard. Qu'appellez-vous condensé ? je n'entens point le grec.

Le Maistre. C'est-à-dire agregé et ramassé, qu'elle fait eslargir cest air, qui se rarefie, et qu'il faut necessairement qu'il s'esvapore, ou par amitié ou par force ; et cela se fait souvent avec grand bruit, principalement quand le feu environnant est aspre.

Grattelard. Il faut donc dire qu'il fait bien chaud quelquefois derrière moy, car j'y entens de grandes canonnades aucunefois.

---

1. Question IV de la seconde partie du *Recueil*. Même solution, même texte, sauf un léger retranchement à la fin.

Le Maistre. Voilà la cause pourquoy on les rafreschit, afin qu'ils ne s'esclattent et ne pettent.

Grattelard. C'est donc pour les empescher de peter qu'on crache sur les œufs et qu'on les mouille, mon maistre?

Le Maistre. C'est la verité, Grattelard.

Grattelard. Mon maistre, faites-moy un plaisir.

Le Maistre. Je le veux, Grattelard; il n'y a rien que je ne face pour toy.

Grattelard. Si vous voulez m'empescher de peter, crachez-moy au cul, et je vous chiray au né.

Le Maistre. O l'impudent vilain!

Demande III.

Quel advocat il fait bon consulter pour un procez[1].

Grattelard.

Monsieur, depuis deux jours en ça on m'est venu donner un adjournement touchant une fille que j'avois enflée (mais je ne songeois point à mal, par ma foy). Cela fut fait à l'improuveu. J'estois allé

---

[1]. Question VI de la seconde partie du *Recueil*. Même solution, même texte.

en la cave pour me descharger d'un flux de ventre. Nostre servante y vint sans chandelle, et, comme je m'estois mis auprès du tonneau, elle vient aussi tost pour tourner le robinet; sentant que le vin ne venoit plus, elle demeura tout estonnée. C'est la plus plaisante drollerie du monde; je vous asseure que vous en ririez trop. Elle se laissa donc tomber à la renverse de frayeur qu'elle eust, et, moy pensant par courtoisie la relever, elle me fit tomber aussi tost après, et je vous laisse un peu à penser là où nous en estions ; et maintenant je ne sçay si quelque couleuvre luy est entrée dans le ventre, mais elle m'a fait appeller pour estre ouy en jugement. Pour moy, je ne luy demande rien, je la tiens quitte et me tiens pour content.

Le Maistre. Elle a bien raison, Grattelard, de te faire appeller ; tu seras en fin contraint de l'espouser par droict de justice.

Grattelard. Par la mordiable, vous en aurez menty ; je veux garder le droict pour moy-mesme ; vous estes un sot.

Le Maistre. A qui parles-tu? Est-ce à moy à qui tu adresses ces paroles?

Grattelard. Non da, mon maistre, ce n'est pas vous que j'appelle sot ; mais les paquets s'adressent à vostre seigneurie. Cependant quel remède, quel conseil me donnerez-vous? qui dois-je consulter?

Le Maistre. Bien qu'en vain tu chercherois des remèdes en ceste cause, il est bon toutefois de regarder à qui on s'adresse ; il te faudroit consulter quelque vieillard qui, par une longue experience qu'il a acquise depuis sa jeunesse, te pourroit donner un bon conseil et un remède très-souverain pour ce subjet.

GRATTELARD. Non, non, mon maistre : les vieillards ne font que tousser et qu'esternuer ; je n'aurois jamais raison d'eux. Devinez, selon mon jugement, lequel il fait bon consulter.

LE MAISTRE. Qui, Grattelard ?

GRATTELARD. On ne sçauroit consulter jamais un meilleur advocat que monsieur le cul, parce qu'en peu de temps il vous rendra ses affaires si claires et liquides que mesmes vous les pourriez boire et avaler sans mascher. Tout ce qu'il dit, ce ne sont que sentences dorées ; tout ce qu'il escrit, ce n'est qu'en lettres d'or ; et, qui plus est, il y a du sentiment, nostre maistre.

LE MAISTRE. O le gros porc ! nous repaistras-tu tousjours de telles viandes ?

GRATTELARD. Il n'y a rien pourtant de plus delicat au monde ; c'est un hachis et une capilotade la plus delicieuse que vous ayez jamais gousté ; esprouvez le seulement, vous verrez que la consultation vous reussira à vostre contentement.

Demande IV.

Quelle distinction il y a d'une femme à un verre[1].

Grattelard.

On maistre, allons boire, j'ay le gosier bien aride; ma foy, j'avallerois maintenant une douzaine de verres de vin sans m'arrester. Mais, à propos de verres, quelle distinction et difference mettez-vous entre un verre excellent et une femme?

Le Maistre. Tu ne parles jamais que de manger; à quoy bon de comparer une femme à un verre?

Grattelard. Je m'en vay vous le dire : parce que la nature qui au commencement venant enfin à symboliser dans l'antiperistase d'une navigation où le Dieu Neptune, assis sur le mats d'un navire; ouy, par ma foy, il est vray : car la chose venant, plaist-il?

Le Maistre. Tu ne sçais ce que tu dis; ne vois-tu pas que tu t'esgares en tes discours? Un beau verre de cristal, bien net, bien poly, dont la glace transparante aille monstrant l'esclat de ses richesses, peut s'acomparer à une belle femme dont la face reluisante produit mille rayons

---

1. Question VIII de la seconde partie du *Recueil*. Même solution, texte presque identique.

dans l'âme de ceux qui regardent ; c'est dans leurs yeux où, comme dans un cristal parfaict, l'amour se baigne et prend plaisir à s'esgaier.

Grattelard. Tous les diables, nostre maistre, vous me faites venir l'eau à la bouche, par ma foy ; n'en parlez pas d'avantage ; et puis ce n'est pas par là qu'il faut chercher la difference et la distinction d'une femme et d'un verre.

Le Maistre. Où la trouves-tu, Grattelard ?

Grattelard. Je la trouve en ce que, quand on a beu dans un verre et qu'on n'y veut plus boire, on le jette par terre, et il se casse ; au contraire d'une femme : car, quand vous aurez beu vingt ans dans son vaisseau hipopondriaque, et que vous le jetterez cent fois contre terre, encor qu'il soit fendu, il ne se cassera jamais, de sorte que vous serez contraint toute vostre vie d'y boire malgré vous. Vrayement, ce n'est point un verre de feuchère, car on dit que, quand on y met de la poison, que le verre se casse ; mais il y aura plus de cinquante ans que la poison operera dans ce vaisseau infect, et toutesfois on n'en pourra voir le bout ; il faudroit bien cent boites de vostre orvietan pour le purger : c'est une playe incurable.

Demande V.

A qui la barbe vient premier que la peau[1].

Grattelard.

J'Ay admiré cent fois les chats et les chèvres, et une infinité d'autres bestes, mon maistre, qui portent de la barbe. Je m'estonnois de voir croistre leur barbe insensiblement avec l'aage, et toutesfois je voyois d'autres choses où la barbe estoit première au monde que les autres particularitez du corps : à qui pensez-vous que la barbe vienne premier que la peau ?

Le Maistre. Cela ne s'est jamais veu ; il faut tousjours voir l'arbre devant que voir les fueilles, et les fleurs devant qu'apercevoir les fruits ; la nature a ainsi ordonné la dependance et la constitution des choses que nous voyons en l'univers : tout ce qui prend accroissement s'augmente peu à peu, ainsi qu'un feu qui, excité par le souffle des vents, produit une petite fumée, puis s'embrase en soy-mesme ; de là il esclatte et monte au feste des arbres, prend vigueur, et de sa flamme rapide emporte, dissipe, ravit et consume ce qu'il rencontre. Quand quelque chose

---

1. Question X de la seconde partie du *Recueil*. Même solution, texte presque identique.

commence de naistre, ce n'est qu'une masse d'imperfections, qu'un meslange confus de discorde, qui avec le temps se digère, se perfectionne et prend ses accroissemens.

GRATTELARD. Teste non pas de ma vie! et puis vous dites que vous ne sçavez lire ny escrire! il n'y a asne en nostre pays qui en puisse tant dire; mais vous n'y estes pas arrivé : vostre nez n'est pas long assez pour penetrer dans ceste affaire. La chose à qui la barbe vient premier que la peau, c'est à un estron, mon maistre : vous le voyez fleurir et velu devant que jamais il aye une seule particule de peau.

DEMANDE VI.

Qui sont les meilleurs tripotiers de la France [1].

GRATTELARD.

Vous en avez menty, vilaine! Vous estes une gueuse! Mordienne! me voylà en colère; je suis fasché, par ma foy!

LE MAISTRE. Qu'y a-il, Grattelard? Il semble, à te voir, que tu sois esmeu.

GRATTELARD. N'est-ce pas une honte d'endurer des injures d'une femme? Mort de ma vie! je

---

[1]. Question XII de la seconde partie du *Recueil*. Même solution, texte presque identique.

luy ay bien tripoté les joues. Vous estes une coquine !

Le Maistre. Tout beau, tout beau, Grattelard ; appaise un peu tes feux. Qu'y a-il ? Sçachons voir.

Grattelard. Pour vous le confesser, j'estois allé prendre une heure de recreation dans un trippot (comme le baron de Grattelard se resjouyt quelquesfois) ; et maintenant ceste maraude de servante me vient contester et crier après moy.

Le Maistre. C'est à faire à des chiens à abbayer contre leurs femelles, et non aux hommes, qui sont d'une nature plus courageuse.

Grattelard. Je ne suis point de la nature des chiens, nostre maistre : quant on me picque, j'esgratigne. Mais, puis que nous sommes sur le tripot, qui trouvez-vous en France qui se puisse qualifier du nom de meilleur tripotier ?

Le Maistre. Le jeu de tripot est l'exercice ordinaire des grands, et à ce mestier se portent ordinairement les plus expers et les plus adroits. Pour moy, je tiens qu'en la France on ne sçauroit trouver de meilleur tripotier que dedans Paris : car, comme c'est la metropolitaine du royaume, aussi prend-on plaisir de tous costez, et principallement les hommes industrieux, à y venir choysir leur demeure et habitation.

Grattelard. Ce n'est pas là, mon maistre. Il est bien vray que c'est à Paris où l'on retrouve les premiers tripotiers de France ; mais ceux qui, à bon droict, se peuvent qualifier de ce nom, ce sont les macquereaux.

Le Maistre. Pour quelle raison, les macquereaux ?

GRATTELARD. Parce qu'il n'y a personne qui sçache mieux addresser dans le petit trou, dans la belouse et dedans la grille qu'eux. Ils ont tousjours leur tripot ouvert, mais il faut apporter les balles et les raquettes ; et, bien d'avantage, on s'y eschauffe tellement que, souvent, en quatre coups ils vous font gagner une partie qui vous contraint d'aller au royaume de Suède pour vous rafreschir et vous faire frotter.

Demande VII.

Si la nature fait quelque chose de mauvais.

GRATTELARD.

Mon maistre, nous sommes entrez aujourd'huy en grande dispute, moy et un philosophe. Nous nous promenions dans le jardin, à la peripateticienne ; je voulois soustenir que la nature faisoit de grands manquemens en ce qu'elle produisoit, et luy il me disoit le contraire.

LE MAISTRE. En tout ce que la nature produit elle se fait paroistre mère commune et liberale ; il n'y a rien de tout ce qui prend naissance qui ne soit bon en son estre.

GRATTELARD. A quoy bon de produire des serpens, d'engendrer des vipères et autres insectes qui ne servent qu'à ruiner et gaster le reste des choses que nous voyons icy bas ?

Le Maistre. Si ces animaux apportent du destriment d'un costé, ils apportent du bien de l'autre.

Grattelard. Ils apportent de l'argent à ceux qui se font mordre comme vous[1]. Mais vuidons nostre difficulté. J'ay esté enfin contraint d'advouer au philosophe ce qu'il disoit estre vray.

Le Maistre. On ne le peut nier qu'on ne desassemble quant et quant l'union et le lien qui va conjoignant et subalternant les choses de la nature.

Grattelard. Ouy, mais je vous vay enseigner comment il m'a fallu luy accorder son opinion.

Le Maistre. Comment cela s'est-il pratiqué, Grattelard?

Grattelard. En me promenant, comme je vous ay desjà dit, dans le jardin, j'ay apperceu une grosse citrouille (par ma foy, c'estoit un vray tambour de Suisse) qui estoit pendue en l'air. J'admirois comme la nature avoit eu si peu d'esprit de dire qu'un si gros fruict fust soustenu d'une si petite queue, qui au moindre vent pouvoit se rompre.

Le Maistre. Tu accusois la nature sur ce subject.

Grattelard. Je l'accusois d'indiscretion, comme de vray il y doit avoir une proportion

---

[1]. Cette jonglerie, mise en œuvre par Descombes, est ainsi rapportée au chap. v du *Discours de l'origine.... impostures des Ciarlartans* (Voir ci-après dans les pièces annexes) : « Leur plus grand artifice est de manger du poison, de se faire mordre par animaux envenimez, comme aspics et vipères. L'une et l'autre piperie est practiquée en ceste ville de Paris, au bout du Pont-Neuf, par Desiderio De Combes. »

inter sustinens et sustentum[1]. Mais, quand j'ay esté plus avant dans le bois qui est à l'autre extremité du jardin, j'ay bien changé d'advis et d'opinion.

Le Maistre. Tu as recogneu enfin que la nature ne produit rien qu'avec grande consideration.

Grattelard. Par la mordienne! j'estois perdu si elle eust fait autrement; car, en passant par dessous un grand chesne, j'entendois chanter un oyseau qui par son doux ramage m'arresta tout court, et comme je voulois regarder en haut, un gland me tomba sur le nez. Je fus contraint alors d'advouer que la nature avoit bien fait; car, si elle eust mis une citrouille au sommet du chesne, cela m'eust cassé le nez[2].

Le Maistre. Il eust fait beau te voir, avec ton nez en escharpe, boire à la bouteille, Grattelard.

Grattelard. Je vous jure les Georgiques de Virgile, mon maistre, que c'estoit le moyen par où la nature me pouvoit empescher de porter des lunettes en ma vieillesse.

1. Grattelard ne se piquoit pas d'être bon latiniste, autrement il eût dit : *Inter sustinentem et sustinendum*.
2. Il est fort probable que c'est dans cette *Demande* que La Fontaine a puisé le sujet tout entier de la fable : *Le Gland et la Citrouille*.

Demande VIII.

Quelle saison est la plus favorable aux coupeurs de bourses.

Grattelard.

Y A-il long temps que vous n'avez esté sur le Pont-Neuf, nostre maistre?

Le Maistre. Quelquefois je m'y promeine pour passer une heure de temps, et prendre quelque recreation.

Grattelard. C'est la boutique ordinaire où sont les coupe-bourses, principalement de l'autre costé de la Samaritaine : c'est là leur retraite journalière. Il me souvient l'autre jour qu'on en attrappa un, près Saint-Germain, à qui on voulut couper une oreille, mais on trouva qu'il n'en avoit point.

Le Maistre. *Nemo dat quod non habet*, dit Virgile au 14. de son Æneide. On n'avoit garde de luy coupper, puis que desjà quelqu'un en avoit fait l'office : il y faisoit bien chaud pour luy.

Grattelard. Mais à propos, en quel temps croyez-vous qu'ils font mieux leurs affaires ?

Le Maistre. Pour moy, je tiens que rien ne leur succède jamais selon leur desir, car tout bien desrobé ne profite jamais.

Grattelard. Ouy, car l'interjection d'appel

qui vient à s'insinuer en un procez fait que la cause de qui la dependance par un adjournement vient à manquer, que l'appellant, faute d'argent, perd souvent sa bourse, laquelle perte ce neantmoins, comme dit l'autre : car il est impossible que le deffendeur... Plaist-il ? O vous n'entendez rien à cela, mon maistre.

Le Maistre. Je croy, pour moy, que tu es fol. En quels discours te vas-tu extravaguer ?

Grattelard. C'est pour revenir sur mon discours des coupeurs de bourses, nostre maistre.

Le Maistre. Comment ! coquin, me prens-tu pour un coupeur de bourses !

Grattelard. Ce que j'en dis, je n'en parle pas, mon maistre : je sçay bien que vous n'estes pas de ce mestier là ; mais je me souviens bien de vous avoir veu avec eux ensemblement pourtant.

Le Maistre. Le temps qui seroit plus propre et favorable à telles gens, ce sont les foires : plusieurs y vont pour trafiquer ; mais pour en sçavoir des nouvelles plus certaines, il te faudroit adresser aux partisans de ce mestier ; ils te pourroient dire le temps opportun et favorable à leur desir.

Grattelard. Le temps qui me semble le plus opportun, c'est l'esté, mon maistre.

Le Maistre. Pour quelle raison, Grattelard ?

Grattelard. Parce qu'en hyver chacun a ses mains dans ses pochettes, à cause du froid, pour les eschauffer ; où, au contraire, en esté, on met ses mains à l'air, à cause du chaud ; et ainsi ces messieurs ont plus d'accez de visiter la bourse, qui, aussi tost qu'elle est en leurs mains, comme si elle avoit avallé des cruditez, le flux de ventre la prend, et s'esvacue entièrement. Mon père me l'a tousjours ainsi enseigné, par ma foy.

Demande IX.

Pourquoy les femmes sont plus frileuses que les hommes.

Grattelard.

C'Est une estrange chose que nostre servante est si frileuse! Je croy, pour moy, qu'elle a pris sa naissance dans les monts Riphées ; si est-ce pourtant qu'elle ne tient guère de la blancheur de la neige. Je ne sçay pas si elle a esté sous le zodiaque, ou en la zone torride ; mais il n'y a rien de plus noir. Que vous en semble, mon maistre ?

Le Maistre. Ce sont tes affaires, Grattelard ; il ne m'importe si elle est blanche ou noire : ce sont des particularitez où des gens comme toy se doivent amuser et prendre garde.

Grattelard. Vous avez raison, car d'ouvrir la serrure du discours avec la clef de vostre eloquence, pour faire entendre au peuple que le fusil de vostre sagesse face estinceler les raretez de vostre doctrine et puisse entamer le pasté d'un discours bien enfilé, ostant la crouste d'une presomption. N'est-il pas vray ?

Le Maistre. Ne vois-tu pas que le plus souvent tu t'alambiques le cerveau en des discours et labyrinthes dont puis après tu ne t'en peux retirer.

Grattelard. C'est pour venir à mon propos. Qui croyez-vous plus froiduleuses, d'une femme ou d'un homme ? La question est belle ; ouy, il y a de quoy savourer et sentir.

Le Maistre. Les femmes sont tousjours frileuses, parce que de leur naturel elles ont fort peu de sang par toutes les parties du corps, et que les esprits ne se dilattent point tant.

Grattelard. A vostre conte je serois donc bien frilleux, car je n'ay du sent qu'au derrière, par ma foy.

Le Maistre. J'entens parler de sang, et non de sent. Le sang des hommes est bien en un degré plus haut que celuy des femmes, car il est plus chaud et se dilatte par toutes les parties du corps avec plus de facilité, estant porté par les esprits dans les veines et muscles les plus charneux ; joint aussi que le temperament des femmes de soy est froid et humide, et n'a point tant de vigueur que celuy des hommes.

Grattelard. On voit bien que vous n'avez point estudié, nostre maistre, et que vous participez à la moitié avec la nature asinine, car vous n'entendez que le haut allemand à toutes mes demandes. La vraye et naturelle raison (car je ne parle qu'en termes de philosophie) pourquoy les femmes sont plus frileuses que les hommes, c'est à cause qu'elles ne portent point de haut de chausses, et que la bise leur souffle tousjours à la porte de derrière : c'est le vray antre d'Æole ;

vous y entendez toute sortes de vents : les aquilons, le nort, l'est, l'ouest, le nort-ouest, le sudest, y dominent le plus souvent; c'est la plus belle musique que vous ouistes jamais en vostre vie.

Demande X.

A qui il faut donner de l'argent à usure.

GRATTELARD.

MOrdienne! me voyla fasché; on m'a dict que mon maistre est en colère contre moy : j'ay peur qu'il ne me joue un mauvais tour; toutesfois je ne m'en soucie pas. Voicy l'esté venu ; s'il me veut causer, je luy auray bien tost donné son congé.

Le Maistre. Que parles-tu de congé? D'où viens-tu si tard? J'ay tousjours des plaintes de toy?

Grattelard. Ne sçavois-je pas bien? il n'y a point moyen de vivre avec cet homme icy; il faut que je le chasse du logis, et que je m'en aille.

Le Maistre. Où as-tu esté ce matin?

Grattelard. J'ay esté où vous m'aviez envoyé, chez cet oublieux que vous cognoissez.

Le Maistre. Et bien, qu'as-tu faict à ce pauvre homme? il m'a dict que tu luy avois mangé un corbillon d'oublies.

Grattelard. Je ne croy point l'avoir en rien

offencé, nostre maistre ; il a tort de se plaindre, par ma foy. J'estois en son logis, où je voyois tant de petits coffins d'oublies. Je me suis avancé de dire : Voylà qui a la forme d'un vray estron, quand il sort d'un ventre bien constipé. Luy, tout aussi tost, m'entendant parler d'estron, a dict : Mange ; et moy après, car c'est le plus tost que je peux, quand il me faut dresser une batterie contre la mangeaille.

LE MAISTRE. Ne disois-je pas bien que ce coquin avoit joué un mauvais tour à l'oublieux ?

GRATTELARD. Je n'ay faict que son commandement, mon maistre ; mais parlons un peu d'affaires. Si vous vouliez mettre quelque grande somme d'agent à usure, pour en retirer quelque profit et interest particulier, entre les mains de qui principalement le voudriez-vous consigner ?

LE MAISTRE. Je n'ay pas grands deniers, mais pour le jourd'huy il faict bon prendre garde à ce que l'on faict, car la pluspart du monde ne vit qu'en tromperie. On ne tasche qu'à seduire son voysin ; plusieurs mesme font trophée de tromper leurs compagnons, tant la nature est maintenant depravée et sortie de ses premiers allignemens. Quand principallement on veut fonder et establir une rente, il la faut bien hipotequer sur de bons heritages, et où l'on puisse avoir son recours si la partie venoit à manquer.

GRATTELARD. Je vous veux enseigner des personnes où vous n'aurez pas tant de peine à chercher l'asseurance pour vostre argent ; il sera bien en leurs mains.

LE MAISTRE. A qui se faudroit-il addresser pour donner quelque argent à interest ?

GRATTELARD. A des coupeurs de bourses, nostre maistre, parce qu'ils se fieront bien à vous du compte; et bien davantage, s'il y a à dire quelque chose, ils sont si bonnes gens qu'ils feront conscience de vous le redemander; jouxte aussi qu'ils ne regardent pas si l'argent est faux, ou si l'or est de poids : ils le prennent tout ainsi qu'ils le trouvent. C'est une grande commodité, ouy, quand on trouve son argent tout compté.

DEMANDE XI.

Quelle différence il y a entre un homme et un veau.

GRATTELARD.

Uelle disconvenance et disproportion remarquez-vous entre un homme et un veau, mon maistre ? Voicy une belle question, par ma foy.

LE MAISTRE. Allez, gros coquin; n'avez-vous point de honte de me venir icy apporter des demandes si impertinentes ?

GRATTELARD. Vous estes un impertinent toy-mesme. N'est-ce pas vous faire honneur que de vous accomparer à un veau ? C'est un si bel animal !

LE MAISTRE. Les animaux se cognoissent eux-mesmes, Grattelard. Tu es bien aise de parler de ton semblable.

GRATTELARD. Ne venons point aux mains,

je vous supplie ; donnez-moy seulement resolution de ce que je vous demande, sans vous laisser emporter à vos discours.

Le Maistre. Je n'ay point grands discours, Grattelard, chacun le sçait bien ; je n'ay jamais estudié ny fueilleté les livres des philosophes ; toutesfois, selon ce que la raison et le jugement naturel me peut dicter, il me semble qu'il y a une grande difference entre un homme et cet animal : car l'un est orné de ceste excellente et divine partie de la raison, qui est le seul flambeau et l'ornement de nos actions, où, au contraire, l'autre est abruty et abastardy dans le paresseux sejour d'une ame irraisonnable, qui ne produit que des actions terrestres, viles et abjectes. L'homme est en un degré plus haut et plus excellent que toutes les autres creatures qui vivent avec nous icy bas ; aussi la nature l'a-elle relevé en la majesté et stature mesme de son corps, à la difference des autres animaux, qui ont tousjours le nez et les yeux panchez en terre :

Pronaque cum spectent humiles animalia terras,
Os homini sublime dedit cœlumque tueri
Jussit et erectos ad sidera tollere vultus.

Grattelard. Mon maistre, je ne demeure pas plus long-temps avec vous. Comment, trente diables ! vous parlez latin ? Et que diront les bonnes femmes, de voir les asnes si advancez aux estudes ?

Le Maistre. Chacun sçait bien que je ne suis pas un grand orateur, Grattelard, et que je n'apporte point des sentences de philosophie bien choisies.

GRATTELARD. Ce n'est point là pourtant où gist la difference. Je n'y trouve dissemblance qu'en une chose, mon maistre.

LE MAISTRE. En quoy, Grattelard?

GRATTELARD. En ce que l'homme est un veau retourné et escorché : car les veaux ont la queue derrière ; l'homme porte tousjours sa queue devant. Voilà la distinction [1].

DEMANDE XII.

Qui sont ceux qui sont de mauvaise compagnie.

LE MAISTRE.

Vous voylà en fin de retour, monsieur.
GRATTELARD. Il semble à voir qu'il soit fasché ; il est en colère, ouy, quand il se fasche.

LE MAISTRE. Aprochez d'icy. Où avez-vous esté, que vous ne m'avez suivy et accompagné? Je ne vous meneray plus avec moy ; vous estes de mauvaise compagnie.

GRATTELARD. Me prenez-vous pour un homme de mauvaise compagnie, nostre maistre? Vous me prenez mal, je n'ay jamais faict tort à per-

---

1. *Var.* : difference.

sonne. Mais quelle qualité doit avoir un homme pour estre de mauvaise compagnie?

Le Maistre. On le cognoist assez bien en ses mœurs et par ses actions. Ceux qui sont gens de mauvaise compagnie sont ordinairement les coupeurs de bourses et les macquereaux, etc.

Grattelard. Vous avez tort de parler mal de ces gens là, car il n'y a personne de meilleure compagnie : n'ayez pas peur que quand ils sont auprès d'une bourse et d'un bon marchand, qu'ils le quittent; ils luy tiendront compagnie jusqu'à la fin.

Le Maistre. Il y a aussi de la jeunesse grandement depravée et desbauchée pour le jourd'huy, qu'il faict dangereux de hanter; car nous allons à bride abatue au vice de nostre nature, ce que nous faisons avec plus grande avidité et propension quand nous y sommes portez par le mauvais exemple de nos compagnons. Les mauvaises compagnies sont très-dangereuses à ceux qui veulent faire profession de suivre les traces de la vertu et qui abhorrent l'affreuse laideur et difformité du vice.

Grattelard. Vous voylà bien empesché, nostre maistre; et toutesfois vous ne pouvez rendre resolution de ce que je vous demande. Ceux qui, jusques à present, m'ont semblé de mauvaise compagnie sont les prevosts des mareschaux et maistre Jean Guillaume.

Le Maistre. Pour quelle raison, Grattelard?

Grattelard. Parce que le plus souvent vous les verrez conduire un homme à la potence et luy faire compagnie jusques à l'eschelle, et toutesfois ils ne le ramènent pas. Ne sont-ce pas là des gens de mauvaise compagnie, à vostre advis?

Demande XIII.

A quoy on peut cognoistre un asne entre cent brebis.

Grattelard.

Aisons un peu des compères d'oysons, nostre maistre.

Le Maistre. Tu veux dire des comparaisons.

Grattelard. Ouy, des similaisons et des comparitudes; car l'esprit du baron de Grattelard, comme il est transcendant *per omnes casus*, aussi ne me plais-je qu'aux choses relevées et où je peux prendre quelque suc de doctrine.

Le Maistre. Et bien, voyons quelles comparaisons tu veux faire. Si tu es en doute de quelque chose que ce soit, et que cela soit dans la sphère de ma cognoissance, je seray bien ayse de t'en faire part.

Grattelard. Est-ce sur le rampart de Mont-Marthe que vous seriez bien ayse d'aller promener?

Le Maistre. Je ne parle point de rampart, je te dis que je t'en feray part.

Grattelard. Vous le partirés donc par la moitié. Si c'est cela que vous entendez, vous n'avez qu'à mettre vostre nez en mon derrière : s'il y a quelque exhalaison, infailliblement vous la partirez en deux parties esgalles.

Le Maistre. Tousjours tu tombes sur tes vilenies ; ce n'est pas là où est le fondement de mon discours.

Grattelard. Le fondement, la structure, la baze, le pilotis, la racine, la première pierre, les colonnes et le principal du bastiment de tout le corps de Grattelard, c'est mon venerable, autentique, reverend, admirable, ingenieux, artificiel et excellentissime derrière : c'est la première pièce de mon estuy. Mais pour revenir sur nos premiers discours, à quoy pouvez-vous recognoistre un asne entre un troupeau de brebis ?

Le Maistre. Il faudroit avoir peu de jugement pour le discerner : car, outre que la nature a discerné et distingué abondamment chacune espèce des animaux par les proprietez essentielles que toutes ont chacun en son particulier, la forme exterieure et superficielle du corps les peut aisement faire recognoistre. Premièrement, l'asne est plus grand qu'une brebis.

Grattelard. Voylà une belle distinction ; il y a des asnes de toutes qualitez, mon maistre, et à toutes aages : la nature asinique symbolise avec toutes les autres natures des animaux.

Le Maistre. Les asnes ont les oreilles plus longues.

Grattelard. O ! pour ceste raison là, elle n'est point trop impertinente. Ce n'est point leur faute, mon maistre, c'est que leur mère ne leur a pas mis de beguin dès leur jeunesse ; mais encor n'est-ce pas là à quoy vous le pouvez recognoistre.

LE MAISTRE. A quoy donc, Grattelard?

GRATTELARD. La seule chose à quoy on puisse discerner un asne dans un troupeau de brebis, c'est à l'œil, mon maistre.

LE MAISTRE. Voylà une grande subtilité. Est-ce qu'ils ont les yeux plus gros?

GRATTELARD. Non pas. Vous les recognoistrez à l'œil; car, si vous estiez aveugle, vous ne pourriez les recognoistre.

DEMANDE XIV.

Pourquoy les chiens pissent contre les murailles et lèvent la jambe[1].

GRATTELARD.

Mon maistre, vous qui estes grand astrologue, et un de ces pronostiqueurs qui, à l'heure mesme qu'ils ont mis leur main sur un estron, disent et prophetisent que c'est merde, me diriez-vous bien la cause et la raison pourquoy les chiens pissent contre les murailles et lèvent la jambe en urinant? C'est une belle chose que d'estre cu-

---

1. Question IX de la première partie du Recueil. La solution est différente.

rieux des secrets de nature et de pouvoir prendre resolution de tout ce qui est.

Le Maistre. A la verité, Grattelard, pour t'en rendre une raison scientifique, je ne le peux pas, car je n'ay jamais estudié ny employé mon temps aux lettres; toutesfois, je te diray avec Galien que chaque animal a une particularité qui n'est commune qu'à son espèce, et des proprietez qui naissent et meurent avec eux: la nature leur a distribué à tous esgalement quelque instinct qui les porte à des actions que les autres ne voudroient avoir embrassé.

Grattelard. Pour moy, mon maistre, je ne sçay pas si vous estes le procureur des chiens, mais je suis du naturel des chats: quand on me flatte, la queue me chatouille, et si on me picque (comme j'ay desjà dict) j'esgratigne.

Le Maistre. On a tousjours remarqué les chiens exercer ceste action et avoir ceste coustume ordinaire entr'eux, comme de père en fils, que de pisser contre les murailles.

Grattelard. Ils font bien davantage, car si dans une chambre il y a quelque beau tapis, monsieur le chien ne manquera pas d'y desbander son arbaleste et de lascher son coup.

Le Maistre. Es choses qui sont proprietez de la nature, on ne peut rendre ny donner d'autres resolutions; *quærere plura nefas*, dit un certain poëte de l'antiquité.

Grattelard. J'ay donc esté plus sage que vous, nostre maistre; car, ayant fueilleté les anciens codices des chiens, *cap. de musculis*, et leu toutes les croniques, annales, chiffres, memoires, papiers, journaux et manuscrits de leurs predecesseurs, j'ay trouvé que la raison pourquoy ils pissent d'ordinaire au pied des murailles est qu'ils ne peuvent monter dessus : voylà qui est assez clair ; et la cause pourquoy, quand ils pissent, ils lèvent la jambe, c'est qu'ils sont si prudens, qu'ils ont peur de pisser dans leurs chausses; ils ayment mieux hausser la jambe, car ils seroient honteux s'ils estoient contraints d'aller laver leurs hardes à la rivière.

LA FARCE DES BOSSUS.

Horace et Grattelard.

HORACE.

'Est une passion estrange que l'amour. Je suis tellement embrasé des beautez de ma maistresse que je me consomme comme la cire, au seul aspect des rayons de ses yeux ; je ne fais que souspirer. On m'a dict qu'un certain nommé Grattelard demeure en ces cartiers, et que seul il peut m'apporter quelque soulagement; il me faut frapper à la porte : holà !

GRATTELARD. Qui va là si tard, vertubleu, à me rompre icy la teste, cependant que je suis sur mes conceptions ?

HORACE. Grattelard, je te voudrois bien prier de porter ceste missive à ma maistresse.

GRATTELARD. Lessive ! mort de ma vie ! il n'y a point icy de blanchisseuses ; j'ay mis mon linge à la lessive dès la semaine passée.

HORACE. Je dis une missive. (Qu'est-ce quand on a affaire à des bestes !)

GRATTELARD. Ah! ah! une missive, dame, vous le deviez dire sans parler. Mais qu'appellez-vous une missive?

HORACE. C'est un poulet que je veux envoyer à ma maistresse.

GRATTELARD. Vous estes un grand sot : que feroit-elle d'un poulet? Il vaut bien mieux luy envoyer une couple de chappons.

HORACE. Je voy bien que tu ne m'entens pas : c'est une lettre que je veux que tu luy portes.

GRATTELARD. A propos, je vous entens. Et pour qui me prenez-vous, Monsieur? Pour un huissier de la Samaritaine et pour un macquereau?

HORACE. Je te prends pour mon Mercure d'amour.

GRATTELARD. Ouy, j'iray marquer la chasse, et vous tirerez dans la grille. Mais qu'y a-il dans ceste lettre?

HORACE. Ce sont mes tourmens, mes peines, mes travaux, mes langueurs et mes maux qui y sont escrits.

GRATTELARD. Et vous me baillez tout cela à porter! Tenez, voylà vostre lettre; j'ay du mal assez à porter mes tourmens, sans me charger de ceux d'autruy; j'en ay tousjours une escouade dans mes grègues. Mais à qui voulez-vous envoyer ce poulet?

HORACE. C'est à la femme de Trostole, ce vieux bossu que tu cognois.

GRATTELARD. Je ne manqueray de luy donner; revenez d'icy à une heure.

Trostole bossu et sa Femme.

TROSTOLE.

Pauvre homme, pauvre homme! voicy bien de la rabat-joye et de la tristesse: mes creanciers m'ont faict donner assignation au Palais. Patience, patience, et veux voir si je pourray avoir un deffaut contr'eux, et veux dire adieu à ma femme. Haut-là! haut-là!

LA FEMME. Qu'est-ce, mon mary? Il semble à voir que vous ayez de la tristesse. Où allez-vous maintenant?

TROSTOLE. Je m'en vais à mon assignation; mais sur tout vous recommande une chose, de ne laisser mes frères au logis : ce sont trois bossus comme moy; soignez bien qu'ils n'entrent en la maison.

LA FEMME. Toute vostre race est donc bossue? C'est que vostre père n'avoit point le droict quand il faisoit ce procez-là, sans doute.

TROSTOLE. Et me recommande, car il faut aller solliciter mon procez.

LA FEMME. Je ne sçay où est allé ce coquin de Grattelard : on m'a dict qu'il me cherche pour me donner une lettre.

Les trois Frères bossus.

LE PREMIER BOSSU.

IL y a long-temps que nous n'avons pas mangé ; mon ventre en un besoin serviroit d'une lanterne, si on avoit mis une chandelle dedans.

LE SECOND. Voicy le logis de nostre frère, il nous faut frapper à la porte.

LE TROISIESME. Haut-là !

LA FEMME. Que demandez-vous, mes amis ? il n'y a plus de potage.

LE PREMIER BOSSU. Ne nous recognoissez-vous point, ma sœur ?

LA FEMME. J'ay faict mes aumosnes dès le matin ? Mais ne seroit-ce point icy mes trois bossus ? ils ont tous leurs paquets sur le dos.

LE SECOND. Nous sommes vos frères, qui vous prions de nous donner quelque chose pour manger ; autrement la faim nous fera chier en nos chausses.

LA FEMME. Encor faut-il avoir pitié d'eux. Entrez, mes enfans, entrez ; mais il faut prendre garde que vostre frère ne vous surprenne.

Trostole et sa femme.

TROSTOLE.

Gaillard, gaillard, foy d'homme! mes affaires sont en bon estat : ay faict faire mes forclusions, et est bien vray que je suis un peu defiant, car j'ay tousjours mes pièces sur mon dos; mais patience. Ah pauvre homme! qu'est-ce que j'entends en ma maison? Ce sont mes frères sans doute. Haut-là!

LA FEMME. (Cachez-vous vistement, qu'il ne vous voye.) Qui va là?

TROSTOLE. Ay-je pas entendu du bruict là derrière? mes frères ne sont-ils pas venus? Foy d'homme de bien, dictes-moy la verité, car vous bailleray de la marrotte.

LA FEMME. Personne n'est venu; entrez dedans et visitez par tout.

TROSTOLE. Elle a raison, foy d'homme. Maintenant, puis qu'ils ne sont pas venus, je m'en vay chez le greffier pour tirer tout le reste de mes pièces.

La femme de Trostole, Grattelard.

La Femme.

Je ne sçay ce que je dois faire : je croy que ces trois bossus ont un reservoir derrière le dos ; ils ont beu un plein tonneau, les voilà yvres. Si mon mary les trouve, il criera ; il vaut mieux trouver quelque porte-fais.

Grattelard. En fin j'ay tant cherché que....

La Femme. Grattelard, il faut que tu me faces un plaisir : un bossu est tombé mort devant ma porte ; il faut que tu le portes dans la rivière.

Grattelard. Que me donnerez-vous ?

La Femme. Vingt escus.

Grattelard. Çà, entrons en besongne.

La Femme. Tiens, voicy le drolle.

Grattelard. Il est bien pesant ; je crois qu'il n'a point chié d'aujourd'huy.

La Femme. Je veux affiner ce compagnon icy ; je n'ay faict marché à luy que d'en porter un, mais il faut qu'il porte tous les trois.

Grattelard. Me voylà retourné ; il estoit bien lourd, par ma foy.

La Femme. Comment ! crois-tu l'avoir jetté dans l'eau ? Il est retourné. Tiens, le voicy.

Grattelard. Au diable soit le bossu ! il faut que je le recharge encor un coup.

La Femme. Je vous responds qu'il gaignera bien ses vingts escus.

GRATTELARD. Je l'ay jetté si avant qu'il ne retournera plus.

LA FEMME. Ne vois-tu pas que le voylà retourné?

GRATTELARD. Mordienne! je me fasche, à la fin; je pense que je n'auray jamais faict. Il le faut porter encor un coup; s'il revient, je luy attacheray une pierre au col.

Trostole, Grattelard.

TROSTOLE.

EN fin, j'ay levé la sentence et toutes mes pièces; maintenant je m'en vay au logis voir si mes frères ne sont pas venus.

GRATTELARD. Comment! mort de ma vie! voicy encor mon bossu.

TROSTOLE. Ah! pauvre homme, je te bailleray de la cuillière de mon pot, foy d'homme.

GRATTELARD. Comment, coquin, je vous retrouve icy! Vous irez avec les autres dans la rivière.

Grattelard, la Femme et Horace.

GRATTELARD.

J'Ay en fin jetté le bossu dans l'eau. Il me faut aller recevoir les vingts escus.

LA FEMME. Et bien! avez-vous jetté le bossu dans la rivière?

GRATTELARD. Il me l'a fallu reprendre par quatre fois.

LA FEMME. Quatre fois! N'aura-il pas mis mon mary avec les autres?

GRATTELARD. Le dernier parloit, par ma foy!

LA FEMME. O! qu'as-tu faict, Grattelard? C'est mon mary que tu as jetté dans l'eau.

GRATTELARD. Il n'y a rien de perdu; aussi bien cet homme là est-il bossu : je croy qu'il n'a jamais esté droict. Tenez, voilà une lettre du sieur Horace.

LA FEMME. Est-il loin d'icy?

GRATTELARD. Puisque vostre mary est mort, il faut vous marier ensemble. Tenez, le voicy.

HORACE. Madame, si l'affection que je vous porte me peut servir de garand pour vous presenter et sacrifier mes vœux, vous pouvez croire que je suis un de vos plus fidels subjets.

Trostole et les trois frères bossus reviennent, qui se battent.

A demain toutes choses nouvelles.

FIN.

PIÈCES
FACÉTIEUSES ET SATIRIQUES

En prose et en vers

PUBLIÉES SOUS LE NOM
ET A L'OCCASION DE TABARIN.

ON a pu remarquer dans l'introduction de la présente édition que Tabarin n'avoit rien écrit de ce que contiennent les Recueils de ses Œuvres, mais que les diverses parties qui les composent, empruntées à son répertoire et rédigées par des auteurs différents, devoient néanmoins être réunies, par cela seul qu'elles se rapportent à une source commune.

Ayant reproduit tout ce qui constitue les Œuvres Tabariniques proprement dites, notre tâche seroit remplie s'il ne falloit considérer comme complément de ces Œuvres un certain nombre de pièces publiées séparément sous le nom et à propos de Tabarin. Ce sont ces pièces que nous réimprimons ici.

En admettant que Tabarin et Montdor ne sont pas restés absolument étrangers à toutes ces publications, il est cependant fort probable que la plûpart d'entre elles ont été inspirées à divers auteurs par la vogue que ces deux personnages eurent à Paris pendant quelques années. En les prenant pour principal sujet, en présentant au public, sous le nom de Tabarin, des opuscules qui ne lui appartenoient pas, il y avoit chance de tirer bon parti de ces élémens de succès.

Parmi ces livrets, qui ne sont certainement pas tout ce qui parut alors, les uns sont uniquement facétieux et satiriques, les autres se rattachent à la polémique qui à cette époque s'engagea entre les médecins et les charlatans à propos des drogues et remèdes que ces derniers vendoient en quantité et avec profit aux habitants de Paris. Outre que Tabarin et Montdor sont parties intéressées dans ce qui se rapporte à la discussion, quelques-uns de ces opuscules donnent des détails très curieux sur plusieurs empiriques contemporains. D'un autre côté, on y divulgue les secrets de leur métier en expliquant les jongleries qu'ils employoient pour captiver la multitude et lui faire croire aux prodiges.

En définitive, ces opuscules, agréables à lire, ne manquent pas d'intérêt. On appréciera davantage l'idée de les reproduire en recueil si l'on veut bien se rappeler qu'étant plus ou moins rares, vouloir les posséder tous en anciennes éditions seroit une tâche presque impossible à remplir aujourd'hui.

LES TROMPERIES

DES

CHARLATANS

DESCOUVERTES

PAR LE SIEUR DE COURVAL

Docteur en medecine

Imprimé à Paris, avec privilége du roy
A PARIS
Chez Nicolas ROUSSET, demeurant en l'Isle
du Palais, vis à vis des Augustins

M.DC.XIX

LES TROMPERIES
DES CHARLATANS
DESCOUVERTES
PAR LE SIEUR DE COURVAL
Docteur en medecine [1]

IL n'y a rien qui entretienne et conserve tant les empires, monarchies et republiques en leur splendeur, rien qui leur cause une plus longue durée, ny qui leur donne un plus solide et asseuré fondement, que l'ordre et police establie en icelles par les superieurs et magistrats. Cela se remar-

---

[1]. Cette brochure, formée, à quelques lignes près, d'extraits de la *Satyre contre les charlatans....*, par *Sonnet de Courval*, Paris, 1610, in-8, fut publiée à propos des empiriques et vendeurs de drogues en plein vent qui à cette époque pulluloient dans Paris. On y cite *il signor Hieronymo* et son paillasse *Galinette la Galina*, mais on ne dit mot de Montdor ni de Tabarin. Si donc on publie ce livret, c'est qu'on y a répondu sous le nom de Tabarin. Voir ci-après, page 221.

que évidemment en la fabrique et composition de ceste grande et admirable republique de l'univers, laquelle, combien qu'elle soit bastie et façonnée de tant de differentes et diverses pièces, tant de parties heterogenées, tant de qualitez directement repugnantes, si est-ce neantmoins que de ses discords naissent et resultent de si beaux accords, de ses inegalitez tant d'egalité, de ses diapentes, sistèmes et diapassons une si douce et agreable harmonie, de ses antipathies une telle liaison et sympathie, qu'il semble en un mot que ce ne soit qu'un mesme rapport; et n'y a rien qui tant entretienne cet accord qu'une belle police, laquelle prevoit aux desordres et corrige les abus qui luy glissent. Que si elle fut oncques necessaire, c'est singulierement à l'endroit des charlatans qui pipent le simple peuple.

Vous verrez quelquefois un effronté et escervelé charlatan, lequel, pourveu qu'il sçache bien cajoller et demesurement apprecier et vanter ses drogues, viendra effrontement accuser d'erreur et d'ignorance, devant une sotte populace, un brave, docte et galant homme très-expert en son art, et ne voudra permettre le susdict charlatan d'estre repris et censuré d'aucun, encor qu'il faille et erre grandement en l'art dont il se mesle avec beaucoup de presomption et d'effronterie. Tellement qu'à ce compte, les actions louables et vituperables sont mesurées par l'ignorant populaire à mesme aulne et pezées à mesme balance, sans aucune distinction, de sorte que la vertu cède le plus souvent au vice, la doctrine à l'ignorance, l'experience à l'incapacité.

Ce qu'estant bien consideré et remarqué par les plus prudens magistrats des republiques bien reglées et policées, ils se sont advisez, pour retrencher telles illegitimes usurpations, d'establir et ordonner une maistrise, licence ou degré en chaque art, tant mechanique que liberal, deffendant expressement qu'aucun ne fust si ozé de professer ou exercer publiquement un art sans estre passé maistre et avoir obtenu quelque credit, licence ou maistrise, sans avoir eu au préalable fait son apprentissage ou chef-d'œuvre chez les meilleurs et plus experimentez ouvriers de l'art et science dont il se mesle. Or, comme c'estoit une règle et ordonnance sainctement instituée et religieusement observée en plusieurs estats, tant liberaux que mechaniques, beaucoup plus estroitement le devroit-elle estre principalement en l'art et science de medecine, où nous la voyons aujourd'huy totalement negligée et aneantie, encor qu'elle deust estre observée et gardée avec plus de rigueur en cet art qu'en tous les autres qui sont au monde; d'autant qu'il y va de la vie d'un chacun, à joindre que les fautes qui s'y commettent sont irreparables et les pertes qui en proviennent sans ressource :

Car, si aux autres arts le moindre erreur commis
Ne doit estre d'aucun tolleré ny permis,
Beaucoup moins le doit-il en l'art de medecine,
Dont la plus moindre faute apporte une ruine
Qu'on ne peut nullement remettre ou reparer
Et faire que la vie on puisse restaurer.

Et de fait, tout ainsi que la legitime et fidelle administration de la pratticque de medecine conserve la santé et prolonge la vie, de mesme l'illegitime et fausse administration d'icelle, pleine de charlatanerie, d'ignorance, de babil et d'impudence, cause une si grande et pernicieuse ruyne au corps humain, qu'elle ne peut en façon quelconque estre reparée. Car, comme remonstre doctement Gallien, la matière et le sujet de la medecine n'est ny le bois, la brique, la terre, les pierres, dont se servent les architectes, massons et autres artisans mechaniques, sur lesquels sujets et matières s'ils commettent d'aventure, par ignorance ou autrement, quelque insigne faute, dont s'en ensuit perte ou dommage desdites matières, c'est chose qu'ils peuvent reparer facilement en cherchant à leurs despens d'autre bois, pierre, tuille et choses semblables; mais en l'art de medecine, lequel, comme j'ay desjà dit, n'a pour object que le corps humain, la plus legère et moindre faute commise par le pseudomedecin et charlatan ignorant precipite l'homme en un extrême danger et bien souvent luy fait perdre la vie.

Or, pour descouvrir clairement et mettre en plain jour l'âme et le cœur de tels abuseurs et imposteurs, et sonder les ressorts et mouvemens occultes de leurs tromperies, il m'a semblé bon de les distinguer en trois sectes, sur lesquelles je lascheray un foudre à trois pointes pour les terrasser et foudroyer. Souz l'estandart ou enseigne de la première secte je rangeray les theriacleurs, charlatans, coureurs, estalons d'assemblées, qui vagabondent de ville en ville, de bourgade en bourgade, par les marchez plus signalez et foires plus celèbres; sous la seconde les alchimistes et spagyriques, extracteurs de quintessences, distillateurs, fondeurs d'or potable, maistres de l'elixir ou grand œuvre ; sous la troisiesme les jatromages ou medecins magiciens, qui usent de billets, charmes, parolles, caractères, incantations et chimagrées, superstisions, à la cure des maladies. Toutes lesquelles sectes joinctes ensemble marchent à la campagne soubs la cornette generalle des empyriques, ce que facilement croyent non seulement ceux qui ne sont versez en l'art et science de medecine, comme le populaire ignorant, ains aussi plusieurs des plus accorts et advisez, lesquels par curiosité ou nouveauté adjoustent foy à la charlatanerie et tromperie de tels imposteurs, advouent et fomentent leurs impietez ; de sorte qu'il leur est permis par licence ou faux donner à entendre au prince et à la justice, d'abuser et decevoir le peuple, et en prendre tel pied et accroissement qu'ils seront en fin cause de la ruine universelle, non seulement de l'art et science de medecine, mais de toute la republique, si ceux qui tiennent les resnes et le gouvernail de la justice n'y mettent en bref quelque police et reglement. Car telles gents adultèrent, par leurs subtiles poisons et mixtions, non seulement les metaux, mais aussi ils gastent et altèrent avec iceux les corps humains. C'est pourquoy ils sont plus à reprendre et à punir que cruels homicides et assassineurs, et seroit bien necessaire de banir et exiller à perpetuité telle canaille d'imposteurs de la patrie, comme gens que l'on doit fuir et detester ainsi que serpens très-dangereux et pestilentieux.

Car l'un, pour confirmer son theriacage, affichera par les carrefours et lieux publics des villes et bourgades et au frontispice de son theatre de très-amples lettres patentes remplies et farcies de mensonges, de vantances et de promesses ampoulées à l'espagnole, lesquelles lettres il aura obtenues des roys, princes et magistrats sur les terres, royaume ou domaine desquels il aura exercé pour quelque temps sa bourelle empyrie, pour luy servir de tesmoignages des cures admirables et belles experiences qu'il aura faictes sur les terres et pays de leur obeyssance; lesquelles lettres, dis-je, auront esté, comme est l'ordinaire, supposées ou subtillement crochetées, à la faveur de quelques uns de leurs amis, qui pour lors fera son quartier en cour, à la suite desdits roys et princes, comme leurs domestiques et confidens.

Se sont veuz plusieurs charlatans en Avignon, lesquels, pour faire l'experience de leurs unguens et baumes miraculeux, se persoient les bras et autres membres de leur corps avec des poignards, dissimulans courageusement la douleur, asseurans au peuple l'entière et parfaicte guarison des playes qu'eux mesmes s'estoient faictes dans vingt quatre heures par la seule application et singulières vertus de leurs unguents et baumes souverains; et de faict, lors qu'ilz paroissoient le lendemain en public, pour faire monstre de l'estat de leurs playes, les spectateurs estoient tous estonnez qu'il n'y apparoissoit qu'une legère cicatrice, tant ils sçavoient dextrement et subtilement faire refermer la playe avec leur baume. Mais ce n'estoit qu'un trompeur artifice et une artificieuse tromperie, car on estoit tout estonné que huict jours après leur playe estoit fort offensée en ses fonds, et n'estoit guarie que superficiellement.

Il y a quelque temps qu'à Paris un insigne et effronté charlatan qui s'appeloit *il signore Hieronymo*, lequel avoit fait eriger un theatre en la court du Palais, sur lequel estant monté en bonne conche et superbe équipage, la grosse chaîne d'or au col, il desployoit les maistresses voiles de son cajol, et descochoit les mieux empennées flèches qu'il eust en la trousse de ses artifices pour louanger et eslever par mille mensonges, vanteries et vaines ostentations, les vertus occultes et admirables proprietez de ses unguents, baumes, huiles, extractions, quintessences, distillations, calcinations et autres fantasques confections.

Et, à fin qu'il ne manquast rien à sa charlatanerie et qu'elle fust *omnibus partibus et numeris absoluta*, il avoit quatre excellens joueurs de violon qui avoient seance aux quatre coings de son theatre, lesquels faisoient merveilles, assistez d'un insigne bouffon ou plaisant de l'hostel de Bourgongne nommé *Galinette la Galina*, qui de sa part faisoit mille singeries, tours de souplesse et bouffonneries, pour attirer et amuser le peuple, lequel s'approchoit comme à la foulle de son theatre, tant pour repaistre ses yeux en la contemplation du bouffon que pour contenter ses oreilles en la douce harmonie et harmonieuse douceur des instrumens, sans qu'aucun autre dessein les y eust portez. Si est-ce neantmoins qu'ils se trouvoient tellement charmez par le cajol affecté et babil effronté dudit charlatan qu'ils estoient contraints d'acheter de ses drogues, tant la curiosité et la persuasion avoient gaigné sur eux. Et pour experimenter les vertus divines et admirables d'un unguent qu'il se vantoit avoir pour les bruslures, il se brusloit publiquement les mains avec un flambeau allumé jusques à se les rendre toutes ampoulées, puis se faisoit appliquer son unguent, qui les guarissoit en deux heures, chose qui sembloit miraculeuse aux assistans qui n'avoient sondé et descouvert l'artifice et la ruze dont il se servoit : car, avant que de monter sur son theatre, il se lavoit secrettement les mains de certaine eaue artificielle, laquelle estoit douée de ceste vertu particulière, que le feu ne peut brusler (si ce n'estoit par un long temps) la partie qui en a esté fraichement lavée, de façon que l'on endure superficiellement la flamme, sans sentir que peu ou point de douleur. Davantage, ceste eaue a encore ceste admirable proprieté, que, la flamme agissant sur la peau qui en a esté nouvellement lavée, se convertit en pustules en sa superficie, sans l'endommager nullement, non pas seulement en son epiderme; et, soudain qu'on applique quelque chose sur ladicte peau ampoulée, tout s'en va en poussière et en fumée, laissant la peau de la main ou autre partie en son entier, sans qu'il y apparoisse puis après aucune marque ou vestige : laquelle ruze et tromperie s'est practiquée en Languedoc à un brave et expert charlatan de leur caballe; artifice qui n'est pas de difficile creance si on considère seulement la qualité et proprieté de l'eau de vie, laquelle se brusle et consomme sur un mouchoir qui en aura esté lavé sans que le feu le puisse endommager. Voilà donc la tromperie du susdit charlatan touchant son unguent pour les brusleures. Et pour experimenter le baume souverain et admirable que tant il vantoit pour les blessures, il se donnoit publiquement des coups d'espée à travers les muscles de l'epigastre, principalement ceux qui ont leur situation vers les hypocondres, et soudain appliquoit son baume sur lesdites blessures, et le lendemain n'apparoissoit aux assistans qui s'approchoient en grande affluence de son theatre que la cicatrice desdites playes ; tant elles estoient estroictement rejointes et reunies avec leur peau naturelle par l'application de son baume, si qu'à peine pouvoit on recognoistre la place où les coups avoient esté donnés ; mais c'estoit une guarison paliative, une cure charlatanesque et trompeuse, pour piper le monde et attirer de l'argent, car lesdites playes estoient encore toutes fraisches et recentes en leur fonds, et n'estoient guaries qu'en apparence et superficiellement. Et pour decevoir et attirer le peuple plus facilement sous le voile de charité et de courtoisie, et pour s'achalander et se mettre en credit, il tiroit et arrachoit les dents de ceux qui en vouloient faire tirer, sans prendre aucun argent de sa peine, usant à ceste fin d'un grand et merveilleux artifice de les tirer et arracher sans exciter aucune douleur ny mesme sans user d'aucun instrument ou polican que de ses deux doigts, à sçavoir le poulce et l'index ; mais, pour descouvrir la tromperie et la trouver en son giste, avant que d'arracher la dent que le patient vouloit faire oster, il la touchoit de ses deux doigts, au bout de l'un desquels il mettoit subtilement en babillant un peu de poudre narcotique ou stupefactoire, pour endormir et engourdir la partie, à fin de la rendre stupide et sans aucun sentiment, et à l'autre doigt il mettoit une poudre merveilleusement caustique, laquelle estoit d'operation si soudaine qu'en un moment elle faisoit esquarre et ouverture en la gencive, deschaussant et desracinant tellement la dent qu'aussi tost qu'il la touchoit de ses deux doigts seulement, il l'arachoit, et quelquefois tomboit sans y toucher.

Voilà donc les ruses et tromperies dont se servoit ledit charlatan pour piper les plus credules, butins du credit, s'acquerir de la reputation et bastir le fondement de la pseudopratique charlatanesque sur les masures et ruynes de la santé du pauvre peuple.

En somme, voylà les mal'heurs, incommoditez et misères qui arrivent ordinairement à ceux lesquels, ayant delaissé les bons et experimentés medecins et chirurgiens, se mettent entre les mains de telle canaille de theriacleurs et charlatans; desquels qui voudroit icy examiner par le menu toutes les ruzes, tromperies et subtilitez, ce seroit entreprendre de nettoyer l'estable d'Augée du fumier que trois mille bœufs avaient rendu en plusieurs années. Il vaut donc mieux les laisser cachées soubs le voille du silence que de les descouvrir et exposer au jour, les fuyr que les rechercher, les rechercher que les imiter, les ignorer que les sçavoir, sinon pour s'en prendre garde et s'en tenir vers le quartier des Suisses, plus loin que près, n'y ayant que de la honte d'en parler, du desplaisir de les cognoistre, et du regret de les souffrir et endurer parmy nous exercer leurs meurtres et faire jouer la sappe et la mine de leurs tromperies, à la ruyne et confusion de la republique et du pauvre peuple, qu'ils deçoivent et appipent par leurs paroles succrées et affecté jargon, recouvert de belle apparence, tout ainsi que la faulse monnoye, dont la monstre est fort belle et l'usage de nulle valeur.

Fin.

LA RESPONSE

DU

SIEUR TABARIN

AU LIVRE INTITULÉ

LA TROMPERIE DES CHARLATANS

DESCOUVERTE

A PARIS

Chez Sylvestre Moreau, en sa boutique au Palais
devant l'escalier de la chambre des Comptes

M.DC.XIX

LA RESPONSE
DU
SIEUR TABARIN
AU LIVRE INTITULÉ
LA TROMPERIE DES CHARLATANS
DESCOUVERTE

Messieurs,

E ne sera jamais que l'envie n'envisage la vertu de travers; c'est ceste deesse jalouse, qui, pour avoir la chassie aux yeux, ne peut supporter le brillant du soleil :

Virtutis laudes haud patitur invidia.

Depuis deux jours en çà un certain quidam a fait publier un libelle diffamatoire contre ceux qui se sont efforcez de faire voir au public l'experience de leur art; or, soit qu'ils soient tels qu'ils sont depeints et dechiffrez par ledit libelle, ou que ce soit une haine qui leur soit suscitée de la part de leurs ennemis, quant à moy, ayant esté meu de ce naturel desir de servir au public, et n'ayant jamais espargné veille, ny peine, ni travail, pour rechercher et excogiter tout ce qui peut apporter du contentement aux esprits plus curieux et du soulagement au corps humain, j'aurois un extrême deplaisir si j'avois donné en tous les lieux où je me suis trouvé subjet digne de blasme et de reprehension, ny en aucun dessein de tromper et decevoir le public en la distribution de mes remèdes. Au contraire, je vous diray librement, Messieurs, que je suis honteux des louanges que l'on me donne et des remerciemens que journellement je reçois d'une infinité de personnes qui ont receu un benefice singulier de mes remèdes, que cela me doit suffire d'apologie contre la mesdisance. Je sçay que malicieusement et à dessein le susdit livre, intitulé *La Tromperie des Charlatans*, a esté publié non à autre entention que pour me faire perdre l'amitié que vous me portez et me faire sortir hors de vos bonnes grâces, que j'ay acquises sans l'avoir merité; mais je tiens tant de vostre bon naturel que, recognoissans que je suis net de toutes impostures, vous blasmerez cette inimitié, la recevrés et prendrez pour une jalousie, une apparante et manifeste envie, laquelle, toutefois, j'espère combattre, s'il plaist à Dieu, en vous servant de bien en mieux et vous apportant toute l'utilité que vous pouvés esperer d'un homme de bien qui s'est voué entierement à vous. L'envie est née avec le bon heur des hommes, mais la vertu tient du naturel du saffran :

plus elle est calomniée et foulée, et plus elle se relève et renforce; la vertu est cette plante du soleil que les Grecs appellent heliotrope, qui, malgré les tempestes, quelque mauvais temps qu'il face et quelque fort vent qui s'eslève, regarde et envisage tousjours son astre de bon heur, les rians et amiables rayons du soleil. Aussi, Messieurs, n'ayant que la vertu pour objet de mon âme, après Dieu et le desir de vous agreer en vous faisant ressentir le benefice de mes remèdes, je ne me soucie de la mesdisance ny de l'indisgrâce des envieux; il me suffit seulement de bien faire et de vous apporter le benefice que vous desirez de mes remèdes en vous bien servant.

Je ne me suis ingeré en l'exercice de mon art de moy-mesme, ny ne me suis licencié de mettre mes remèdes au service du public; mais là où, grâces à Dieu, je me suis porté, j'ay eu l'honneur de voir les magistrats des villes et des lieux; leur ay faict cognoistre la verité de ce que je promets par mes escrits, ce que j'ay faict au profit du public, les tesmoignages et attestations des officiers du Roy, qui ont sçeu et veu l'experience de la science dont je fais profession avec louange et honneur; si bien qu'avec la permission que j'ay obtenue d'eux, j'ay servy le public avec tant de contentement et de si bon succez que jamais je ne me suis party d'aucun lieu qu'avec un extrême regret du peuple. Mais toutesfois le desir qui me portoit de profiter en plusieurs endroits ne m'a peu arrester, ny jamais le gain ne m'a peu commander de telle sorte que je ne me sois maintefois incommodé pour me trouver, çà et là, en lieux où j'estois instamment prié et importuné d'aller pour medicamenter quelques particulières personnes offencées en leur santé et indisposition de leurs membres.

Si tost que Dieu m'a faict la grâce d'entrer en cette ville de Paris, je n'ay esté si temeraire de monter sur le theatre en place publique sans aller prendre permission des officiers du Roy, de monsieur le Lieutenant civil, auquel j'ay des obligations infinies; et souventesfois me suis-je voulu excuser et dispenser d'y monter. Mais j'ay recogneu, quoy qu'indigne, estre veu d'un si bon œil du peuple, et que le public prenoit un si agreable contentement à mon petit exercice, que je n'ay peu prendre le repos que me desirois procurer pour quelques jours.

Je l'ay dit souvent sur le theatre, en public et ailleurs, que, s'il y avoit quelqu'un qui ne se trouvast bien de mes remèdes, et qui eust esprouvé le contraire de ce que je dis en public, je le prie de toute mon affection de divertir tous ceux qu'ils cognoistront et avec lesquels ils auront quelque communication de ne recevoir mes dits remèdes et me tenir pour imposteur, menteur et du nombre de ceux qui sont nommez audict libelle, pourveu que l'on les applique à la mode de mon escrit, selon les raisons de l'application que j'en donne et selon la disposition du subject.

FIN.

LE
CLAIR-VOYANT

INTERVENU

SUR LA RESPONSE DE TABARIN

Dedié à luy-mesme

A PARIS
Pour Nicolas MORANTIN, libraire
M.DC.XIX

LE CLAIR-VOYANT

INTERVENU

SUR LA RESPONSE DE TABARIN

Messieurs,

JE ne me plains ny de l'envie ny de la vertu, et ne m'estudie qu'à voir clair. Mais, lors qu'il est question de paroistre à son rang, je veux avoir part au gasteau, et, comme clair-voyant, en dire ma ratelée. Or est-il que ces jours passés me tomba entre les mains une demy-fueille de papier imprimée, intitulée : *Les secrets du sieur Tabarin*[1] ; lors, comme curieux, je jette les yeux sur ceste matière, laquelle je vis plus antique que le Colisée de Rome, de laquelle Messieurs

---

1. Nous avons vainement cherché ce livret qui n'est plus connu que par son titre.

de Paris en baillent trois sols ; cela me donna plus de contentement que de deplaisir, veu qu'il ne peut appeller nostre nation que liberale à despendre, ou pour le pis trop niaise, et jusques là *transeat*. Mais estant à la taverne, j'entens un tintamarre diabolic sur le Pont-Neuf, qui me faict avaller plus viste un verre de liqueur bacchique que je n'avois de coustume, pour aller sçavoir que c'estoit. Je vis si cruellement traitter demy douzaine de bons drôles, qui vendoyent Les secrets de Tabarin pour gaigner leur vie, lesquels secrets ils laissoient pour deux liards, que je ne sçavois où j'en estois. Je sçavois bien que ceux qui les battoient n'avoient d'interest, et que c'estoit le livre qui leur faisoit faire ceste action denaturée, si que, comme clair-voyant, je ne pouvois tolerer cela, et dis que nul vray François ne pouvoit trouver ceste action qu'intolerable et pernicieuse ; car un cœur françois ne sçauroit trouver bon d'assassiner des François dans leur pays et demeure ; jusques que l'on me vint dire que *per via di denari industriosamente fecero tacer quei jovani della perdita di loro libri* ; qu'avec industrie ils contentèrent ceux qui avoyent perdu leurs livres, et leur payèrent non seulement leurs livres, mais leur baillèrent d'argent pour boire à leur santé, et croyent que la playe soit guerie ; que si cela estoit, tousjours les cicatrices y sont, et à moy le souvenir, que *la volpe cambia il pello, ma non il vitio*, que le renard change de poil et non de vice, tesmoin l'histoire fabuleuse d'un prince, lequel portoit une si grande amour à une chate, qu'il pria Jupiter la reduire en femme, ce qui fut fait pour son contentement, lequel aussi tost la fit paroistre en princesse; ce qui n'empescha qu'à la plus belle de ses assemblées, voyant courir une souris, elle ne quitta son lustre et son ramage non naturel pour y courir après; exemple pour les clairsvoyans. Le clair-voyant s'estonne et ne sçait pourquoy Tabarin met sur sa porte un homme qui a une teste de mouton, et au dessous la teste d'un bœuf, qui a encores de plus grandes cornes, fait trophée de ces cornes, ou s'il veut apprendre aux Parisiens qu'il y a douze signes.

Le clair-voyant ne peut comprendre pourquoy Mondor et Tabarin s'appellent frères: l'un est de Milan, l'autre est de Lorraine. Je ne sçay s'ils sont portés d'un mesme ventre. La Victoria est ceste antique Romaine à qui j'ay veu, assistée de Castaigne et Arlequin, sur le theatre faire des sauts merveilleux et dancer des mieux. Que si je fusse esté un Herodias et que j'eusse eu un sainct homme en prison, ce qu'elle m'eust demandé, l'eut obtenu par son beau sauter.

Le clair-voyant voit beaucoup de choses, et, entre autres, voit Lesgarcelin appeller Montdor son oncle, et ne scet *quare hoc*; mais je loue fort le frère d'Escarcelin, qui ayme mieux estre laquay qu'appeller Montdor mon oncle. Il seroit plus seant l'appeller mon père, puis qu'il leur sert de père; mais *fanno loro, io le ho in culo e l'aspetto a cena*, et veux parler des calomnies de ce medecin, lequel fait de l'entendu à choses qui le passent, et parle d'un mestier sans sçavoir qu'il dit en plusieurs endroits. Il dit vray lors qu'il dit que l'ordre est necessaire en toutes choses, et qu'il ne suffit pas d'estre docte pour exercer : qu'il faut observer l'ordre ; mais aux autres discours il resve, lors qu'il dit qu'après avoir monstré le coup d'espée guery, il n'est guery que superficiellement. Semble qu'il ne soit pas medecin. Ne sçait-il pas que toute playe simple ne demande qu'union, et que la nature les guerit bien souvent sans remède, tesmoins les saignées. Il blasme le discours. Le clair-voyant dit qu'il n'y a medecin qui ne vende plus ses paroles que ses remèdes. Il dit que pour tirer les dents l'on se mouille les doigts d'un stupefactif, puis d'un caustic ; il fait bien voir son ignorance. Et si l'on tenoit dans les doigts un caustique pour brusler promptement les dents, comme se porteroyent les doigts, cent fois plus aptes à estre bruslez que la dent ? Il dit qu'il y a des eaux qui empeschent que recevant le feu, l'on ne se brusle. Qu'il se serve de tous les artifices du monde, et qu'il reçoive la main descouverte vingt douches de ce que le clair-voyant luy lairra tomber sur les mains : le clair-voiant luy baillera vingt pistoles s'il guerit dans quinze jours, s'il ne prend du polycreston de l'Avignonnois. Et en fin, pour conclurre, le clair-voyant dit que les discours de ce medecin font que le clair-voyant le tient de l'ordre *del cavallo di Christo, e a rivederci come fanno i lupi.*

FIN.

DISCOURS
DE
L'ORIGINE DES MŒURS
FRAUDES ET IMPOSTURES
Des Ciarlatans

AVEC LEUR DESCOUVERTE

DEDIÉ A TABARIN ET DESIDERIO DE COMBES

PAR J. D. P. M. O. D. R.

A PARIS

Chez Denys LANGLOIS, au Mont Sainct Hilaire
à l'enseigne du Pelican

M. DC. XXII

DE

L'ORIGINE, MŒURS
FRAUDES ET IMPOSTURES
DES CIARLATANS[1]

CHAPITRE I.

Que c'est grand erreur d'achepter des remèdes ou prendre conseil des ciarlatans pour la guerison des málades.

Comme ainsi soit qu'en la science de medecine, la plus utile et necessaire de toutes, se commettent infinis erreurs touchant la guerison des pauvres malades, iceux d'autant plus importans et considerables qu'ils sont faicts en ce que l'homme a de plus precieux au monde, qui est la santé du corps,

---

1. Cette déclamation est tout autre chose que la satyre de Courval Sonnet, dont *les Tromperies des Charlatans* ne sont que des extraits. Pourtant c'est le même sujet amplement traité par un auteur différent, au bénéfice des médecins.

ce n'est pas toutefois mon desseing de discourir icy de tous, mais seulement de ceux qui se practiquent ès places publiques par ceste sorte de gens que nous appellons communement ciarlatans ; erreur d'autant plus grand et dommageable qu'il se coule au dedans de nous couvert de l'ornement du masque et apparence de quelque artiste langage qui nous dore ceste pilule et la propose à un peuple ordinairement credule et ignorant.

Je dis donc, pour commencer ce discours, que d'acheter les remèdes, medicamens, pouldres, onctions, baumes, huiles et tels autres, des ciarlatans, c'est un erreur très-pernicieux, non seulement pource que le plus ordinairement ils causent dommage et souvent la mort, mais plus encore pource qu'il y va grandement de l'interest et salut de l'âme, comme nous dirons en son lieu.

Premièrement par ce mot de ciarlatans j'entens ceux que les Italiens appellent *saltimbanci*, basteleurs, bouffons, vendeurs de bagatelles, et generalement toute autre personne, laquelle, en place publique, montée en banc, à terre ou à cheval, vend medecines, baumes, huiles ou poudre composées pour guerir quelque infirmité, louant et exaltant sa drogue avec artifice et mille faux sermens, en racontant mille et mille merveilles. Et, pour entrer plus avant au traicté de cest erreur, je maintiens qu'il est le plus grossier et impertinent que jamais homme puisse commettre, et ce pour trois raisons principales : la première, si nous avons esgard à sa fin ; la seconde, si à l'action ; la troisiesme, si nous considerons l'agent.

Pour sa fin, d'autant que celuy qui achepte telles drogues, qui a pour but d'ayder et secourir ses malades, et ainsi despense et employe son argent, combien qu'ordinairement le remède luy apporte dommage. Pour son action, par ce que c'est un medicament vendu en place publique et exposé à l'encan. Bref, pour l'agent, d'autant que ce vendeur est communément un fugitif, un vagabond, bouffon et ciarlatan.

Mais repassons ces trois considerations avec plus de loisir et discourons à nostre ayse sur chacune d'icelles, car ainsi cognoistrons nous clairement de quel poix et importance elles sont. Quand à moy, toutes fois et quantes que je considère ceste première raison, sçavoir, la fin et le but qui meut l'homme à achepter les remèdes des ciarlatans, et qui n'est autre que pour soulager ses maladies, je ne puis cesser de m'en esmerveiller, de penser qu'un homme raisonnable ayt si peu de jugement et soit si peu esclairé de la lumière de ceste raison que d'avoir ce courage de confier la vie de ses malades, parens ou amis (car les uns et les autres luy doivent estre grandement chers), ès mains d'un ciarlatan, d'un homme sans science et sans conscience, qui avec risée et bouffonnerie vend ses drogues ainsi qu'à l'encan au plus offrant et dernier encherisseur, ny plus ny moins que l'on fait les friperies et les haillons; et, qui pis est, tels remèdes sont remportez avec plus de confiance que ceux des docteurs, ce peuple ignorant et balourde ayant ceste pensée qu'un vagabond, un pilier de taverne, qui n'estudie autre chose qu'en l'art de ruffianerie, soit plus suffisant que ce docteur qui tout le temps de sa vie estudie, et l'employe pour bien guerir. Cest erreur est d'autant plus grossier que, si, pour penser un cheval ou un bœuf malades, on a recours au meilleur mareschal de toute la contrée, et si là ne s'en trouvoit d'assez capables, on les cerche loing et à grand pris; et cependant, pour la santé d'un parent ou d'un amy, on est si credule que de se fier aux fourberies d'un qui sçait toute autre chose que bien guerir. Mais cest erreur se monstre encore plus grand eu esgard à l'action du ciarlatan, puis que chacun sçait que la medecine, qui a esté creée de Dieu pour le benefice du genre humain, doibt estre exercée avec gravité, prudence et modestie, et que celuy seul s'en peut plus dignement acquitter qui est philosophe, ainsi que l'ont tousjours estimé et le sçavent les sçavants hommes. Or, un philosophe signifie autant qu'un homme de bien. Et qui dira que tels ciarlatans soyent gens de biens? Mais, s'ils sont tels, nous l'examinerons cy après par les loix civiles. Mais cet erreur susdict ne se recognoist-il pas encore plus grand en voyant la medecine vendue en place marchande à la façon des esclaves, et, ce qui est de plus exorbitant, par des personnes qui à peine sçavent lire. Mais c'est chose plaisante de voir l'artifice dont se servent ces medecins de banc pour vendre leurs drogues, quand avec mille faux sermens ils afferment d'avoir appris leurs secrets du roy de Dannemarc ou d'un prince de Transsilvanie, afin que le peuple, oyant ces noms illustres et serenissimes, leur jette aussi tost avec l'argent le mouchoir ou le gant. Et, quand ainsi seroit qu'un tel prince les leur auroit donnez, pour cela seroyent ils plus excellents? Les princes estudient ils en medecine? On repliquera peut estre que les choses rares souvent s'addressent et tombent ez mains des princes. Cela est bien vray ; mais ces choses rares, quand ils les possèdent, ils les gardent pour eux mesmes. Et, si quelquefois ils donnent le remède, ils n'en communiquent pourtant point le secret ; et, quand ils le voudroyent faire, ce ne seroit pas (à mon advis) à des ciarlatans, quand ils n'auroyent autre crainte que d'estre nommez sur le theatre par ces bouches infâmes.

Ce seroit donc grand'merveille de croire que ce remède fut bon, lequel, en guise d'un vieil haillon, est exposé venal, rendu authentique par la presence d'un fugitif, d'un coureur couvert de velours, galonné d'or et d'argent, approuvé d'un Zany, enregistré dans la feinte doctorerie d'un Gratian, illustré de la presence d'une putain ou maquerelle eshontée, seellé par les plaisanteries d'un Tabarin ou d'un Grisigoulin, confirmé par mille faux sermens et accompagné d'autant de mensonges; et toutefois le peuple aveugle et stupide l'achepte avidement, et l'employe avec asseurance, jusqu'à ce que finalement, pour l'experience faulse et mensongère, il se recognoist deceu et trompé, mocqué et befflé, s'advisant, mais trop tard, de sa simplicité. Mais que diroit-il s'il voyoit cependant ce maistre ciarlatan suivy de ses compagnons, assis ez cabarets aux bonnes tables couvertes de frians morceaux et vins délicieux, s'esclattans de rire et faisans bonne chère à la barbe et aux despens de tels balourdes qui despensent si follement leur argent ?

Sçache donc (ô peuple ignorant) que la vertu n'a point besoing de basteleurs ny de Tabarins. La medecine est une vertu, et la vouloir debiter avec boufonneries, c'est la souiller et contaminer, c'est l'esgorger. Elle fuyt et desdaigne toute louange vulgaire, et, bannissant l'avarice, se contente de son estre très-précieux, reluisant d'elle mesme sans avoir besoing de comedie, de chants ou de violons, d'elle mesme plus riche que l'or et les pierres precieuses, ainsi que disoit jadis Euripide :

> *Non est virtute melior possessio :*
> *Non enim submittit se, neque pecuniis,*
> *Neque servituti, neque adulationi vulgi ;*
> *Sed virtus, quo frequentius ea uti libet,*
> *Eo magis crescit, perfectior fit.*
> *Virtus maximum rerum humanarum bonum.*

Mais icy (me dira quelqu'un), est il donc possible que les ciarlatans n'ayent rien de vertueux ? A celuy là je respondray que ce mot de vertu a beaucoup de significations, lesquelles il faut esplucher devant que respondre. La vertu signifie quelquefois une privation du vice. Quelquefois ce mot signifie une partie de quelque science ou art vertueux, comme de philosophie ou de medecine. En troisiesme lieu, ce mot signifie une observation de quelque art mechanique. Cecy posé, je dis que les ciarlatans ne peuvent participer à la vertu en tant qu'elle signifie une privation de vice, pource que (comme je demonstreray cy après par le tesmoignage de saint Thomas), leur profession ne se peut exercer sans beaucoup de pechez mortels. Ils ne peuvent aussi avoir ceste vertu en tant qu'elle signifie ceste partie d'art ou de science vertueuse, comme de philosophie ou medecine, d'autant qu'en icelles ne se trouvent point de remèdes qui guerissent en un moment des maladies incurables, ainsi que ceux-cy se vantent de pouvoir faire, disans que par trois onctions ils gueriront toute vieille douleur, ancienne surdité, le calcul et autres maladies semblables. Reste donc qu'ils puissent avoir part à ceste vertu, au sens que ce mot signifie une observation particulière de quelque art mechanique, comme, par exemple, sçavoir faire des savonnettes de bonne odeur, des pomades, pouldres à blanchir les dents, à faire mourir les souris, faire parfums, vendre des croisettes, petites images et telles autres choses : c'est donc abus si, au lieu de ces choses, ils s'appliquent à vendre des remèdes pour les indispositions du corps, comme pouldre à vers, pouldres ou liqueurs pour la douleur des dents, huiles pour douleurs froides et chaudes, baumes pour douleurs d'oreilles ou surditez, breuvages pour coliques ou mal de mère, voire mesme de l'onguent pour la galle ; et que ce soit erreur et abus très-grand, je le demonstreray au chapitre suyvant.

Chapitre II.

Auquel est traicté des causes pour lesquelles c'est erreur d'achepter remèdes des ciarlatans pour quelque maladie que ce soit.

JE rapporteray en ce present chapitre les medicamens principaux et les plus ordinaires des ciarlatans, et examineray si, en quelque façon, il est possible qu'ils puissent estre utiles à la santé du corps, afin que, par cet examen, le peuple puisse cognoistre et conclure le semblable de tous leurs autres remèdes, selon ce que dit le poëte :

Crimine ab uno
Disce omnes.

Et, s'il est vray que je luy face voir à l'œil et toucher à la main comme il est malheureusement deceu, et que tels remèdes n'ont aucune vertu ny puissance de tout ce qu'ils en promettent, je m'asseure qu'une autre fois il sera plus prudent et advisé, pour n'employer si legerement son argent et exposer ses malades en peril evident.

Mais icy m'objectera quelqu'un ma temerité, en m'accusant de nier les bonnes et veritables experiences que nous voions souvent produites par tels medicamens. A celuy-là je respondray cy après, et descouvriray leurs tromperies, et à la fin du chapitre suyvant j'exposeray encore comme il se peut faire qu'il en sorte quelquefois de bons et valables effects.

Je dis donc, pour l'heure presente, que leurs remèdes n'ont aucun bon effect; que, s'ils en ont, c'est par advanture, voire mesme plus que par accident, ce que je prouve en ceste sorte :

Les remèdes et maladies principales que se vantent de guerir ces saltimbanques sont celles-cy : poudre pour tuer les vers, opiate pour le mal de mère, pour coliques ou autre grande douleur qui travaille les hommes ; huyles pour guerir toutes vieilles douleurs et anciennes surditez ; liqueurs, poudres ou racines pour oster le mal des dents ; onguent pour la rogne ; pommade pour guerir les crevasses d'un tetin et les mules au talon.

Or, pour commencer à la poudre à vers, laquelle est le plus ordinaire remède dont ils se servent, je dis qu'un tel remède, n'estant point administré avec raison, ne peut produire aucun bon effect, parce que, pour guerir à propos ceste vermine, nous devons avoir trois intentions : la première, c'est d'avoir esgard à la fiebvre, pour ce que ou jamais ou rarement les vers ne sont sans fiebvre ; la seconde, de faire mourir les vers ; la troisiesme, de les tirer du corps. Or, plusieurs choses sont propres à faire mourir les vers, lesquelles, pour leur chaleur excessive, causent la fiebvre, ainsi que le scordium par sa chaleur ; d'autres encore font bien mourir les vers et ne les tirent toutefois pas du corps ; que si estant morts ils demeurent au corps plus longuement, alors, par leur pourriture, ils augmentent la fiebvre et autres tels accidens. Ces trois intentions sont de si grands poix qu'il est impossible qu'un homme ignorant et brutal les puisse comprendre. Ce n'est donc sans raison que ceste poudre n'a aucun bon effect; et si en plein théatre, jettant de ceste poudre sur les vers, on les veoit mourir (et c'est ce qui charme le spectateur), il ne s'advise pas et ne prend garde que pour arriver jusques aux entrailles, la niche de ces vers, il en faudroit plus de deux onces, bien loing du peu que ces gens donnent pour deux grands blancs; et bien que ceste poudre les fit mourir, je demande par quelle vertu les tirera-elle du corps? Mais encore, ceste poudre est-elle si secrète qu'elle ne soit cogneue des medecins? Ces mesmes ciarlatans l'acheptent dans les boutiques, et n'est autre que la poudre de coralline, appellée des anciens mousse marine; et ce qu'ils acheptent pour vingts sols, ils le vendent par leurs charlataneries plus de vingts francs. Mais, qui pis est, pour croistre la quantité de ceste poudre, ils y adjoutent d'autres ingrediens à eux incogneus, et qui peuvent infiniment plus redoubler la fiebvre qu'ils n'ont de puissance à tuer les vers; et par avanture que chacun ne sçait pas que ceste coralline est grandement puissante contre les vers, comme aussi la graine d'orenge, de cèdres et des choux vers, le dictam de Candie et le scordium. Appert donc par ce que dessus que c'est un erreur très-grand d'employer telles poudres sans l'advis d'un docte medecin, tant pour le regard de la fiebvre qui accompagne ces vers, que pour les chasser hors du corps.

Mais leurs opiates pour le mal de mère me mettent grandement en colère, considerant qu'avec tant d'audace ils promettent de guerir infailliblement et en un moment telles douleurs, et toutefois chacun sçait et se voit journellement que telles maladies sont d'une cure très-difficile, bien que regies et gouvernées par les plus habiles medecins, et particulierement quand elles sont causées de la suppression des mois, de l'intemperie de la matrice chaude ou froide, ou d'abcez, ou de playe ; si qu'alors est besoin non seulement de saignées ou de purgations souvent reiterées, mais aussi de mille et mille linimens, autant de diversions, et à peine encore est-ce assez ; et neantmoins un ciarlatan promettra de la guerir en un moment avec sa drogue. Mais il le faict encore beau voir promettant en la mesme sorte la guerison de la colique, laquelle, soit qu'elle soit renale, ou de l'estomach, ou des entrailles, naissante ou de grosses ventositez ou d'humeurs froides et crues, ou de quelque intemperie, requiert une abondance de clystères, de vomitoires, de purgatifs et autres medicamens.

Que diray-je de leurs huyles pour guerir les vieilles douleurs et antiques surditez, lesquelles, en presence du peuple, ils exaltent jusques au tiers ciel, jusques à ce que, par mille fausses merveilles racontées, ils luy ayent tiré l'argent de sa bourse ? Et puis, quand il en vient à l'essay, la fausseté recogneue, il se mocque luy mesme de sa simplicité, ou plustost stupidité, de croire qu'une huyle sans autre preparation, ès mains d'un ignorant ciarlatan, ayt ceste vertu et puissance de guerir les douleurs et surditez envieillies et enracinées. En voicy la raison : les vieilles douleurs le plus ordinairement sont causées de defluxions, ou chaudes, ou froides, ou meslées des deux, comme aussi de l'imbecillité des parties qui reçoivent la fluxion. Quant aux fluxions, elles peuvent estre causées de l'intemperie des parties qui envoient, d'où appert que pour appaiser telles douleurs il faut oster premièrement la cause, puis il faut digerer et purger les humeurs peccantes, et finalement fortifier les parties, d'autant que rendues telles elles ne recevront plus l'humeur, comme aussi les autres ne l'envoieront plus ; et ainsi l'humeur peccante, cuite et digerée, n'apportera plus la douleur, laquelle par ce moyen cessera. Mais pour accomplir toutes ces choses, il n'est pas seulement requis un, mais plusieurs medicamens, et de diverse nature et qualité. C'est donc chose ridicule et impossible que ceste huile ou baume du ciarlatan le puisse faire, composée à l'adventure ou avec ingrediens lesquels, s'ils peuvent servir à la coction ou digestion de l'humeur, nuiront à la cause d'iceluy, et s'ils sont utiles à cestuy-cy nuiront à celuy-là.

Je dis le mesme des antiques surditez, lesquelles, comme enseigne Galien, au 1. des differences des symptomes, chapitre III, viennent d'intemperie ou de tumeurs dans les oreilles. Or, pour la guerison d'icelles, il faut premièrement oster la cause, ce qui est impossible quand la surdité est confirmée, c'est-à-dire quand la faculté de l'ouye est abolie et destruite ; ainsi que l'enseigne l'experience et Paul Ægin, clairement, au III. liv., chap. 23, et cest axiome des philosophes, que de la privation à l'habitude il n'y a point de retour; et, nonobstant, le peuple croira à ce bavard de ciarlatan, qui promet la guerir avec une huile ? Je dis le semblable de ces racines ou liqueurs qu'ils vendent pour oster la douleur des dents, quand ils afferment qu'au dedans d'icelles il y a des vers, serpens ou basilics, et qu'en tout temps chacun nourrit au dedans de soy une fourmillière de vers : ce qui est un vray songe et folie de croire. Je ne nie pas que si une dent est gastée, et qu'il y ayt au dedans d'icelle quelque erosion ou pertuis, que, le residu des viandes s'y corrompant, il ne s'y puisse engendrer des vers, comme nous voyons dans les oreilles des petits enfans pour la pourriture qui s'y amasse ; mais qu'autrement et pour autre raison il y ayt des vers dans les dents, c'est folie et mensonge, car si ainsi estoit, l'homme enrageroit, comme font les chiens, et seroit en un tourment perpetuel, veu le grand sentiment que les dents ont seules entre les os du corps humain ; et ceste douleur atroce que nous sentons ne provient pas toujours des vers, mais d'une intemperie chaude, froide ou meslée. Or, de composer un medicament bon à toutes ces choses, il n'appartient qu'à un docte medecin, et non pas à un ignorant ciarlatan, lequel ainsi ne guerira jamais ceste douleur comme il appartient ; et quand bien quelqu'un luy auroit enseigné de composer un tel medicament, il ne guerira pourtant pas la douleur, si premier il n'arreste la fluxion, et c'est ce qui surpasse sa capacité : aussi ne le promet-il pas. Il en faut autant dire de cest autre mensonge, que tout homme aye tousjours des vers au dedans du corps; car, combien qu'il soit vray qu'ils s'y engendrent quelquefois, et principalement au temps des fruicts et des grandes pourritures, neantmoins cela n'est pas en tout temps, et l'homme ne pourroit vivre si ainsi estoit, car la pourriture en estant la cause, si elle estoit dedans nous continuellement, produisant ceste fourmillière de vers, certainement avec le temps elle s'empareroit du cœur, et, y allumant une fiebvre continue, nous priveroit aussi tost de la vie.

En après, leur onguent pour la galle est non seulement suspect, mais aussi pernicieux, pource que de ceux qui ont la galle aucun ne s'en peut frotter qu'avec grand peril s'il ne se purge premièrement, d'autant que cest onguent resserrant et dessechant les ulcères et croustes par où la nature souloit descharger les mauvaises humeurs, lors ses humeurs se r'enferment au dedans et peuvent avec effort rebrousser à quelque partie noble et causer de très-facheux accidens, voire mesme la mort, comme nous avons veu quelquefois arriver.

Quant à leur pommade à guerir les crevasses de tetins et les mules, c'est chose admirable; car chacun sçait que pour guerir telles crevasses est besoing d'un medicament dessicatif, pource qu'elles sont une sorte d'ulcères; et pour guerir les mules, quand elles ne sont ulcerées, est besoing d'un medicament digestif; mais si elles sont ulcerées et entamées, il faut chose qui desseiche; et l'on sçait toutesfois qu'en une pommade, pour estre bien faicte, il n'y faut autre chose que de la graisse de chevreau, pommes et eau rose. Or, si ces ingrediens peuvent accomplir ce que promet le ciarlatan, que celuy le die qui a du jugement.

Il est donc vray que tout ce qu'ils vendent sur leurs theatres ne fait ny ne peut faire les choses qu'ils promettent ; et si quelquefois il s'en veoit des experiences, ou se sont tromperies, comme nous dirons au chapitre V de ce discours, ou un cas fortuit, d'autant qu'en telles huiles et medicamens à peine se trouve une plante qui aye puissance de guerir ceste douleur ou de dents ou d'estomach. Ainsi donc est le malade affronté ; que s'il a fait du bien à un, il a fait du mal à mille autres ; et estimons nous que s'ils sçavoient de certains et infaillibles remèdes, et que ce qu'ils promettent fust vray ou vray semblable, qu'ils fussent tousjours vagabonds et logez dans les hostelleries? qu'ils ne s'arrestassent pas aux bonnes villes, dans lesquelles un seul remède qui auroit une seule entre tant de vertus qu'ils extollent seroit capable et suffisant de les faire à tout jamais riches? J'ay cogneu dans la ville de Venise un medecin françois, lequel avec un seul remède pour la carnosité, pource qu'il estoit très-approuvé, estoit non seulement en grande reputation, mais aussi gagnoit tout ce qu'il vouloit. En ceste mesme ville il y avoit deux frères nommez les Nurcins, personnages très-honorables, lesquels, pour estre très-experts à tirer les pierres, faisoient des gains admirables ; et si ces ciarlatans avoient ces asseurez remèdes contre les gouttes, dont ils se vantent, tant de grands princes qui en sont si ordinairement travaillez ne les feroient-ils pas riches pour ce seul secret ? Voire mesme si tout ce dont ils se vantent sur leurs theatres estoit si souverain, sortiroient-ils peu de temps après des bonnes villes, craignans qu'après la descouverte de leurs impostures quelqu'un ne leur en donnast les ressentimens ? Et combien qu'après trois ou quatre mois d'absence ils retournent aux mesmes lieux, alors ils jettent de la poudre aux yeux du peuple, l'appastelant de quatre ou cinq farces boufonnes ; et combien que ceux qui ont esté befflez n'acheptent plus leurs drogues, si est-ce que les autres le font, et aucuns d'eux seulement pour leur donner courage de continuer leur farces et comedies. Mais voyons maintenant combien cest erreur est considerable, eu esgard à l'agent, qui est le ciarlatan.

Chapitre III.

De l'origine des Ciarlatans.

A L'entrée de ce discours j'ay dit que l'importance de cest erreur se cognoist par ces trois considerations, de la fin, de l'action et de l'agent. Des deux premières j'ay traicté aux chapitres precedens ; reste maintenant à discourir de l'agent, qui est le ciarlatan, duquel voulant recercher l'origine, il me faut departir ce discours en deux chefs : sçavoir, en la source et origine du nom, et en celle de l'art. Je traicteray donc premièrement du nom, puis de l'art.

Ce mot de ciarlatan (lequel parmy nous ne signifie autre chose qu'un qui monte en banc, aux Italiens *saltimbanco*, aux Latins *gesticulator*, aux Grecs χειρονόμος) a tiré son origine d'une contrée du pays d'Umbrie, nommée Cerrettum, de laquelle sont nommez *Ceretani*, et desquels escrit en ces vers un grave historien : *Ceretani, populi ex Cerete, Umbriæ oppido, qui totum orbem uno quodam ac turpi superstitionis genere ludificant.* Et comme de ceste contrée ils furent nommez *Ceretani*, parce que plusieurs d'entre eux faisoient profession de cest art, aussi, après que ceste profession fut passée à d'autres nations d'Italie, ce mot, quant à ses lettres, receut quelque changement, retenant toutesfois la signification quant à l'exercice du mestier ; et d'autant que ces gens, montez sur leurs theatres, racontoient mille fables, mensonges, fourbes et bagatelles, ils furent tous compris sous le nom de ciarlatans. Ainsi par ce mot nous entendons ce que les Grecs ont fait par ce mot χειρονόμοι, les Latins par *gesticulatores* et *ludiones*, lesquels noms, ayans une signification generalle et universelle, signifient aussi toute sorte de ciarlatans, bouffons et histrions, mais plus proprement ceux qui dans les places et lieux publics, montez sur des eschafaux, s'efforcent de donner plaisir au peuple et ainsi le tromper en luy vendant des remèdes contre toutes infirmitez. Or, que ces noms, comme universels, comprennent soubs leur signification d'autres encores moins universels, il appert par les Latins; car, comme ainsi soit que par *gesticulatores* et *ludiones* ils entendent toutes sortes de basteleurs et thriacleurs, neantmoins, sous ces termes ils en comprenoient d'autres plus particuliers, selon la proprieté des choses qu'ils representoient, comme *mimi*, *pantomimi*, *archimimi*, *ethologi*, *ethopæi*, et semblables, et tous ceux-là estoient maniere de bouffons; ny plus ny moins aujourd'huy, sous le mot de ciarlatan, nous comprenons les docteurs Gratians, les Zani, Pantalons, Buratins, et ces gens qui sur un theatre representent le Sicilien, le Neapolitain, l'Espagnol, le Bergamasque, et cela suffira quant à l'origine du mot.

Quant à l'origine de cet art, il n'est point tant aysé de la trouver, et jusques icy, quelque diligence que j'y aye employée; je n'ay pu venir en cognoissance de celuy qui osa le premier inventer cest art, qui est vrayement le nid et la pepinière des bouffons; car jaçoit que toutes les espèces et differences de cest art soient par les bons autheurs latins comprises sous le nom de *Histrions*, ou parce qu'ils sont les premiers venus de *Istria*, ou parce que (ce que je croy plus veritablement) *Hister*, en langue florentine, signifie un farceur et un bouffon, neantmoins cela ne suffist pas à monstrer parfaictement son origine. Quant à moy, je croy qu'un tel art, s'il n'a eu son commencement du grand nombre des jeux que representoient les Romains, au moins qu'il en a receu un grand accroissement; je dis cecy pource que la ville de Rome, non seulement quand elle a esté triomphante, s'est grandement delectée des jeux et spectacles, mais, mesmes jusques en ces derniers temps, a gardé ceste coustume de celebrer certains jeux qu'ils appellent *Giochi Taurii*, lesquels, combien qu'anciennement ils fussent celebrez en l'honneur des dieux infernaux, ont depuis esté representez seulement pour donner plaisir au peuple ès jours de caresme-prenant, et c'estoit la chasse des taureaux, laquelle coustume fut abolie soubs le pape Pie V, et à bon droit, tant pour delaisser ceste coustume usitée en la superstition des faux dieux, comme pource qu'en ces jeux mouroient beaucoup d'hommes. Or, pour retourner à mon propos, la ville de Rome a tousjours aymé grandement les spectacles et les jeux, et de là prit naissance leur institution, comme les *Circenses, Dionysiens, Lebeens*, et autres, instituez, comme je me persuade, à l'imitation des jeux olympiques ordonnez par Hercules, entre Helide et Risé de Grèce, lesquels se celebroient tous les cinq ans en l'honneur de Jupiter. Ces jeux estoient celebrez avec tant de magnificence et d'apparat, avec une si grande varieté de bestes sauvages (lesquelles le peuple ne tuoit pas seulement, mais à son bon plaisir les emportoit), que Suétone, racontant les jeux que fit Auguste, en dit d'estranges merveilles, et les empereurs faisoient tout cela pour s'acquerir la bienveillance du peuple. Autant en fit Caligula aux jeux des gladiateurs, Claudius aux seculiers, Neron aux circenses, et plusieurs autres; et tels jeux estoient representez en plusieurs endroits de la ville, comme au Cirque, aux theatres, aux amphiteatres, tant de jour que de nuict, comme semble le tesmoigner Ausone en ces vers :

Trina Tarentino celebrata trinoctia ludo.

J'ay dit que la profession des ciarlatans, si elle n'a pris son origine de ces jeux, au moins elle en a tiré son accroissement, parce qu'en tels jours y abordoit un nombre infiny de peuple qui y estoient invitez, tant ceux de la ville que les estrangers, au son public des trompettes ; et est croiable qu'en ces lieux y accouroit aussi grand nombre de ciarlatans. Je dis cecy parce que Flavius Blondus, en sa Rome triomphante, tesmoigne que mesme ès jeux que celebroient les Romains se representoient beaucoup de nivelleries et de bagatelles ; et moy j'ay veu dans une figure antique du triomphe que celebroient les Romains, après avoir subjugué les provinces rebelles, les pourtraicts de ces thriacleurs, non seulement pour donner plaisir au peuple, mais pour insulter et brocarder les vaincus ; d'où nous pouvons conclure que cest art de ciarlatans est bien antique, puisque dès le temps des premiers empereurs elle estoit practiquée en leurs jeux. Mais de dire qui en a esté l'inventeur, c'est ce que je ne puis, l'ayant toutesfois soigneusement et diligemment recerché dans les bons autheurs ; bien diray-je que, par leur lecture, j'ay appris les proprietez et conditions de tout temps veues et observées en ces gens, parmy l'exercice de leur art, lesquelles sont au nombre de cinq. La première condition, c'est de se masquer ; la seconde, de monter en banc ; la troisiesme, dire et raconter des mensonges; la quatriesme, de se mocquer de la simplicité du peuple; la dernière, de vendre des boulettes et telles autres choses. Telles sont leurs principales actions, combien qu'en l'exercice leurs moyens soient differens et selon leurs particulières humeurs, car aucuns d'eux se servent de Zani, autres de Buratins, autres de maquerelles, qui avec le luth, qui avec la lire ou la harpe. Lesquelles susdites proprietez bien examinées, j'ose dire qu'elles furent inventées du diable, puisque jadis par luy practiquées au paradis terrestre; et qu'ainsi ne soit, il se masqua ayant pris la forme d'un serpent. S'il n'est monté sur un theatre, il est monté sur l'arbre, duquel se font les tables, et de celles-cy les theatres. Il a proferé mensonge, disant : *Nequaquam moriemini* ; il s'est mocqué d'eux : *et eritis sicut dii* ; leur vendit sinon quelques boulettes, au moins des pommes, qui en ont la ressemblance. C'est donc à bon droict que le diable et les ciarlatans conspirent à mesmes effects, douez et ornez de mesmes mœurs, desquelles je propose traicter au chapitre suivant.

CHAPITRE IV.

Des mœurs depravées des ciarlatans.

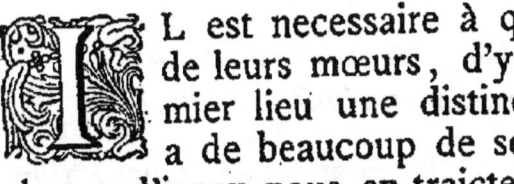L est necessaire à qui veut discourir de leurs mœurs, d'y establir en premier lieu une distinction : car il y en a de beaucoup de sortes; et lors de chacun d'iceux nous en traicterons et avec quel-

que fondement. Galien, en son livre, que les mœurs de l'esprit suivent le temperament du corps, divise les mœurs en deux rangs, les uns naturels, les autres acquis. Les premiers sont ceux qui viennent du temperament, les seconds qui procèdent de l'éducation et de l'institution; et combien que Galien rapporte la cause des naturels au temperament, en disant que les bilieux sont prompts, actifs, colères, vindicatifs et cauteleux, à cause que la bile a ces proprietez; aussi pareillement les sanguins sont temperez, graves, affables et modestes; les phlegmatiques tardifs, pesans, endormis et mal idoines; et les melancholiques craintifs, irresolus, tristes, haves et secs; neantmoins Hippocrate, au livre *De aere, aquis et locis*; Ptolomée, en son Centiloque, et Aristote, au livre VII de l'histoire des animaux, adjoustent aux causes des susdits temperamens la situation des lieux, laquelle non seulement d'elle-mesme, mais aussi du climat dominant, a vertu et puissance de donner telles meurs, selon leurs dispositions; c'est pourquoy Isidore, au livre de ses *Etymologies*, a dit :

Roma graves generat, sic Græcia leves,
Africa versipeles, natura Gallia fortes.

Tacite en dit autant des mœurs des Allemans, ce qui a esté reduit en vers par un gentil poëte, en ceste sorte :

Germani cunctos norunt tolerare labores;
O utinam possent tam bene fere sitim!

Ciceron aussi, en l'Oraison 16, *contre Rullus*,

est de cest advis que la situation des lieux forme les mœurs, et pourtant dit que les Carthaginois sont doubles et trompeurs, non que leurs pères ou mères ayent communiqué ces défauts, mais le lieu qu'ils habitent; ainsi les montagnars de la Toscane sont rudes et forts comme ceux de la Campanie superbes. *Non ingenerantur hominibus mores tam a stirpe generis, ac seminis, quam ex iis rebus quæ ab ipsa natura loci et a vitæ consuetudine suppeditantur, quibus alimur et vivimus. Carthaginienses fraudulenti et mendaces, non genere, sed natura loci..... Ligures montani, duri atque agrestes; docuit ager ipse, nihil ferendo, nisi multa cultura et magno labore quæsitum; Campani semper superbi bonitate agrorum et fructuum magnitudine.... Ex hac copia, atque omnium rerum affluentia, primum illa nata sunt: arrogantia, qua a majoribus nostris alterum Capua consulem postulavit; deinde ea luxuries quæ ipsum Annibalem, armis etiam tum invictum, voluptate vicit.* A ces deux causes j'adjouste la troisiesme, qui est la faculté hereditaire des parens, pource que nous voyons bien souvent les enfans ressembler à leurs pères, non seulement au bastiment du corps, voire mesme quant aux mœurs et inclination, tant acquises que naturelles; et c'est à ce propos que disoit Horace en l'Ode IV du livre IV :

Fortes creantur fortibus et bonis :
Est in juvencis, est in equis, patrum
Virtus, neque imbellem feroces
Progenerant aquilæ columbam.

Doctrina, sed vim promovet insitam;

Rectique cultus pectora roborant :
Utcunque defecere mores,
Indecorant bene nata culpæ.

Et Hesiode de mesme : *Pariunt autem mulieres liberos similes parentibus.* Mais aussi est-il vray que ceste cause n'est pas necessaire, pource qu'on voit souvent les enfans semblables à leurs pères, d'autres aussi grandement dissemblables : car assez ordinairement de bons pères naissent de mauvais enfans, et de mauvais d'autres très-bons. Pourtant disoit Horace :

Ætas parentum, pejor avis, tulit
Nos nequiores; mox daturos
Progeniem vitiosiorem.

Et à cecy regardoit Virgile au IV de l'*Eneide*, feignant qu'en la fuite d'Ænée la miserable et infortunée Didon disoit ces paroles :

Luminibus tacitis, et sic accensa profatur :
Nec tibi diva parens, generis nec Dardanus auctor,
Perfide; sed duris genuit te cautibus horrens
Caucasus, Hircanæque admorunt ubera tigres.

Ce qu'il semble avoir dit à l'imitation d'Homère, lequel en l'*Iliade* XVI escrit ainsi :

Non eques ipse pater fuerit tibi, mehercule, Peleus,
Non Thetis est genitrix; glaucum te peperit æquor,
Asperæque rupes, et mens tibi dura feroxque est.

Et de là vient qu'ez siècles passez on a veu un Themistocle très-bon père avoir engendré

Cleophon, meschant garnement; Periclès, un Patalus; Thucydide, un Xantipus; Marc Aurèle, Commodus; Vespasian, Domitianus; Germanicus, un Neron. Et le mesme encores voyons-nous en son contraire, sçavoir, que plusieurs bons enfans sont naiz de pères vicieux et de fort vile et basse estoffe: Euripide, poëte tragique fort celèbre, naquit d'une mère jardinière; le père de Demosthènes estoit coutelier; Pindare et Horace, tous deux poëtes lyriques très fameux, naquirent de pères qui estoient sonneurs de trompettes; et Socrates, qui, sans parangon d'aucun autre, fut par l'oracle jugé très-sage, eut pour père un Sophronisme, graveur, et Fenarita, sage femme; Ciceron et Caïus Marius, l'un renommé par son eloquence, l'autre pour avoir esté sept fois consul, estoient d'une fort basse et vile extraction; aussi Diocletian l'empereur fut fils d'un peletier, et mille autres que je laisse pour eviter prolixité. De manière qu'il est vray que bien souvent les mœurs nées avec nous nous sont transmises par heredité, et non point les autres; mais je ne parle point maintenant de ces mœurs que nous donne nostre naissance, mais des estrangères et acquises: car, à vray dire, ce sont celles lesquelles s'acquièrent par la hantise des parens ou des compagnies ou des maistres, d'autant que telles mœurs et inclinations peuvent estre bonnes ou mauvaises, et sont comme le fondement de la vie que doit mener l'homme, et les causes du bien et du mal qu'il y peut recevoir, ainsi que tesmoigne Plutarque par le dire d'Euripide, dans l'*Her-*

cule furieux, au livre de l'*Education des petits enfans* :

Nisi fundamenta stirpis jacta sint proba,
Miseros necesse est esse deinceps posteros.

Et c'est pourquoy on apporte tant d'industrie et de diligence à trouver des maistres qui enseignent les bonnes mœurs. Les mœurs, comme enseigne Aristote au 2. des *Morales à Nicomachus son fils*, sont signes evidens du dedans du cœur et sont comme fenestres ou les portières à la cognoissance de l'ame et de l'entendement. Ce que nous demonstre Notre Seigneur parlant des mauvaises mœurs et depravées des Pharisiens, en disant : *A fructibus eorum cognoscetis eos*. Or, les mœurs estant bonnes ou mauvaises, les bonnes sont marques d'un homme de bien, les mauvaises d'un meschant et d'un scelerat ; entre ces deux il n'y a aucun milieu. Voyons donc quel jugement l'on doit faire des ciarlatans par la consideration de leurs mœurs.

Leurs mœurs et façons de faire sont d'estre vagabonds, vivre dans les tavernes et cabarets, estre basteleurs, parjures, babillards, putassiers, joueurs, et, pour comble et couronne de toutes actions, menteurs, trompeurs, passefins et à outrance ; reste donc que, comme tels, ils soient exilez et bannis de la société civile, indignes de louange, mais souillez de blasme et d'infamie, selon ce que dit Aristote, que *a pravis moribus nemo laudatur* ; et de là vient que la loy, qui est en terre comme un rayon de la Divinité, les declare infâmes, *in leg.* 11. § *fin. ff.*, *De his qui notantur infamia*, et en donne la cause parce qu'en public, pour un gain deshonneste, et par actions honteuses, ils s'exposent à l'opprobre et à l'infamie. Les canonistes ne les declarent pas seulement infâmes, mais defendent et condamnent un tel art, estant tel qu'il ne se peut exercer sans peché mortel, *c. donare dist.* 86; et partant à ceux qui l'exercent est defendue la communion, *c. pro delectatione de consecrat. dist.* 2. Saint Thomas, 2, 2, dit que cet art est pernicieux, tant pour ceux qui le mettent en practique, qui pèchent mortellement, que pour ceux qui l'escoutent, pource que non seulement ils pèchent mortellement, mais aussi mal à propos despensent leur argent pour achepter de leurs baies, ainsi souvent nuisans à la santé de leurs malades qui se servent de tels medicamens. Mais de cecy nous en parlerons plus amplement en son lieu.

Chapitre V.

Des fraudes et impostures des ciarlatans.

SI aucune chose pouvoit ou devoit rendre odieux cet art des ciarlatans, ces deux cy seroient plus que suffisantes: le mensonge et la tromperie. Et d'autant qu'au chapitre precedent j'ay dit que le mensonge estoit la vraye marque des ciarlatans, je veux en traicter icy plus amplement, et en suite de sa propre engeance, qui est la tromperie, pource que jamais mensonge ne fut sans tromperie, ny tromperie sans mensonge. Ayant donc cy-dessus demonstré ce que j'avois promis, sçavoir, leur origine et leurs mœurs, reste le troisiesme, qui est le mensonge et la tromperie, ou l'imposture des ciarlatans. Le mensonge, à mon jugement, est un vice si laid et si difforme que je n'estime pas qu'un homme en puisse commettre un plus detestable, tant pour l'infamie qu'il apporte avec soy, comme je diray cy-après, que pource que l'homme menteur est hay d'un chacun et tenu pour très-meschant homme. La raison est qu'un menteur ne fait point estat de sa parole, et celuy qui n'en fait estat ne sçait que c'est de l'honneur, et qui ne fait conte de l'honneur est prompt et enclin à toute meschanceté. Le mensonge est donc une marque et signe infaillible d'un esprit qui aysement se portera à toute œuvre meschante; ce qui n'arrive point aux autres vices. Pource qu'un luxurieux, encore est-il mieux conditionné; il est veritable, il ayme l'honneur. Ainsi le colère et le gourmand. Mais le seul menteur est comme la matière première, laquelle comme elle reçoit toutes les formes, aussi cestuy-cy tresbuche en toute sorte d'enormité; et, quant à moy, j'ay tousjours mis un homme menteur au mesme rang des putains, lesquelles, abandonnant leur corps, n'estiment ny l'ame ny l'honneur; et ainsi n'y a chose si infamante qu'une putain et effrontée ne commette pour de l'argent, de mesme il n'y a rien de si plein d'opprobre qu'un menteur n'entreprenne fort facilement; et tout ainsi que les putains par un nom plus honneste se nomment courtisannes, ainsi crois-je que le menteur se peut appeller faux courtisan : car, ainsi que pour faire un vray et parfait courtisan sont requises quatre vertus principalles, la verité, la religion, la charité et l'humilité, de mesme à faire un mauvais courtisan quatre vices sont necessaires, l'ambition, la flatterie, l'orgueil et le mensonge, qui est comme la couronne des autres.

Mais, pour retourner à mon propos, pour cognoistre l'abomination du mensonge, j'examineray trois choses : la première, d'où il a tiré son origine; la seconde, ce que c'est; la troisiesme, ses laidures et deformitez. Quant à son origine, on ne la peut sçavoir qu'ayant recours à son contraire, qui est la verité, laquelle, comme elle procède de Dieu, ainsi le mensonge du diable. Or, que Dieu soit l'autheur de verité, c'est chose si manifeste que les Sibylles mesmes l'ont escrit, et l'Erithrée divinement en ces termes : *Non est mendax spiritus Dei, nec est Deus quasi homo, ut mentiatur.* Et de mesme sainct Jacques : *Est autem Deus verax, omnis autem homo mendax.* De sorte que les theologiens tiennent pour constant que la verité ne convient à aucun plus parfaitement qu'à Dieu; et c'est ce que le philosophe, au premier livre des Posterieures, nous vouloit donner à cognoistre, quand, en discourant des principes, il leur assigne la verité pour une condition necessaire : *Oportet* (inquit) *principia esse vera.* Et qui ne sçait que, si Dieu n'estoit veritable, il ne seroit pas Dieu, puis que l'on ne croit pas au mensonge, et que l'on croit en Dieu, comme dit sainct Paul : *Oportet accedentem ad*

Deum credere? A Dieu donc convient la verité essentiellement. Or, comme il est père de toute verité, voire la verité mesme, aussi le diable, son contraire, est père du mensonge, comme l'a enseigné Nostre Seigneur au 8. chapitre selon saint Jean, quand, parlant du diable, il a dit : *Mendax et pater mendacii.* Quant à la definition du mensonge, Hugues de Sainct-Victor, au I. livre des Sacremens, partie 12, chapitre 12, la nous donne fort doctement, en disant que c'est un arraisonnement qui n'a autre but que de tromper : *Mendacium est falsa vocis significatio cum voluntate fallendi.* Sainct Augustin, au livre de *la Vraye Religion*, dit la mesme chose : que celuy est menteur qui avec paroles afferme ce qui n'est point, en intention de tromper ; d'où appert clairement que le mensonge se porte à la tromperie comme à son propre but et l'engendre comme son cher enfant. Mais icy ne termine pas sa meschanceté, pource que, ou jamais ou fort rarement, le mensonge ne vient qu'à l'escorte et comme en suite du parjure ; et cecy n'est pas de moy, mais de Ciceron, au III. de ses Offices : *Facilis* (inquit) *via ad perjuria ex mendacio sequitur;* ce qui fort à propos se recognoist en ce commun proverbe italien : *Chiunque ad ogni parola ha il giuramento securo è bugiardo e homo finto;* et partant, j'ay dit cy devant qu'en l'homme ne peut tomber un vice plus grand ny pire que cestuy-cy, qui, comme une hydre infernale, porte plusieurs testes qui charment, ensorcellent et font mourir le menteur. Voicy l'exemple : seulement à dire un mensonge se commet peché mortel ; mais le proferer avec dessein de tromper son prochain, alors se redouble le peché; mais de jurer Dieu, ou par les choses sainctes et sacrées, ou appeller la verité mesme en tesmoignage d'un infâme mensonge, c'est chose plus que diabolique. C'est pourquoy Platon, voulant monstrer la difformité du mensonge, au livre XXXI. de la *Republique*, dial. 7, a dict : *Ipsum revera mendacium omnes homines diique oderunt.* Or, que Dieu l'ayt en hayne, il appert au 2. chapitre de l'*Exode* : *Non loqueris contra proximum tuum falsum testimonium.* Qu'il soit encores odieux aux hommes, Job le dit au 27. chapitre : *Donec superest habitus in me, et spiritus Dei manibus meis, non loquentur labia mea iniquitatem et lingua mea non meditabitur mendacium.* Sainct Paul *aux Ephesiens,* chapitre 4 : *Deponentes mendacium, loquimini veritatem.* Et David, poussé d'une saincte cholère, dit au psalme 5, v. 6 : *Perdes omnes qui loquuntur mendacium.* Voire mesme Aristote, quoy que payen, a eu le mensonge en si grande hayne qu'escrivant à son fils Nicomach, au IV. des *Éthiques*, il dit : *Mendacium semper est improbum et vituperabile.* Il est vray que Platon, au III. livre des *Loix*, a escrit qu'il estoit quelquefois permis de dire un mensonge, mais seulement à l'endroit des princes, pour l'interest de leur estat ou pour eviter quelque grand mal, comme en sa *Republique* il le permet au medecin pour consoler son malade. Quant aux loix civiles, elles ont blasmé, detesté et defendu le mensonge, ordonnant que, si quelqu'un profère un mensonge pour quelque benefice qu'il possède desjà, il doive estre privé non seulement de ce benefice, mais aussi que, si de ce mensonge s'ensuit une meschanceté, il doive estre puny du juge, comme afferment Theodosius et Valens, en la l. *Et si legibus*, § *Si contra jus vel utile publ.*, l. I. C., tit. 25, et Zeno, l. *Fin. de divers. rescript.*, l. I. c. tit. 26. Et c'est ce mensonge lequel employent les ciarlatans, quand en plein theatre ils appellent en tesmoignage le nom de Dieu contre la verité, seulement pour vendre leurs drogues, jurans et affermans que leur pretendue vertu est aussi certaine et veritable que la verité mesme, ainsi trompans et abusans leur prochain pour gagner un miserable teston.

Mais, afin que chacun juge que tous leurs mensonges aboutissent à la fraude et à l'imposture, je veux en produire quelques uns, lesquels suffiront pour infinis autres que je pourrois alleguer, et ce seront leurs plus notables experiences, et qui tiennent ordinairement le peuple en admiration, esquelles si l'imposture se recognoist evidemment, on pourra pareillement conjecturer par icelles de toutes les autres. André Matthéole, en son Commentaire sur le VI. livre de Dioscoride, les raconte en disant que leur premier et plus grand artifice est de manger du poison, le second de se faire mordre par animaux envenimez, comme aspics et viperes; l'une et l'autre piperie est practiquée en ceste ville de Paris, au bout du Pont-Neuf, par Desiderio de Combes [1].

Or la tromperie se fait en ceste sorte : c'est que, voulans avaller le poison comme arsenic ou realgar, deux heures auparavant ils mangent

---

1. Voir Demande VII du *Baron de Grattelard*, p. 176.

grande quantité de laictues avec force huyle ; et en hyver, ne pouvans avoir de laictues, ils mangent tant de tripes grasses que leur estomach en devient enflé et tendu comme un tambourin, et cela afin que ce poison avallé ne puisse percer et penetrer au dedans du corps, et ainsi faire erosion ou produire autres mauvaises qualitez, selon le pouvoir de sa nature. Ainsi donc, l'estomach estant desjà plein de viandes et farcy de graisse, le poison demeure sans vertu aucune, ne pouvant passer jusques au foye par les veines mesaraïques, par ce que ces viandes grasses et onctueuses ont desjà bouché et oppilé les conduits de ces veines petites et deliées comme des cheveux : ce qu'estant fait, ils avallent soudainement leur huyle, poudre ou opiate ; et le peuple, qui voit que ces gens ne meurent point par ce poison, croit aussi tost que c'est par la vertu de ce medicament qu'ils extollent et vendent, et non par les laictues ou les tripes ; eux, alors, retirez en leur logis et se mettans à l'escart, vomissent et revomissent ces tripes avec le poison, et tout le jour ne mangent rien, sinon qu'ils boivent et reboivent du laict pour vomir et revomir. En ceste façon ils se mocquent du peuple ignorant et luy vuident sa bourse.

L'autre tromperie des ciarlatans est qu'une heure ou deux devant que monter sur leurs theatres, ils vont en la boutique de l'apoticaire plus proche de leur theatre, et s'estans fait monstrer de l'arsenic, en choisissent trois ou quatre pièces, et disent à l'apoticaire qu'il les leur envoye quand ils l'envoyeront querir. Ainsi, estant là occupez à leur caquet, louant et exaltant leur medicament, comme un excellent contre-poison, ils envoient leur serviteur ou quelqu'un des assistans à la boutique de l'apoticaire pour apporter le poison desjà choisi. Ce pendant, sur leur theatre, à la veue du peuple, ces trompeurs ayant appresté et disposé quelques pièces de sucre candis dans les couvercles de leur boëte, artistement agencez, les prennent, et les exposant en veue de tous les assistans, puis après les mangent, et ce sucre candis estant fort semblable à l'arsenic, ce peuple croit aussi tot que ce qu'ils avallent soit le vray arsenic, deceus par la ressemblance. Alors et aussi tost ces pipeurs avallent leur pretendu contre-poison avec admiration et estonnement des spectateurs, qui ne manquent incontinent de jetter à la foule leur argent avec le mouchoir ou le gand; lors, en ayant receu en abondance et suffisamment, ils se tirent derrière la tapisserie, se moquans et s'esclatant de rire de l'ignorance et stupidité du pauvre peuple, qui croit encores en avoir bon marché si sur la fin on luy donne quelque petite farce joyeuse. Mais c'est chose moult plaisante à voir, que ces gens cy ayant donné à l'un de leurs serviteurs à manger de ce sucre candis au lieu d'arsenic, ils les instruisent par après à tourner gentiment les yeux en la teste, se tordre le col, tirer la langue d'un pied de long, et, retenant leur haleine, se changer la couleur du visage, rougir, paslir, puis leur lier les bras fort serré pour empescher le poux et le battement des artères, ce qui leur defigure grandement le visage; et en ceste sorte les monstrent au peuple, qui crieroit à l'homicide si, le supposé medicament leur estant donné, ils ne revenoient aussi tost sains et gaillards. Et c'est alors que le peuple se rompt le col pour avoir de ce medicament, non comme venu ou vendu par ciarlatans, mais comme descendu du ciel. Il me souvient d'avoir leu une fois d'un qui ayant semblablement baillé à son valet du poison sophistiqué, et faisant semblant ne luy vouloir donner aucun remède jusques à ce qu'il eust perdu le poux, et qu'il fust en grand danger de mort, pour mieux vendre sa theriaque, ayant aussi instruit ledit valet à contrefaire les susdits accidens, il pria un medecin, là present, de toucher le poux de son serviteur, afin qu'il testifiast, devant tous, ce garçon avoir perdu le poux : à quoy s'accordant ce bon homme de medecin, servant au badinage du triacleur sans y penser, dit haut et cler qu'il n'avoit trouvé aucun poux en ce valet ; mais il n'avoit encores leu que par artifice on peut arrester le poux des artères, combien que Galien l'ayt escrit au l. 6. des Preceptes d'Hypocrate et de Platon. On voit le mesme ès artères, lesquelles, ny plus ny moins que les nerfs ou couppés ou serrés par liens, ne battent et ne tressaillent plus. De là il pouvoit penser qu'on pouvoit avoir lié les bras à ce valet, et par ce moyen empescher le battement des artères disposées du long du bras jusques aux mains ; car ces trompeurs accommodent si finement les liens pour serrer, qu'en tournant une boulette de fer cachée hors de la manche, au-dessus du coude, ils les serrent fort, et les laschent quand ils veulent ; ce qui se pouvoit aysement faire par celuy qui soustenoit par les bras son valet faisant semblant d'estre à demy mort, pour en faire un spectacle au peuple. Par telle ruse donc les liens se serroient quand il vouloit empescher le battement des artères à son valet, et se laschoient peu à peu quand ce fin valet, après avoir pris de la theriaque, faisoit semblant de recouvrer peu à peu sa première santé. Ce sont les tromperies que font ces bourreaux, lesquelles j'ay voulu declarer au long afin que chacun les sçache et puisse eviter, lesquelles Matthéole, en son commentaire sur le vi. livre de Dioscoride, tesmoigne avoir apprises par l'un des plus grands maistres de tous ceux qui faisoient lors profession de manger du poison sans aucun dommage, qui les luy avoit descouvertes pour recompense de ce qu'il l'avoit guery de la grosse verolle qui l'avoit mangé jusques aux os. Or, Galien fait aussi mention de certains ciarlatans, lesquels, en son temps, avec beaucoup de ruse et d'artifice, beffloient le monde, au livre de la *Theriaque, à Pison*, et dit que c'estoient certains peuples d'Italie nommez Marses ; et j'estime que ce sont les Abruzzes, lesquels, non pour aucune vertu naturelle qu'ils eussent de resister aux venins, se faisoient mordre par des serpens, mais, par fraude et tromperie plaisante, leurroient ceux qui y avoient trop de fiance. De ceux cy nous en parlerons au chapitre suivant.

Chapitre VI.

Des tromperies dont usoient les ciarlatans au temps de Galien.

Ls avoient coustume de se faire mordre par des serpens envenimez ; il est donc aussi vraysemblable qu'ils devoient vendre quelque medicament qui fust, selon leur dire, souverain et excellent contre telles morsures. Ces gens cy avoient deux sortes d'artifice pour seduire le peuple : le premier, de manier les serpens ; le second, de se faire mordre : l'un et l'autre practiqué à Paris par Desiderio de Combes. Pour les manier dextrement, ils avoient de coustume de se frotter les mains avec leur onguent, composé du suc de serpentaire, suc de racines d'asphodeles, fueilles de savinier, graine de genièvre, cervelle de lièvre et d'huyle de graine de refort sauvage, lequel onguent est très-propre pour se defendre de la morsure des serpens veneneux ; et pour plus grande precaution, peut estre qu'à l'heure mesme, sur leur theatre, ils se frottoient les mains de ceste mixtion en maniant ces animaux, lesquels, estourdis de la vertu du liniment, devenoient inhabiles et incapables de mordre ; mais, pour plus grande asseurance, ils attendent d'aller en queste et principalement des vipères et aspics au fort de l'hyver, lors qu'accablez du froid, ils sont moins propres à mordre qu'au temps d'esté.

L'autre artifice duquel ils se servent pour se faire mordre, comme recite le mesme Galien, est qu'en accoustumant ces serpens à mordre sur une pièce de chair qu'ils leur presentent, ils la leur font mordre tant et tant de fois, qu'en fin ils en perdent leur vray et naturel poison, ce qui leur succède merveilleusement bien : car, cependant que ce serpent mord, il vuide et descharge ordinairement comme avec rage son poison sur la chose mordue, tâchant de l'offenser comme par ses propres armes offensives, de sorte que leur ayant en ceste façon tiré hors le venin et les ayant apprivoisez à leur volonté, ils se font mordre en pleine place, tantost la langue, tantost les mammelles. Autres avec paste empastent les dents des vipères, et ainsi le poison attaché à leur palais ne peut percer ny penetrer dans la partie ; autres avec artifice leur cassent ou arrachent les dents ; autres coupent avec des ciseaux certaines petites vessies ou boursettes, à la racine des dents, esquelles est contenu ce venin. Après lesquels artifices, maniant et remaniant et se faisant piquer à ces animaux, ces gens prennent aussi tost leur pretendu antidote, et font croire au peuple que c'est par sa vertu qu'ils sont exempts de tout mal. Ces ruses et fourberies sont passées du temps de Galien jusques au nostre, auquel ces ciarlatans avec tant de bon heur triomphent de nostre simplicité, ainsi que fait en ceste ville Desiderio de Combes. Et je voudrois que l'on fist en son endroit ce qu'autrefois j'ay veu à l'endroit d'un autre pour descouvrir l'imposture. Un apoticaire fut commandé par l'un des magistrats de porter à un ciarlatan une pièce de sublimé, parce qu'il se vantoit d'en manger, et à un autre qui se faisoit mordre par des serpens, luy fit porter une vipère ; mais cest imposteur se garda bien de toucher ny au sublimé ny à la vipère, tesmoignage evident que ce sublimé qu'ils mangent est sophistiqué, et que leurs vipères sont sans venin. Encores seroit-ce peu s'ils se contentoient de ces tromperies ; mais, qui pis est, parmy telles fourbes ils mêlent le nom des saincts, car il y en a de si effrontez et temeraires que d'oser en place publique se dire descendus de la lignée de sainct Paul, ce que tesmoigne André Matthéole en son Commentaire sur le VI. livre de Dioscoride, chap. 40, en disant que c'est un pur mensonge, et que tels venoient de la Pouille, natifs de la ville de Leccia ou des environs, et qu'ils pouvoient estre yssus des Marses, qui estoient du temps de Galien certains ciarlatans, lesquels, par le tesmoignage de Pline, tirèrent leur origine de Marsus, fils de Circé, fameuse magicienne, laquelle, au mont Circeus, près de Gaëte, changea fabuleusement les Grecs tant renommez en plantes et en bestes, et laquelle ayant en ce mesme pays demeuré long-temps, il est vraysemblable que ces imposteurs ont appris de l'un ou de l'autre cet onguent pour les garentir de la morsure des serpens : et, de fait, le mesme Matthéole rapporte avoir trouvé un onguent dans le poëte Nicandre, duquel ceux qui sont oincts ne peuvent estre mordus des serpens ou offensez des bestes venimeuses. Sa composition est recitée par le mesme Matthéole. Pour retourner donc à mon propos, tout ce que jasent ces presomptueux n'est que fraude et mensonge, ne leur suffisant pas d'user de tant de bavarderies et de faux sermens, si encores ils ne faisoient servir le nom de sainct Paul comme d'un ruffien à leur meschanceté, se disans parens d'un sainct, d'un si grand apostre, avant sa conversion citoyen de Tarse, gentilhomme romain ; après sa conversion, la langue et l'interprète du Sainct-Esprit, et qui pourroit tenir le rang d'un cinquiesme evangeliste. Je ne nie pas pourtant que la terre de Malte n'ayt quelque souveraine vertu contre les poisons, pour le miracle arrivé en la personne de sainct Paul, lequel, abordé en une isle par la tempeste de la mer, mené prisonnier à Rome sous l'empire de Neron, comme il recueilloit des sarmens de vigne pour se chauffer, fut mordu d'une vipère ; mais la secouant au feu, il n'en fut aucunement offensé, dont les habitans de l'isle fort estonnez le croyoient un Dieu, et de là vient que l'on croit ceste terre avoir quelque vertu contre les bestes veneneuses, et qu'en ceste isle ne se trouvent point de serpens ou autres animaux qui portent poison ; mais je maintiens que ces ciarlatans vendent d'autre terre semblable à celle-cy, et souvent quelque pièce de chaux, au detriment du peuple, lequel, picqué d'un serpent, croyant trouver secours en ceste pretendue terre de sainct Paul, il l'employe, et, n'en recevant aucun soulagement, ne se pourvoit pourtant pas d'autres remèdes : ainsi demeure sans argent qu'il a mal employé, et souvent privé de la vie. A cest erreur le grand maistre de Malthe pourroit facilement remedier à la façon du grand Turc, lequel en ses terres fait sceeler de son sceau le bol Armène et la terre Sigillée, tant pour donner asseurance qu'elles sont les vrayes, que pour oster les moyens de les falsifier et sophistiquer.

Ce sont là les principales fourbes et tromperies des ciarlatans de nostre temps, desquelles on peut aysement conclure de toutes les autres, lesquelles, ayant pour couronne le mensonge, et cestuy-cy aboutissant à la fraude, et n'estant jamais menteur qui ne fût larron, ny larron qui ne fût menteur, que chacun pense quelle vertu ou verité peut estre aux choses qu'ils vendent.

Il seroit donc bien à propos que monsieur le Lieutenant civil bannist ceste sorte de gens de la ville de Paris, qui sucent le sang et la substance du pauvre peuple, luy tirant l'argent des mains, lequel ils gaignent avec tant de peine, et qui seroit le soustien de leurs pauvres familles; puis, ces gens, enrichis de leurs despouilles, s'en mocquent et en triomphent en nos presences, vestus de leurs riches et superbes vestemens. Et que cecy soit grandement considerable, il appert en ce que nous avons cogneu un nommé Denys l'Escot, qui se vantoit qu'en dix ans qu'il faisoit le mestier de ciarlatan il avoit gaigné cinquante mil escus, et chacun voit ce que gaignent à Paris Tabarin et Mondor; aussi faut-il que leurs gains soient grands pour nourrir tant de bouches, pour mener avec eux leur attirail, violons, basteleurs, gratians, femmes, enfans, serviteurs et servantes. Et, comme il seroit très-expedient de les bannir pour le bien et utilité du pauvre, joint aussi que leurs remèdes ont plus fait de mal que de bien, comme je m'en suis enquis de plusieurs, et je prens à tesmoins ceux qui les ont employez, aussi seroit-ce chose très-saincte de les congedier, pour oster la cause et le pretexte de commettre tant de pechez mortels, perpetrez comme par ces ciarlatans, aussi par un millier d'escoutans qui leur assistent, et c'est de quoy je propose de traitter au chapitre suivant.

Chapitre VII.

De l'erreur qui se commet à escouter les ciarlatans.

CE n'est pas mon intention de discourir de l'erreur que commet le peuple en escoutant les ciarlatans, sinon en tant qu'il est grandement prejudiciable aux malades, et que leur donner audience est la cause principale que l'on achepte leurs medicamens pleins de dol et de tromperie; tant s'en faut qu'ils apportent quelque utilité, mais plustost dommage, et ce en deux façons : Premièrement, parce qu'ils ne font point les effects qu'ils promettent, et ne le peuvent, comme j'ay monstré cy-dessus; en second lieu, parce qu'en attendant leur operation et leur effect, on perd l'occasion de se servir d'autres remèdes pour le soulagement de la maladie. N'escouter donc pas leur babil et leurs sornettes, c'est fuir de croire à leurs mensonges, et par consequent eviter l'occasion d'achepter de leurs drogues.

Mais d'autant que je ne croy pas qu'il se puisse trouver une raison plus forte et plus puissante pour en destourner l'homme chrestien que de dire qu'on ne peut les escouter sans scrupule de peché mortel, je me suis resolu de l'esclarcir en ce chapitre, et, pour en parler avec ordre et fondement, je me serviray de ce qu'apporte à ce propos sainct Thomas en la 22. question 169, art. 2, où il recherche si parmy les jeux il se peut trouver quelque chose de vertueux; et là, pour trouver quelque belle distinction à l'esclaircissement de ceste matière, il produit, et admirablement selon sa coustume, un fleuve de philosophie, duquel je me serviray, disant en ceste sorte: Les actions des ciarlatans ont deux parties: sçavoir, la fin, et les moyens tendans à ceste fin. La fin est de vendre leur drogue; les moyens sont, outre les mensonges, les farces et comedies representées par des basteleurs. J'ay desjà dit cy-dessus que leur fin est très-meschante, cousue de mille bavarderies, et tissue d'autant d'impostures; les moyens, qui sont leurs jeux et comedies, voyons de quelle nature ils sont. Sainct Thomas, au lieu sus-allegué, conclud que les jeux des theatres sont non seulement convenables, mais necessaires à l'homme, par le tesmoignage de sainct Augustin au livre II. de *la Musique*, et par celuy d'Aristote au X. livre de l'*Ethique*, chapitre 5, où il constitue ès jeux ceste vertu que nous appellons Eutrapelie; laquelle n'est autre chose qu'une certaine joyeuseté qui se sent à l'ouye des paroles ou sentences plaisantes, des bons mots ou faceties; et la raison par laquelle il demonstre que tels jeux sont necessaires à l'homme est très-belle : c'est que l'homme estant composé d'ame et de corps, et comme ces deux substances sont finies et bornées, aussi leur vigueur et vertu est pareillement finie et limitée, et pour ceste raison ne peut peiner ou travailler incessamment, mais a besoin de quelque repos, et d'autant que ces travaux et ces fatigues sont de deux sortes, selon la difference de leurs parties, sçavoir, les unes corporelles, les autres spirituelles. Les corporelles consistent aux exercices du corps, les spirituelles aux contemplations et meditations de l'ame : c'est pourquoy le corps a besoin de repos, qui est de se departir du travail; et l'ame, quant à elle, en aura aussi besoin. Mais d'autant que le repos de l'ame c'est la delectation, et que les jeux des theatres apportent admirablement ceste delectation, pour ceste raison ces jeux sont necessaires à l'homme quand par iceux il jouit de l'un et de l'autre repos : du repos du corps, parce qu'estant là present, il ne travaille point; de celuy de l'ame, parce que dans ces jeux il reçoit du plaisir ; et à bon droit Caton disoit :

Interpone tuis interdum gaudia curis,
Ut quemvis animo possis perferre laborem.

Pour ceste raison, Dieu commanda à son peuple le repos du jour du Sabbat pour restaurer le corps et l'ame, pareillement par le culte et l'observance des sacrées ceremonies ; et pour le mesme regard de ce double repos, les Gentils instituèrent leurs jeux olympiques, les seculiers et autres, desquels cy-dessus nous avons suffisamment parlé. Aussi voyons-nous par experience que ceux qui s'attachent trop aux exercices tant du corps que de l'ame, ou ne vivent pas longuement, ou deviennent assez ordinairement fols. C'est pour cela qu'Aristote, au IV. de l'*Ethique*, dit que dans l'humaine conversation on jouyt de quelque repos parmy les jeux; et sainct Thomas, à ce propos, raconte un gentil exemple de sainct Jean l'Evangeliste. Ce sainct personnage jouant un jour avec ses disciples, il fut apperceu d'un autre disciple, qui s'en scandalisa. Ce qu'estant bien recogneu par sainct Jean, il pria l'un des compagnons de celuy qui s'en scandalisoit, et qui portoit un arc avec des flesches, que de grâce et de courtoisie il voulust tirer quelques flesches à un but qu'il luy monstroit. Cestuy-cy fut prompt à obeir; mais, en ayant decoché un grand nombre, il se reposa, et, sainct Jean luy ayant demandé pourquoy il se reposoit, il lui respondit que, s'il vouloit continuer à bander l'arc tant de fois, que sans doute il le romperoit. Aussi tost repartit sainct Jean, disant que le semblable aussi arriveroit à la nature humaine, laquelle si nous voulions tenir asservie en une affliction ou meditation perpetuelle, sans luy donner quelque recreation ou plaisir honneste, sans doute elle se destruiroit. A ce propos je me souviens d'avoir leu dans Elian, au liv. X, *De varia historia*, que Hercule, après la sueur des combats, prenoit plaisir de jouer avec les petits enfans; que Socrate fut trouvé par Alcibiades s'esbatant avec un jeune enfant nommé Lamproche; et de plus, que le roy Agesilaus chevauchoit un roseau pour faire compagnie à un sien fils qui l'avoit induit à ce faire, et s'estant retourné vers un qui s'en mocquoit, luy dit : Tais-toy; quand tu auras des enfans tu jugeras de ce que je fais [1]. Il est donc suffisamment manifeste que pour la fragilité de nostre nature la recreation des jeux est necessaire; c'est pourquoy ont esté inventez tant de jeux et de si differentes sortes, lesquels, jaçoit qu'instituez à bonne fin, l'abus, neantmoins, et le diable, père de l'abus, les a convertis en vices, estant veritable qu'infinis jeux se font, non pour recreation et esbatement, mais pour quelque defaut ou pour l'avarice, causant bien souvent la perte des biens et de l'ame. Or, pour retourner à mon propos, le jeu est necessaire à l'homme pour delecter l'esprit et le corps; mais d'autant que l'homme doit regler ses actions par la raison, la meilleure partie estant raisonnable, et dont Aristote rend la cause au liv. IV. des *Morales*, chapitre 8, disant que, si l'action humaine est compassée par la raison, elle naist et procède d'une habitude ou principe de la vertu morale, aussi les jeux esquels l'homme prend son plaisir doivent estre conduits et reglez par la raison, et, comme dit sainct Thomas, au livre préallegué, ils doivent avoir trois conditions : la première, qu'en tels jeux il ne se profère aucune parole salle ou

---

[1]. Cette anecdote nous en rappelle une autre concernant Henri IV. Ce monarque, aussi excellent père que prince magnanime, jouant un jour avec son enfant, se traînoit courbé sur un riche tapis quand l'ambassadeur d'Espagne entre sans se faire annoncer. Etonné de ce qu'il voit, il s'arrête. Le Roi lui demande alors s'il est père. Sur sa réponse affirmative : « Eh bien, dit Henri IV, je continue. »

deshonneste; la seconde, qu'il ne s'y commette point d'actions illicites; la troisiesme, qu'ils se facent à propos, en temps et lieu. La première condition se tire de Ciceron, qui divise le jeu en celuy qui est honneste et liberal, et en celuy qui est lascif et meschant. Le premier est necessaire à l'homme; l'autre est mal séant et peu convenable. La seconde condition se tire de sainct Ambroise, lequel, au livre de son *Courtisan catholique*, escrit ainsi: *Caveamus ne dum relaxare animum volumus, solvamus omnem harmoniam, quasi concentum quemdam bonorum operum.* Et partant, Ciceron, au livre des *Offices*, dit à ce propos: *Sicut pueris non omnem licentiam damus, sed eam quæ ab honestis actionibus non est aliena.* La troisiesme condition se tire du mesme Ciceron, dans ses *Offices*, où il enseigne quand et comment se doit recreer l'esprit au jeu, en disant: *Ludo et joco uti licet sicut somno et quiete*; c'est à dire que comme dormir tousjours et estre en oysiveté nuiroit grandement à l'homme, pour estre l'oysiveté propre à enerver le plus fort et genereux athlète, aussi, jouer, gaudir et railler incessamment, est fort messeant à l'homme qui règle ses actions au niveau de la raison, et par ainsi les jeux se doivent faire en temps oportun.

Or, de ceste excellente doctrine de sainct Thomas naist ceste très-belle distinction qui enseigne si s'arrester et prendre plaisir à escouter les ciarlatans est peché mortel ou non, de laquelle nous traicterons au chapitre suivant.

Chapitre VIII.

Qui enseigne par le tesmoignage de sainct Thomas que l'on ne peut escouter les ciarlatans sans scrupule de peché mortel.

Des enseignemens donnez au chapitre precedent se puise ceste très-belle distinction : Les jeux des theatres, ou de quelque sorte que ce soit, sont de deux sortes : les uns sont honnestes, les autres deshonnestes ; les uns vertueux, les autres vitieux ; aucuns dignes de louanges, les autres de blasme. Les honnestes et vertueux, et qui sont louables, sont ceux qui ont les susdites conditions proposées au chapitre precedent. Les deshonnestes, vitieux et blasmables, sont ceux qui contiennent des paroles sales, actions mal honnestes et qui se font hors temps et saison. Mais les jeux des ciarlatans d'aujourd'huy ont en soy les trois susdites mauvaises conditions, et n'ont aucune des bonnes ; ils sont donc vitieux, illicites et deshonnestes. Mais, qui plus est, sainct Thomas, en la 22. question, 168. art., enseigne que l'homme qui assiste à tels jeux qui n'ont les trois susdites bonnes conditions pèche mortellement. Or, chacun sçait que ceux des ciarlatans ne les ont en façon quelconque ; reste donc qu'en y assistant l'on y commette certainement un peché mortel. A ces raisons j'en adjousteray une autre : Si d'assister aux jeux illicites et vitieux il y a scrupule de peché mortel, à plus forte raison d'estre present à ceux où il y va de l'interest, de l'honneur de Dieu et du dommage du prochain. Mais aux jeux des ciarlatans se trouve l'un et l'autre interest, tant pour les parjures et faux sermens, que pour ce que, comme jay dit cy-dessus, le mensonge est celuy qui comble et couronne toutes les plus nobles actions de telles gens; mais encore y va le dommage du prochain, puis que la fin du ciarlatan termine et aboutit dans la tromperie. C'est donc par toutes raisons encourir peché mortel de leur donner audience, voire d'autant plus grand qu'avec vostre presence, encores achetez-vous souvent de leurs drogues; non que peut estre vous croyez ou ayez intention de vous en servir, mais seulement pour leur donner courage de continuer leurs bouffonneries; et partant, sainct Augustin, au 10. traicté *sur saint Jean*, dit clairement : *Dare res suas histrionibus vitium est immane*, par ceste reigle : *Qui causam damni dat, damnum dedisse videtur*. Que s'ils voyoient n'avoir point celle belle audience et assistance, sans doute qu'ils deviendroient plus sages; et s'il ne se trouvoit tant de fols qui creussent à leurs mensonges et ouvrissent leurs bourses, ils se resoudroient de faire un autre mestier. Je ne nie pas que, si le ciarlatan, parmy ses comedies, apportoit l'honnesteté et qu'en ses faits et paroles il evitast le mensonge et la tromperie, en ne se point meslant de la medecine, que l'on ne peust l'escouter; mesme je confesse que ces jeux seroient vertueux, et que pour y prendre recreation l'on pourroit y donner audience sans aucun peché, voire mesme ils recevroient beaucoup d'utilité et de profit en vendant des savonettes, pomades, petits portraits, anneaux pour la crampe, petites histoires, poudre à blanchir les dents, paste pour les cors, parfums et semblables gentillesses [1]; mais assister à la pluspart de ceux d'aujourd'huy, qui n'ont autre visée parmy leurs passetemps que de tromper, autres preuves que se parjurer, autre soin que de desrober, c'est un très-grand peché; et toutefois ce pauvre peuple se rompt le col pour y courir, commettant en ceste façon trois lourdes fautes : la première, de perdre son ame par le peché; la seconde, d'achepter leurs drogues comme ayant quelque vertu, et qui toutesfois n'en ont point; la troisiesme, de prendre remede de ceux lesquels sans donner soulagement font perdre l'occasion d'avoir recours à de meilleurs, et ainsi souvent le malade ou meurt ou demeure estropié. Mais, me dira quelqu'un, je les escoute pour ce qu'encores je voy plusieurs doctes et graves personnages achepter de leurs remèdes, et, faisant comme eux, je croy ne point faillir. Je respons que telle raison n'est pas vallable, premièrement, par ce qu'on doit tousjours prendre exemple et imiter les plus gens de bien. Que si nous voyons quelquesfois des gens sçavans et d'une condition relevée assister à leurs comedies, il s'en trouvera d'autres, voire trois fois autant, et gens lettrez,

---

[1]. Ce qu'on vient de lire démontre évidemment que la haine des médecins pour les charlatans étoit surtout excitée en raison du tort qu'ils leur causoient ; cela s'explique : jalousie de métier.

qui n'y vont pas. Imite donc en cecy plustost les uns que les autres. Que si tu voyois quelque docte et sçavant homme se jetter par une fenestre, voudrois-tu, pource qu'il est tel, aussi faire le semblable? Non certainement. Ceste raison donc, tirée de l'imitation, ne vaut rien, outre que si un qui est plus que toy veut faire largesse de son argent, ce n'est pas à dire que pour cela, s'il achepte de leurs bagatelles, tu doives aussi y employer le tien, et pour eux soustraire le pain de ta pauvre famille. Mais pense-tu qu'il y ayt aucun homme docte ou d'entendement qui se plaise à ouyr des mensonges, et voir les manifestes tromperies commises envers son prochain? Or, quand ils preschent, à bouche ouverte et plein gosier, que leurs medicamens guerissent en un moment toutes sortes de maux, qu'est-ce autre chose que mentir impudemment et tendre des pieges aux simples par si frauduleuses impostures? Et quand ils afferment que dans les susdits medicamens ils ont meslé des racines cueillies dans le mont Caucase, ou mont Riphéen, avec quelque suc apporté nouvellement de l'Arabie Heureuse, ou d'une graine cueillie dans les isles perdues, voire mesme qu'il y entre de la graisse du Phœnix, un homme de cœur et de courage, un homme sçavant, pourra-il demeurer constant et ne s'enfuir pas, et ne leur pas cracher au visage?

Mais pour mettre fin à ce discours par une curiosité non commune, icy me dira le lecteur qu'ayant esté faicte mention du phœnix, il desire sçavoir si veritablement il se trouve et si son renouvellement et sa resurrection, comme elle se publie parmy le monde, est veritable. Je luy respondray pour closture de ce discours, et en diray trois choses, sçavoir : si le phœnix est, combien il vit, et comment il naist, priant le lecteur, en premier lieu, qu'il m'excuse en ceste digression, et qu'il pardonne à la curiosité du subject ; voire mesmes je recognois que ce mestier des ciarlatans est si attrayant et si babillard, qu'il s'attache mesme à moy qui en escris les imperfections, me faisant comme participant de son caquet et de son babil. C'est pourquoy j'appelleray à bon droit ceste digression discours babillard, non pas qu'il ne contienne verité, mais pource qu'il est plus curieux que necessaire.

Or, combien que Torquato Tasso, dans son Monde creé, ayt plus que divinement escrit du phœnix, neantmoins la difference de la ritme d'avec la prose fera aussi mon discours different du sien.

Qu'il y ayt un phœnix, tous les autheurs qui en ont escrit le tiennent pour constant, voire mesme tous sont d'accord qu'il est unique en tout le monde, plus beau que le paon, de la grandeur de l'aigle, de couleur d'escarlate, mais l'entour de son col de couleur d'or, la queue de couleur d'eau marine, avec quelque plumage rouge qui la diversifie, ayant sur sa teste un beau pennache, ainsi que la creste d'une poule padouane, et de très-belles couleurs. Ce phœnix prend sa naissance et vit seulement dans l'Arabie Heureuse, et jamais aucun ne l'a veu manger : et c'est l'unique oyseau au monde lequel, approchant de sa vieillesse, par un instinct de nature, recueille et ramasse maintes pièces de cinna-

mome et des rameaux d'encens, et en fait comme
un nid, le remplissant d'odeurs très-precieuses;
puis, s'estant dessus estendu, se meurt. Lors,
après un espace de temps, des os d'iceluy se
forme un petit vermisseau, lequel finalement devient petit oyseau semblable au phœnix defunct;
puis, devenu grand, il porte tout ce nid près la
Panchaïe, en la ville du Soleil, le posant sur
son autel. De ceste histoire plusieurs saincts
Pères et sçavans personnages ont puisé une raison par laquelle ils prouvent que la resurrection
des morts n'est point impossible en la nature,
comme sainct Cyrille en la 18. catechèse, sainct
Ambroise au liv. V de l'*Exameron*, au chap. 23,
et Tertullien en son livre *De la Resurrection de
la chair*; et d'autant que ses parolles sont trèsbelles, il ne sera hors de propos de les coucher
icy : *Accipe hujus resurrectionis plenissimum atque
firmissimum hujus spei specimen; si quidem animalis est res, et vitæ obnoxia et morti, illi dico alitem,
Orientis peculiarem de singularitate famosum, de
posteritate monstruosum, qui semetipsum lubenter
funerans renovat, natali fine decedens, atque succedens iterum phœnix ubi jam nemo iterum ipse, qui
non jam alius idem.* Et combien que Pline, au
X. liv. de l'*Histoire naturelle*, chap. 2, ayt peine
à croire qu'il y ayt un phœnix au monde, en
disant : *Haud scio an fabulosum*, neantmoins tant
de si fameux escrivains, voulans prouver la resurrection des corps, tant difficile à la nature,
n'auroient pas pris pour fondement une fable ou
chose feinte. Ceste verité est donc certaine;
outre que les Portugais et les Espagnols, en
leurs navigations, rapportent avoir veu de sem-

blables oyseaux. Et le Pretejan, grand empereur en Ethiopie, en une sienne lettre escrite à Leon X, souverain pontife, si je ne m'abuse, afferme que dans ses terres vit le phœnix ; et Philostrate, en la *Vie d'Apollonius Thianeus*, au liv. III, asseure qu'il y a un phœnix, comme aussi Nicephore Caliste au liv. IX. de l'*Histoire evangelique*, chap. 19 ; Herodote, au liv. II, Solinus, chap. 48 ; Tacite au liv. V. de ses *Annales*, Suidas et Appian. Mais Genebrard, au liv. III. de sa *Chronographie*, raconte qu'au temps de Claudius Cæsar, empereur, 800 ans après la ville bastie, l'année du consulat de Q. Panutius et de Sextus Papirius, fut porté de l'Egypte à Rome un phœnix vivant, mis et exposé à la veue des comices publics. Cet oyseau vit 660 ans, comme tesmoigne Manilius, rapporté par Pline ; mais Solin veut qu'il vive 540 ans. Pomponius Mela dit que sa vie ne passe point 500 ans ; mais, quoy qu'il en soit, c'est chose claire qu'il doit vivre long temps, puis que tous les autheurs contestent au dessus de 500 ans. Mais la difficulté est plus grande de sçavoir s'il prend seulement sa naissance des os du phœnix defunct, parce que, si ainsi estoit, il s'ensuivroit que de celuy qui mourut à Rome eust prise son origine toute la race des phœnix, d'autant que nous lisons qu'il fut porté à Rome, mais non pas que de luy d'autres fussent nais. Mais d'autant qu'après cestuy là il s'en est veu d'autres, je croy (me rapportant neantmoins à la verité de l'histoire) qu'ils viennent par generation naturelle, bien que très-rares, et ce renouvellement qu'ils font dans leur nid avec les parfums et le cynnamome, à la veue du soleil, je le croy aussi, mais c'est à mon advis pour rajeunir ou se liberer de quelque infirmité, ainsi que recite Albert le Grand, que les hirondelles, dans leur nid, illuminent avec la chelidoine les yeux de leurs petits aveugles. Or, maintenant, quand les ciarlatans vendent des huiles ou onguents esquels ils disent entrer la graisse du phœnix ou de l'oyseau de paradis, qui peut le croire le croye.

Icy finira mon discours, lequel asseurement (bien que ce soit mon dessein de n'offencer jamais personne) offencera Tabarin, Mondor et de Combes, eux-mesmes recognoissans assez que je dis la pure verité. Car combien de fois les avons-nous veus dans leurs chambres, après avoir remply leurs coffres de nostre argent, et gorgez de nos despouilles, se mocquer de nous avec pitié et compassion de nostre simplicité? Mais ils disent que la necessité, qui n'a point de loy, les y contraint, et qu'ils profitent plus en ceste profession que nous en la nostre. Mais ce n'est pas assez : il faut estre homme d'honneur, et ne pas tousjours servir de ciarlatan, de bouffon ou de basteleur. Quant à Mondor, il a de l'esprit et un peu de lettres, et seroit capable, s'il vouloit, d'une vacation plus honorable. Il est civil et courtois, ostant son chapeau bien honnestement et avec un doux soubsris, quand il renvoye le mouchoir ou le gand. Quant à de Combes, il est grossier et rustaud, il ne sçait lire ny escrire, ny parler, et le peu d'audience qu'on luy donne le fait tenir, comme il est, pour le plus ignorant ciarlatan et le plus effronté menteur qui ayt monté jamais en banc. Or, je leur dedie cet escrit pour un remerciement des fausses drogues qu'ils m'ont souventesfois donné; je les voulois cognoistre devant que les condamner.

FIN.

L'ORDRE DES CHAPITRES.

Pages.

I. Que c'est un grand erreur d'achepter des remèdes ou prendre conseil des ciarlatans pour des infirmes ou malades 233

II. Les causes de l'erreur susdit. 240

III. De l'origine des ciarlatans 248

IV. Des mœurs des ciarlatans 253

V. Des fourbes et tromperies des ciarlatans et leur descouverte 259

VI. Tromperies desquelles les ciarlatans usoient au temps de Galien 269

VII. De l'erreur qui se commet à ouyr les ciarlatans. 274

VIII. Que par le tesmoignage de sainct Thomas on ne peut les escouter sans scrupule de peché mortel, avec une digression sur le Phœnix, et conclusion du discours 280

JARDIN
RECUEIL, TRESOR

ABREGÉ

DE SECRETS, JEUX, FACETIES

GAUSSERIES, PASSETEMPS

Composez, fabricquez, experimentez et mis en lumière par votre serviteur Tabarin de Val-Burlesque, à plaisirs et contentement des esprits curieux

A SENS

Chez George NIVERD, jouxte la copie imprimée

M.DC.XIX

AU LECTEUR

SALUT ET BON TEMPS.

Tous les philosophes, tant Peripapetechiens que Stogniques, ont creu que la félicité humaine consistoit en ces deux mots : Bene vivere et lætari, concluant que cent ans de melancolie ne paieront jamais pour un liard de debtes. C'est la cause pourquoy je vous ay voulu mettre ensemble ce petit abbregé de mes plus jolies subtilitez, pour vous en faire present, comme d'un moyen pour vous entretenir joyeux. Ayez doncques ce mien labeur agreable; que si vous le regardez de bon œil, comme j'espère, je vous promets de tacher toute ma vie de vous servir, honorer, obeir, et despendre tout à faict de vos commandements, comme celuy qui souhaitte d'estre

Votre serviteur,

TABARIN.

Pour faire que tous ceulx qui seront en un bal, ou autre assemblée, esternuront tous à la fois.

Prenez euforbe, piretre et ellebore blanc, de chascun esgalle portion; reduisés le tout en poudre bien subtile, et d'icelle avecque un tuyeau de plume soufflerés par la chambre où il y aura du monde, et vous verrés l'experience.

Pour faire grater.

Prenez alun de plume et le bien pulverisez, et en metterés dans les linceulx, ou sur le privé, ou dans le col de quelqu'un, ou autrement, en sorte que ladite poudre touche la chair, et vous verrés l'effect.

Pour faire peter.

Prenez fleurs de chastaignes, et les seichez au four tant qu'on les puisse reduire en poudre, et d'icelles metterés dans le potage ou autre liqueur de qui voudrés avoir le plaisir.

Pour faire que la viande portée sur table semblera pleine de vers.

Prenez une corde de luth coupée en petites pièces, et icelles petites pièces metterés sur la viande encor' chaude, et la chaleur les fera mouvoir et sautteler comme si c'est des vers.

Pour empescher un pot de boullir.

Ayez une pièce de plomb large environ comme la main, et espoise d'un travers de doigt, et la gettez au fond d'un pot, et infaliblement l'empeschera de boullir.

Pour empescher à qui vous voudrez d'avaller le morceau estant à table.

Prenez d'une herbe appellée Aaron, ou autrement Iarus, laquelle est assés commune, et croist le long des hayes et ès lieux ombrageux ; d'icelle metterés dans une sallade, et tascherés que celuy de qui vous voudrés avoir le plaisir en mange ; et si tost ne pourra avaler le morceau, et demeurera long temps en ceste peine si vous ne luy faictes gargariser un peu de vinaigre fort, lequel le sortira à l'instant de peine.

Pour faire courir un œuf par la chambre sans que personne le touche.

Videz un œuf, en lui faisant deux petits trous à chaque bout, et soufflant dehors la matière ; et apprès prenez un escarvage (c'est un de ces petits animaux qui sont ordinairement sur la fiente de cheval), et, eslargissant un des pertuis, le ferés entrer dans ledit œuf, puis vous boucherez l'un et l'autre trou avecque un peu de cire blanche plus proprement que pourrez ; après de nuict le metterés dans la chambre, et, en luy approchant une chandelle, l'animal se remuant fera que l'œuf vous suivra par tout.

Pour tuer et plumer un oyseau tout d'un coup.

Chargez vostre arquebuse de limaille d'acier au lieu de dragée, et tirez à l'oiseau, et vous en verrés l'effect : notez que ladite limaille ne porte pas si loing que la dragée.

Pour faire pendre une bouteille de verre au plancher, et la rompre, et le vin demeurera, encores que les pièces de la bouteille tombent.

Prenez une bouteille de verre assez grande, et laquelle aye le col large ; puis vous prendrés une vecie de porc ou d'autre animal, laquelle vous meterés dans ladite bouteille, faisant en sorte que le col en demeure dehors ; puis vous l'emplirez de vin clairet et la pendrés au plancher ; puis d'un baston frapperés la bouteille, laquelle tombera en pièces ; et neant-moins le vin contenu dans la vecie semblera demeurer en l'air. Le jeu en est fort plaisant.

Pour escrire une missive sur les espaulles ou autres parties du corps d'un messager, et les lettres ne paroistront que quand celuy à qui vous escrivez les voudra lire.

Escrivez avecque une plume et de l'urine ce que vous desirez sur les espaules, mains ou autre partie du corps, et apprès faites seicher les lettres, et elles ne se verront poinct ; les voulant lire, brulez du papier, et de ce qui en demeure apprès estre bruslé frotez le lieu où vous aurez escript, et les lettres paroistront incontinent. C'est un secret admirable.

Secret admirable pour coupper une pomme en quatre, huict ou plusieurs pièces, sans entamer la peau.

Prenez une esguille enfilée de fil et commencés à circuir la pomme par desoubs la peau, remettant tousjours l'esguille par le mesme trou d'où vous la tirerés ; et, l'ayant ainsi circuit d'un costé, tirez le filet en double, et vous la partirés par le milieu ; puis, recommençant à en faire de mesme d'un autre costé et par le mesme moyen, la partirés en tant de pièces que vous voudrez. Apprès presentez ladite pomme à quelcun, lequel l'ayant pelée, nonobstant que la peau soit entière, il trouvera le dedans coupé.

Pour couper un fil en plusieurs pièces et le faire revenir entier.

Prenez deux esguilliées de fil bien deslié, esgallement longues, une des quelles vous cacherés entre vos doigts, et l'autre ferez coupper en tant de morceaux qu'il vous plaira ; et, feignant de prendre quelque poudre dans vostre pochette, lairés tomber la couppée, et monstrerés l'entière.

Pour faire tenir un œuf au bout des doigts, et le faire tourner à l'entour de la main.

Fault faire deux troux au milieu de l'œuf, et par iceux sussant, ou par autre moyen, le vider du tout, et après faire passer par les dicts trous un poil blanc de cheval et le nouer en sorte que le doigt passe, et par ce moyen vous ferez le jeu.

Pour faire que celuy ou celle que vous voudrez, s'essuyant la face à une serviette, devienne noir.

Prenez noix de galles et vitriol, de chascun esgalle portion, et les reduisés en poudre bien subtille, de laquelle vous poudroirés une serviette, laquelle demeurera aussi blanche comme auparavant, et neantmoings qui s'y essuyera demeurera aussi noir qu'un more : c'est un secret fort plaisant.

Pour chasser les taupes d'un jardin, prez ou autre lieu.

Prenez du chanvre alors qu'il est en fleur, et enterrerés des poinctes environ un pied soubs terre, esloignées l'une de l'autre environ dix pas, et vous verrés que c'est un excellent secret.

Pour faire une bague la quelle sauItera sans que personne la touche.

Faictes faire une bague de cuivre, fer ou autre metail creusé, et la remplisés d'argent vif, et apprès vous souldrez bien l'ouverture ; quand vous voudrez en avoir le plaisir, faictes la chaufer, et apprès la mettez au milieu de la chambre, et elle sautelera, ou bien la gettez dans un four chaud, et vous verrez le plaisir.

FIN.

BON JOUR ET BON AN

A MESSIEURS LES CORNARDS DE PARIS

ET DE LYON

Avec les priviléges de la grande confrairie des Jans

CEUX QUI SONT MORVEUX SE MOUCHENT

Par le sieur TABARIN

A LYON

Jouxte la coppie imprimée à Paris

M.DC.XX

Ma corne estant trop foible en bas,
Messieurs, j'en porte sur ma teste.
Mais, las! ne vous y tastez pas,
Vous vous trouveriez de la feste.

SONNET.

UN quidam fort cornu, remply d'effronterie,
S'en alloit discourant d'une fille d'honneur
Un jour en se mocquant; mais un tel des-honneur
A ce coup a versé sur luy sa raillerie.

Il n'est desormais temps qu'il se mocque et se rie,
Maintenant que sur luy est tombé le ma heur,
Et qu'il n'a plus moyen de recouvrer un heur
Qui le puisse exempter de ceste gausserie.

Car sa femme disoit un jour, en s'esbatant,
Qu'elle vouloit gager dix escus tout contant
Qu'il n'avoit pas l'esprit d'avoir un pucelage.

Ne vous esbayssez s'il n'a pas eu le sien,
Voyant qu'elle soustient qu'elle prouvera bien
Que pour un tel subject trop foible est son courage.

Il se tient à la Corne, à l'enseigne du poreau qui est sur la mote du c.. de sa femme.

BON JOUR ET BON AN

A MESSIEURS LES CORNARDS DE PARIS

ET DE LYON

Avec les priviléges de la grande confrairie des Jans

CEUX QUI SONT MORVEUX SE MOUCHENT.

Par le sieur TABARIN

Vrayement, veu la bonne audience, et, ce qui est encore meilleur, la grande quantité d'argent que messieurs de Paris me prestent tous les jours, à jamais rendre, ce seroit une espèce d'ingratitude si à tout le moins je ne leur monstrois quelque sorte de recognoissance, et qu'à ce jour de l'an je ne leur donnasse quelque chose en bonne estreine selon ma petite commodité. Estant donc profondement emprofondy en contemplation, comme c'est mon ordinaire, de songer par quel moyen je pourrois contenter tout le monde, j'ay reuminé en mon esprit quels les premiers je pourrois contenter, et par quel moyen. Or, je m'arraisonnois pantalonesquement en ceste sorte : Pour contenter tout le monde, *me miseran*, comment feray-je ? Il faudroit commencer par un bout, et rachever par l'autre ; mais il me faudroit bien des choses à mon chosier pour en donner à chacun, voire mesme quand ma gybsière auroit autant de recoings que la conscience de ceux qui manient les finances. Car, comme par exemple, si je voulois donner les estreines à un ecclesiastique, luy aller porter un rogaton où fussent escrits quelques vers à ses louanges, pour des paroles il me rendroit des promesses, et se mocqueroit de moy le monde, ne faisant plus estat de rien que de la pureté, et ne cherchant ny ne faisant cas de rien que de l'or, à cause que c'est un metail qui ne reçoit point corruption.

D'aller aussi porter des sornettes ou sonnets à un president, conseiller, ou autres de mesme espèce, il me respondroit qu'il a assez de teste rompue à lire des placets, et qu'il ne manque point de torche-culs. Un thresorier n'en feroit compte ; un marchant ne seroit pas capable de ma science.

Bref, je ne sçay comme il faudroit faire pour contenter tout le monde selon sa volonté et selon ma pauvreté. Sur ceste irresolution, je me suis advisé de chercher une trouppe suffisante, qui en commun prendroit en gré mon petit present. C'est à vous, illustrissimes, potentissimes, venerandissimes, cornutissimes cornards, que je m'adresse pour cest effect ; mais pour quelle raison, respondra quelqu'un, plustost aux uns qu'aux autres ? Pource que, m'adressant à vous, je pense m'adresser à une meilleure partie de la ville, et que, si je m'adressois à ceux qui ne le sont point, l'estat estant si commun, je penserois ne devoir estre remercié de personne, qui seroit priver de sa recompense mon labeur, qui n'attend de vous rien autre chose qu'un grand mercy. Or, la première chose que je vous souhaitte en estreine est la patience, vertu recommandable entre ceux de vostre confrerie : car, sans elle, comment pourriez-vous souffrir qu'en vostre presence on baisast, tatonnast et patrouillast vostre marchandise, si vous n'estiez particulierement douez de ce don ? Comment sans icelle pourriez-vous souffrir les injures et calomnies, lesquelles sont ordinaires de vos oreilles ? Comment sans elle pourriez-vous subir l'insupportable commendement de vos femmes ? Comment, dis-je, sans elle, supporteriez-vous les bastonnades, frequent et ordinaire payement et recompense que vous donnent vos aydes ? C'est la première vertu que je vous souhaitte en estreine.

La seconde vertu est la resolution qu'il faut que vous ayez de ne vous soucier de rien et vous mocquer de toutes sortes d'affronts et malheurs qui vous pourroient arriver.

La troisiesme est le silence, le plus difficile à garder de tout, et cestui vous peut sauver les injures, les bastonnades et une plus grande partie de vos afflictions : car, si vous estes fournis d'une belle femme, et que vous ne puissiez tenir, comme reputant cela à honneur, de vous venter que quelque grand la carresse ou quelque beneficier, celuy-là, fasché qu'on le sçache, fera tomber sur vos espaules une impetueuse orage de coups de gourdain. Si, lors aussi qu'il plaist à vostre femme de s'esjouir, et que vous ne vouliez pas, que vous faisiez le facheux, la menassiez et l'appelliez par quelqu'un de ses noms, donnez vous de garde : car ces discours en causeront bien d'autres, et après ses paroles des coups, et puis en fin on vous donnera une lettre de change pour aller en l'autre monde vous chauffer sans argent, toutes lesquelles choses le silence empeschera.

Virtutem primam esse puta compescere linguam,

comme disoit à mon advis ce grand Caton, que la première vertu consiste à avoir l'industrie de bien retenir sa langue.

C'est ce que je souhaitte avec toutes sortes d'autres prosperitez aux cornards volontaires qui ont une femme fidèle qui rapporte le gain de sa boutique à la communauté : beaucoup de marchands qui payent content, et que vos estables soient plustost garnies de mulets que de poulains, et qu'en fin vous teniez vostre maison si nette que vostre hoste ne vous contraigne d'aller en Surie loger en quelque maison où pendent pour enseigne trois bassins.

Or, j'ay parlé des cornards volontaires, pource que ceste confrairie est divisée en trois classes : sçavoir est : cornards volontaires, cornards ignorants qui n'en sçavent rien, et cornards forçats ou contraints.

Quant aux volontaires, sont ceux qui de leur propre instint s'enroollent dans ceste confrairie, meus par quelque defluction de bourse, ou pour estre si mal habiles qu'ils sont contraints d'appeller à la chambre des aydes pour avoir paix au logis. Ceux-cy portent leurs bois d'une autre manière que les autres, car leurs cornes passent leur chappeau; chacun les monstre au doigt, et sont plus vilipendez que les autres, qui se peuvent cacher.

Les ignorants, je crains d'en parler, tant y en a : car si chacun d'eux m'avoit donné un coup, asseurez-vous que je serois bien chargé. Et ceux-cy ne laissent pas d'aller la teste levée par les rues sans crainte d'estre mocquez, car ils pensent estre exempts du bonnet. Ceux qui sont subjects à cela sont les pauvres gens qui tout du long du jour sont hors du logis, vacquent à negotier ou faire des affaires pour acquerir des grandes et fammeuses richesses ; et cependant, en leur logis, de bons compagnons les dissipent joyeusement, et pour recompense luy donnent un heritage si signallé qu'il ne le couppe jamais.

Ceux-là le sont et ne le pensent pas, le voyent et ne le croyent pas, l'oyent et ne l'entendent pas. Et quand mesme ils auroient trouvé le galland avec la gallande, ils penseroient estre yvres ou que la brelue leur tiendroit. Tesmoing un qui depuis peu de temps s'est faict enrooller par force, lequel neantmoins je mets au nombre des ignorants, veu qu'il ne le veut pas sçavoir. Je vous en feray le conte, qui est assés plaisant ; il vous servira d'entretient auprès de vostre feu à ces gras jours.

Un jeune fringant d'assés bonne façon passoit son temps en gausserie, et n'y avoit que pour luy à sacler des cocus, à gausser les cocus, à blasmer et calomnier toutes les femmes de Paris, faisant semblant d'avoir semé dans le champ que seulement il n'avoit pas labouré ; et, si on l'advertissoit qu'il y en avoit encore assés pour luy, il se mocquoit comme estant chose impossible, et nyoit ainsi l'empire puissant de cornerie. Mais en fin, le feu d'amour le commençant à poindre en l'attrayante force de cornage, l'attirant à desirer de l'estre, il cherche, il court, il brosse et s'enquiert par tout le moyen de parvenir à ce hault degré de dignité, promet foy de mariage à l'une, entretient l'autre de parolle, tantost ayme l'une, tantost ayme l'autre, et tant fait en fin comme si c'estoit un destin fatal que le cornage, qu'il espouse une fille du mestier, bonne mesnagère, et qui dès auparavant son mariage, pour espargne, levoit tousjours le cul de peur d'user les draps, fine, accorte, charlatanne, et qui sçavoit bien les moyens d'atrapper le drôle. Le charlatanne tant qu'elle fait en sorte qu'il luy advance un pain sur la fournée, et en fin va malgré tout le monde recevoir ce superbe diadesme aux champs, de peur d'estre cognu et cornu tout ensemble ; dans la ville revient superbe et triomphant, gaillard, jouissant des immunités et franchises, et marchant du pair avec les premiers de son mestier. Il est bien aise de l'estre, et si ne le voudroit pas sçavoir ; estime cela estre gloire, et si ne veut point qu'on luy en parle ; le void bien, et si ne le veut pas croire. Et de vray, il a bon subject de s'en rejouyr : car, entrant dans sa maison, trouve tousjours à disner, ne manque point de compagnie ny d'amis qui l'assistent mesmes jusques à son lict et qui travaillent en son champ jusques à la sueur de leurs corps. Mille autres tels exemples seroient bien de propos, qui seroient trop longs à raconter ; suffise donc de cecy touchant les cornars volontaires, et qui portent des cornes dorées et cornes d'abondance.

Quant aux cornards ignorants, il y en a deux sortes : les uns qui ont si peur de faire, comme ceux qui tastent sur un privé et y trouvent de la merde, qu'ils n'oseroient s'informer ny s'enquerir des actions de leurs femmes, peur de trouver ce qu'ils ne desireroient pas. J'en ay veu de ceste sorte qui, lors qu'on leur vient dire : « Monsieur, j'ay ouy dire que madame ou madamoiselle vostre femme (car il y en a de toutes sortes de conditions) se gouverne mal », respondent : « Sont des calomniateurs. — Mais, Monsieur, excusés moy si je prens la hardiesse de vous le dire, ce dira-on : j'ay veu monsieur tel qui l'entretenoit à ce matin assis sur le bord de vostre lict lors qu'estiez au palais ; je soubçonne quelque chose de mal. — Ce ne sont que niaiseries, ce dira-il alors ; ma femme est si devote, helas ! c'est la pieté mesme ; je suis asseuré qu'elle a la conscience nette de ce costé. Si quelques honnestes hommes d'eglise la viennent visiter, je leur en ay de l'obligation : car, ainsi que chacun se plaist à ce qu'il ayme, ma femme n'est jamais à son aise, qui ayme Dieu de tout son cœur, si elle ne tient tousjours un crucifix, et à faute de ce se contente de baiser et embrasser d'une charité chrestienne les serviteurs de son bien-aymé. » Si on luy dict que ce soit quelque soldat qu'entretienne sa femme ou quelque autre de chez le roy, il respondra en l'excusant qu'il n'a jamais esté ligueux, et qu'il ayme et cherit tant Sa Majesté, que tous ses officiers sont tousjours les très-bien venus chez luy. Bref, quand il verroit sa femme en l'affaire, il diroit que ce sont ses lunettes qui le trompent ou que ce sont quelques illusions diaboliques qui le veulent tenter.

Les autres sont ignorants, et vrays ignorants, qui n'en sçavent rien du tout, et, s'ils en appercoivent quelque petite chose, reputent que c'est leur mauvaise inclination qui leur fait penser mal, et non pas qu'il y en aye ; pourtant ceux-là sont les bien-heureux, leurs cornes servants à grimper en paradis.

Les forçats sont pauvres miserables qui, crainte de coups de bastons, ou contraints par argent que quelque grand leur baille, si leur femme est gentille, n'oseroient remuer les babilloires et sont forcés à l'endurer malgré eux et se taire, encore bien heureux.

Tout cecy soit dict en passant ; mon dessein est, sans avoir esgard à personne et sans vous distinguer les uns d'avec les autres, vous souhaitter une pareille divise, vous encourageant tousjours de mieux en mieux à prendre patience et ne vous point lasser de ce divin chapeau, que mesme les dieux n'ont desdaigné de porter ; puis la grande conformité de vostre nom avec le nom du dieu Janus, dont les antiens celebroient ce jour la feste, vous doit consoler, voire animer à vaillamment soustenir ceste trace, tel ornement à vostre ceste corne, que les antiens ont appellée, et non sans subject, corne d'abondance, puis que toutes sortes de biens, de richesses et de prosperité en arrivent. Bon jour et bon an, et puis c'est tout.

Fin.

LES

ESTREINES

UNIVERSELLES

DE TABARIN

POUR L'AN MIL SIX CENS VINGT ET UN

A toutes sortes d'estatz suivant le temps qui court
envoyées en poste de par de là
le soleil couchant

A ROUEN

Chez Nicolas BROCARD
demeurant devant la chapelle Saint Marc
près de la rue du Figuer

LES

ESTREINES

UNIVERSELLES

DE TABARIN

POUR L'AN MIL SIX CENS VINGT ET UN

A toutes sortes d'estatz suivant le temps qui court envoyées de là le soleil.

Yant depuis un an trois cartz et demy fait le circuit de toute la terre universelle sur une nasselle de verre, mon hoqueton jaune verd me servant de boussolle, ma marotte de baston de Jacob, mon bonnet rond d'astrolabe, et le derrière de ma chemise de voilles, je suis arrivé tout botté et esperonné aux Isles Fortunées, non guère loing du soleil levant, où j'ay trouvé tant de choses rares et superlicoquensieuses que j'en ay desiré faire part, ce premier jour de l'an mil six centz vingt et un, à nos bons amis de par de là. Et premièrement je donne pour estreines à ces courtisans adonisez au premier estage, qui sont follement curieux de leur poil follet, à celle fin de mieux testonner leur barbe, un paire de forces à tondeur et le rateau de quoy Poliphème peignoit sa perruque [1].

Je donne aux boulangers dix despouilles de l'isle de Sicille, cultivée par l'invention de Cerez, pourveu qu'ilz prennent la peine de les faire venir par deçà.

Je donne aux poëttes la toison d'or de Colchos, les pommes des Hesperides, la rosée de Danaé, les deux perles de Cleopâtre et les neuf bouteilles de nectar de Jupiter ;

Aux sculteurs, l'or et l'yvoire du pallais de Menelaüs ;

Aux avares, l'or de Tygranes, de Mitidrathe, et le thresor de Mydas ;

Aux lapidaires, le buffet enperlé de Scaurus, les rubis qui sont sur le nez des mignons de Baccus, et les diamans qui sont aux roches Saint-Adrian ;

Aux frippiers, le manteau d'or d'Agripine, celuy d'escarlate que Denys de Syracuse osta au symulachre de Jupiter, et le louage de leurs habitz de Pantalon ;

Aux fourbisseurs, l'espée de sept pieds et demy

---

1. L'invention de ces jeux d'esprit n'appartient pas à Tabarin ; on en reconnoît le modèle dans *le Triomphe de l'abbaye des Conards...* Rouen, 1587, sous le titre de *Blanque de plusieurs pièces excellentes et rares trouvées dedans les vieilles armoires de l'abbaye et addirez depuis le temps de Noé.* Il n'est pas impossible que le type original remonte encore plus haut.

du geant Bruhier, le heaume de Goliat, la masse d'Hercullez, et l'escu de Persé, où estoit la teste de l'horrible Gorgonne;

Aux chirurgiens, le corps d'une puce pour en faire une anatomie;

Aux basteurs de pavé, des semelles de fer et les bruines de la lune;

Aux maquignons, les chevaux de poste du mont de la Bouille du Pontaudemer, avec les asnes d'Arcadie;

Aux crieurs de noir à noircir, la voix de Stentor et tout le papier brouillé du Pontaritaine, pont de Robec, chambres Ameline basse, Vieil tour et autres;

Aux meusniers, l'armorie de Caudebec;

Aux marchands de grains, trente muitz de bled dans terre, trente sur terre, trente dans leurs greniers, trente dans leurs bourses, et les heritages des boulangers ypotequez, et la canelle des patichers;

Aux taverniers, enfans de Japhet, dont la chantepleure a couru trop fort, cinq centz muys de vin de Cannarie, une grosse de cervelatz, une balle de pastez, de sausisses, d'andouilles, de jambons et autres telles estophes;

Aux tainturiers, le Bresil, qui se chargera d'icy à dix ans au port de Croisset et port Saint-Ouen;

Aux verollez, le bois de Gayac qui vient des Indes, les prunes de Lymosin, le loriot de Cardin, l'orin et les baverettes de la Gargouille;

Aux tanneurs et courroyeurs, les peaux de bœuf qui viennent de l'isle de Sable et le tan des fossez de Bouvereul;

Aux jeunes advocatz, le cours civil, plusieurs causes perdues faute de les plaider, et une douzaine de sacs pendus au croq;

Aux verriers et victriers, cent navires de kaly et de feugère;

Aux faiseurs de miroirs, la glace et le christal des rives septemtrionnalles, avec celuy qui se fera depuis ce premier jour de l'an jusques à la fin de mars;

Aux bastelliers, la nascelle de Charon pour empescher maistre Guillaume de revenir de l'autre monde;

Aux medecins, un recipé de trois ou quatre talens, une mulle bien enharnachée, un ESKclec pour estudier, un Galien in-folio et une fiole plaine d'eau de linx pour juger de l'alteration des intestins;

Aux charpentiers, les vieux chesnes de Paonnie et la figure du labirinthe de Dedale;

Aux boursiers, la gibesière saint Simeon;

Aux gantiers, le noir de Robinette pour enfumer des gans;

Aux parfumeurs, les odeurs de Sabée et l'aloës et l'ambre gris, qui se trouve copieusement en l'isle du Petit-Pré;

Aux philosophes, un nouveau commentaire sur Aristote et un supplement de leurs pensées imaginaires;

Aux logiciens, un traicté sur les individus qui n'a encor esté leu en leurs escolles;

Aux chandeliers, le suif que les chirurgiens laissent au corps des anathomies;

Aux tonneliers, le bois qui croist au camp du Pardon et l'osier de la Myvais;

Aux savetiers, toute la filace que les araignes fillent en esté et la gresse des bonnes maisons de ceste ville ;

Aux geographes, la cosmographie de Thevet et Munster ;

Aux mathematiciens, les machines d'Archimède et les inventions d'Architas et d'Abel ;

Aux astrologiens, une sphère de verre, un compas de christal, un livre de l'art de faire les horoscopes, un nouveau colindre et une fiole d'influence passez dans un crible au clair de la lune ;

Aux patenostriers, tous les os des carcasses des chevaux que Charlot escorche, avec le corail qui se pesche en Seine ;

Aux drappiers Saint-Nigaise, toutes les laines d'Amado et Siville, avec six acres de porreaux et vingt tonneaux d'huile de moulin ;

Aux foulons de draps, la force de Sanson ;

Aux pigneurs de laine, des bras de beurre frais ;

Aux archimistes, une livre d'essence de poudre d'elebore pour fomenter le cerveau, une once d'eau mercurialle, un basteau de charbon, de mercure, d'arsenic, de souphre, de sel armoniac et d'orpimen ;

Aux fourreurs de manchons, toutes les queues des renards qu'ils prendront en courant et la peluche des conilz de soixante et quinze ans ;

Aux faiseurs de victres, la mer christaline ;

Aux avaleurs de vin, les cordes avec qui Orphée retira Euridice des enfers ;

Aux teliers, tout le fil qui se fille au royaume de Surie ;

Aux bonnetiers, le turban du grand Turc et la coiffe de Gallemelle;

Aux laboureurs, la charue d'or du roy Huges;

Aux peintres, un coffre plain de vieilles peintures d'Appelles, de Xeuxis et Parrhase;

Aux serruriers, la forge et les marteaux de Vulcan;

Aux tissotiers, la roupie au nez et la grue aux doigtz pour les tenir chaudement;

Aux pescheurs, les lacts où furent pris Mars et Cipris;

Aux plastriers, les costes de Montmartre;

Aux arracheurs de dentz, celles qui sont aux trois gueulles de Cerbère, portier des enfers, afin d'en faire des escharpes et des cordons de parade;

Aux bons soldatz, l'escu sept fois doublé de Achillez, avec l'espieu de Minerve;

Aux cordiers, toutes les queues des singes du Cap-Verd et la filace des lymassons;

Aux cloutiers et mareschaux, les mines de fer qui sont par delà le soleil levant;

Aux plommiers, la myne de plomb qui est sous le mont Sainte-Catherine;

Aux arbalettriers, les traicts de Ragot ferrez de dentz de poisson, comme ceux des Ameriquains;

Aux faiseurs d'allumettes, cent charettez de bois verd et cent quintaux de neige pour les ensouffrer et les relever d'aller au mont Ecthna mandier du souffre;

Aux musiciens, une livre de tablature et la fluste à Robin, de quoy il faisoit danser les bestes;

Aux architectes, une règle de pierre de Beril et un compas d'ambre tout d'une pièce ;

Aux moustardiers, le flageol de Pan pour siffler leur moustarde, et le caducée de Mercure pour porter leurs barilz ;

Aux arithimeticiens, les nombres de Pithagore ;

Aux gibletiers, cent navires de fer de Lubie, dont on ferre les asnes par deçà ;

Aux banquiers, les thresors du Prête Jean et les trente-six meulles de moulin de Gargantua pour faire leur compte ;

Aux parcheminiers, toutes les peaux de loup que l'on prendra d'icy à vingt ans en Angleterre ;

Aux apoticaires, les simples de Mathiole et Dioscoride ;

Aux plumassiers, le pannache de Bucephale d'Alexandre, et toutes les queues des autruches de Paonnie ;

Aux courtiers de vin, tous les gibletz qui se forment dans le caprice des lunatiques ;

Aux faiseurs d'eguillettes, autant de cuir qu'il en failliroit pour couvrir les fesses de la grosse Rogère ;

Aux horlogers, la theorie des sept planettes ;

Aux espiciers, toutes les drogues de l'Arabie ;

Aux tailleurs, une coppie de la robbe de la sultane de Perse ;

Aux chappeliers, la chappeline de Mercure ;

Aux faiseurs d'eguilles, à un chacun, un paire de lunettes pour leur conserver la veue ;

Aux menuisiers, les portes du temple de Diane en Ephèse.

Aux megissiers, toutes les peaux des brebis

qui se trouverront paistre sur le cocquet de Nostre-Dame;

Aux ceinturiers, l'antien porte-espée de Pantagruel;

Aux papetiers d'Auvergne, toutes les vieilles chemises des pauvres de l'Hostel-Dieu de Paris et Rouen;

Aux rotisseurs, les broches de Tesiphone;

Aux orfévres, la vaisselle du grand Antigonus;

Aux cuisiniers, la marmitte de Radamante;

A ceux qui veullent des cordons de poil, la tonseure des c..s des courtisanes de Paris;

Aux tripières, les intestins d'un escarbot;

Aux dinans et fondeurs, la tour d'airain de Danaé et la cloche de George d'Amboise pour pendre au col de quelque mulet;

Aux cousteliers, les cornes d'Acteon;

Aux ignorans, les oreilles de Midas;

Aux dementibulez, la machoire de Sanson;

Aux entrepreneurs, le char de Phaeton;

Aux vinaigriers, la colère et les vesses des femmes courageuses;

Aux procureurs, l'eloquence de Ciceron et Sainte-Croix;

Aux postillons, les chevaux de Phebus;

Aux cartiers, le vermeillon qui parois aux joues des damoiselles;

Aux merciers grossiers, tout le camelot que les bonnes femmes font en hyver en nostre pays;

Aux blanchœuvres, toute la neige qui tombera cy en après pour blanchir leurs ferailles;

Aux poissonnières, tous les macquereaux qu'ilz auront cet hyver aux jambes et aux fesses;

Finallement, je donne aux femmes les œillades

d'Heleine, les belles parolles de Minerve, les attraitz et les grâces de Venus, la richesse de Junon et les carresses d'Amalthée ;

Aux vielleux, les dents de toutes les carcasses des chevaux qui se trouveront mortz de vieillesse, de poux, de morve ou autre maladie, afin de remonter leurs vielles quand elles seront despechées ;

Aux pages de cour, les reliefz de leurs maistres, la morgue de Rodomont, les idées de Platon, les atomes de Pithagore et les Imaginations de Bruscambille.

Aux villes de France, l'obeissance qu'ilz doivent à leur souverain, le respect qu'ilz luy doivent porter, la crainte qu'ilz doivent avoir de l'offencer, et le souvenir que l'yre du Roy est messagère de mort ;

Aux fidelles François, le sang qu'ilz doivent espandre pour Sa Majesté, la devotion qu'ilz doivent sacrifier sur ses autelz, et leurs vies, qu'ilz doivent immoler pour son service.

FIN.

LA DESCENTE DE TABARIN

AUX ENFERS

AVEC LES OPERATIONS QU'IL Y FIT
DE SON MEDICAMENT
POUR LA BRUSLURE, DURANT CE CARESME
DERNIER

Et l'heureuse rencontre de Fritelin à son retour

Qui veut voir de Tabarin
Sous les enfers la descente,
Lise la page suivante,
Il apprendra le chemin.

M.DC.XXI

LA DESCENTE DE TABARIN AUX ENFERS

ET LES OPERATIONS PRODIGIEUSES QU'IL Y FIT
DE SON MEDICAMENT POUR LA BRUSLURE

Ce n'est pas de nouveau que l'on va en enfer; il y a long-temps que le chemin en est frayé : les poëtes grecs et latins nous tesmoignent assez de gens qui, poussez de leur propre hardiesse, en ont faict l'experience durant leur vie; car je ne parle point icy d'une infinité qui y sont portés après leur mort, plustost par crainte qu'autrement, veu que la barque de Charon en est si chargée tous les jours, que bien souvent, au moindre vent qui s'elève, il en faut jetter la moitié dans le fleuve d'Oubly,

> Qui faute de passeport
> N'arrivent jamais au bord.

1. Ce conte est tout différent de ce qu'on a pu lire dans les *Aventures de Rodomont*, livre VII. Voir tome 1er, page 281.

Homère, en son Odyssée, parle de la descente d'Ulysse ; Virgile parle d'Hercules et d'Enée qui voulurent apprendre le chemin mesme durant la vie, afin d'y aller avec plus de facilité après leur mort. Moy, je tacheray à vous faire voir les causes qui incitèrent Tabarin, depuis ce caresme prenant qu'il n'a point paru sur son theatre, à en taster comme les autres, car il n'eut sceu passer ce caresme sans faire quelque trafiq : d'aller aux Indes, il y a trop loing ; il estimoit mieux faire son proffit en enfer, par ce qu'il avoit entendu que la pluspart des serviteurs de Pluton s'estoient bruslez cest hyver, pour s'estre par trop aprochez du feu. Premièrement, doncques, devant qu'enbrocher mon discours, vous devez sçavoir que, des demons qui furent culbutez du ciel, une partie demeura en l'air, comme plus legers, les autres en la terre ; les derniers, pour estre peut estre plus aggravez du chemin, tombèrent plus bas. Les premiers sont tout à faict aeriques, descendent fort peu en terre, trop bien se font ils entendre aux tonneres, foudres, esclairs et tempestes ; les terrestres sont de matière plus lourde, versent d'ordinaire avec les hommes, et de ceux cy Homère en attribue un à chaque personne : d'où vient que Ronsard, au 3. de sa *Franciade*, parlant de la jalousie de Clymene, sœur d'Hyante, dit que son faux demon, changé en sanglier, la fit precipiter du haut d'un rocher dans la mer. Ce sont aussi ces demons que nous appellons folets, et qui jadis se faisoient paroistre par les bois, tantost en satyres, faunes ou chevre-piedz, tantost en nymphes et autres formes.

De ceste seconde legion, un, l'autre jour, qui peut estre à ce caresme prenant avoit beu trop d'un coup, s'eschauffa tellement, qu'en rodant en ceste ville, il s'amouracha d'une vielle edentée, aagée pour le moins de soixante neuf ans, les yeux de laquelle eussent jettez en six sepmaines pour le moins vingt livres de cire pour esclairer le diable de sainct Michel, tant ils estoient chassieux. Il s'appelloit Melampiges ; mais le pauvre diable, quand j'y pense, je ne me sçaurois tenir d'y songer, il n'eust pas plustost desgaigné son espée hors du fourreau de ceste vielle Meduse, qu'il se sentit frappé de ce mal dont il faut aler en Surie, ou sous la ligne equinoctiale en la zone torride, pour en guarir. Jamais il n'avoit esté en telle besongne ; la vielle luy en avoit donné pour six sepmaines, sans ce qu'il pouvoit pretendre d'ailleurs ; il sentoit d'estranges emotions en soy. De retourner en enfer, disoit-il, il n'y a aucune aparence : il y fait trop chaud, je fondrois toute ma gresse ; il me faut tenter autre fortune.

En fin, se souvenant de Tabarin, triacleur juré en l'université de la place Dauphine, il se deliberera de le venir voir. Venu qu'il fut, son cas est mis à l'inquisition : fut trouvé qu'il estoit atteint et convaincu du crime de verollerie. Durant sa maladie, qui certes luy sembla fort longue, dit qu'il pensoit estre ja en plain esté, pour la chaleur qui dominoit en son hemisphère ; il se decouvrit à Tabarin et luy promit de luy louer une boutique en enfer, puisque les harens luy empeschoient de monter sur le theatre à Paris.

La resolution prise, Tabarin ne manqua pas de

se charger de toutes sortes de drogues, bausme, pomade, electuaire pour les dents, et principallement de gresse pour la bruslure, car il esperoit, veu l'hyver qu'il avoit fait en ces cartiers, qu'il feroit bien son prouffit en enfer de ce medicament là. Le long du chemin, Melampiges entretint Tabarin de divers discours. Entr'autres choses, par ce que Tabarin aime fort le pluriel, Tabarin fit une question à son demon, quel nombre il estimoit le meilleur. Melampiges luy respondit qu'entre tous les nombres il n'y en avoit point de meilleur ny mieux à souhaitter que le nombre de trois, et comme bon mathematicien prouvoit son dire par divers argumens : premièrement que *numero Deus impare gaudet;* que Saturne avoit eu trois enfants ; que tout son royaume avoit esté divisé en trois parties à trois frères ; que Jupiter avoit pour son septre *Telum trisulcum,* Neptune un trident, Pluton un cerbere à trois testes, qui estoit le fidele gardien de sa cour stigienne ; outre plus, que la terre estoit divisée en trois principalles portions, la France en trois parties. Tabarin, d'autre costé, qui aime à contrecarrer les questions, soustenoit que l'unité estoit le premier nombre de tous les nombres, et en cecy il ne se trompoit pas, bien que, *a parte rei,* le singulier ne luy plaise pas beaucoup, car il en a envoyé plusieurs en Italie ; d'avantage, il adjoustoit que tous les autres nombres n'estoient composez que de l'unité, et que sans l'unité le nombre de trois n'eust jajamais pris son estre. Ils tindrent ensemble plusieurs autres propos qui me rendroient trop prolixe ; Tabarin vous en fera part, maintenant qu'il est de retour. En fin ils arrivèrent à la barque de Charon. Tabarin luy vint engraisser les mains de son bausme, comme il avoit esté commandé par Melampiges ; mais Charon se retournant : « Et quoy, dit-il, est-ce là le peage et le passeport dont tu me contentes ? Tu as tant emporté de pistoles des Parisiens [1] ! Retire-toy d'icy, autrement je mesureray la longueur de tes costes avec ma rame. » Et certes il n'eust jamais passé, ains eust achevé sa centaine d'années comme les insepulturez, si le demon n'eust incité Charon d'avoir pitié de luy. Ils passèrent donc et arrivèrent au port. Tabarin s'estonnoit de se voir citadin des royaumes infernaux, mais bien d'avantage quand il rencontra ce chien à triple teste, qui ja de loin ouvroit sa gueule et luy monstroit ses dents aussi longues que fourches. Tabarin, pensant peut estre qu'il eut les dents desracinées, luy jetta trois pacquets de son electuaire pour les dents, qui, ayant heureusement operé, luy firent tomber une grande quantité d'humeurs du cerveau, qui luy causa un spasme et assopissement par tout le corps et leur donna libre accez de passer. Pleust à Dieu que tous les chiens enragez qui jappent et aboient après leurs ombres et qui se repaissent des fumées periergiques et philotimiques fussent aussi bien endormis que luy ! nous n'en verrions tant et en si grand nombre courir tous les jours à sainct Hubert ; mais il fau-

1. Ceci démontre qu'en 1621 la fortune de Tabarin étoit déjà en bonne voie, et confirme l'opinion émise dans d'autres écrits qu'il se retira plus tard avec une belle aisance, qui fut cause de sa fin tragique. Voir ce qu'on dit à ce sujet dans l'*Introduction*.

droit bien emploier toutes les drogues de Tabarin pour leur des-alambiquer le cerveau ; ce mal de dent les tient dedans la racine : il leur faudroit couper les gencives ; il feroit beau les voir rire.

Tabarin, se voiant si advancé, ne voulut rebrousser chemin qu'auparavant il n'eust veu les raretez de ces quartiers. Il vint donc en la place où l'on faisoit les esbats, proche les champs Elisiens, place fort celebre et renomée par les anciens, où l'on exerce après la mort ce qu'on a exercé durant la vie, comme prouve Virgile en son 6. Eneid.

. . . . *quæ cura nitentes*
Pascere equos, eadem sequitur tellure repostos.

Dans ceste place Rabelais estoit monté sur un theatre, et, comme president des farceurs, entretenoit un grand nombre d'assistans qui y venoient de toutes parts pour entendre ses sornettes. Tabarin, voyant cestui-cy si haut guindé, pensa à part soy qu'il estoit temps de se descharger de ses drogues. Il prit son chapeau, qui est, je vous proteste, le vray prototype de Protée ; pour moy, je crois que c'est le chapeau des jours ouvriers de Saturne, parce qu'il est fort subjet au changement de temps, aussi bien que ceux qui se plaisent à le regarder.

Ce ne fut rien de mettre le chapeau. Son manteau de sessionnaire sur l'espaule, son couteau de bois au poing, avec une trongne asseurée, la barbe faite en trident de Neptune, il monte sur le theatre. Chacun s'assemble de part et d'autre pour voir ce nouveau venu ; mesme l'histoire porte qu'il y eut relache ce jour là et elargissement pour les prisonnieres de la conciergerie de Pluton, de telle façon que tous y accoururent.

Matres, atque viri defunctaque corpora vita,
Et nati natorum et qui nascuntur ab illis.

Tabarin, joyeux de se voir si bien environné, après quelques discours plaisans comme de coustume commença à exposer ses drogues. Plusieurs, qui avoient les nerfs retirés de l'excessive chaleur qui règne en ces cartiers là, acheptèrent de son bausme ; les autres, parce qu'ils font ès champs Elisiens les anciens exercices des Romains, comme la lutte ou la course, en voulurent faire l'experience. Sa pomade, qu'il estime tant, ne luy servit que de charge, car il n'y eut que le grand père de l'oncle du grand père du père de son père, qui, pource qu'il estoit fort subject à s'escorcher les jambes contre le bois de son lit, en prit, afin que desormais il frottast le banc qui l'auroit offencé.

Il fut unique qui en prit, et la sage-femme de Proserpine, qui avoit entendu qu'elle estoit excellente aux fentes et crevasses qui viennent de froid ou de chaud.

Mais ce fut le plaisir quant il vint à mettre en vente son onguent pour la bruslure : il n'y en avoit point pour les laquais. Vous eussiés veu chappeaux, gands, mouchoirs, souliers, voler sur le theatre, parce que c'est la maladie à laquelle ils sont plus subjets en enfer qu'à estre bruslés. Je ne scay si ce sont les vivres, ou le changement d'air, qui leur cause ceste deffluxion si vehemente. Jamais Tabarin n'avoit esté à telle feste ; il ne sçavoit satisfaire, seul qu'il estoit, tant de personnes. Il devoit bien prevoir à ses affaires et amener son More, ou le capiteine Lucas Joffu, aussi bien est-il demeuré par les chemins ; on ne le voit plus ; sans doute que le diable l'a emporté, car il estoit fort coustumier en ces farces de jurer le diable et le prendre pour son parin. Enfin, Tabarin, pour la multitude qui le pressoit, prit congé des assistans et vint saluer Rabelais, qui le receut avec un fort bon visage, bien qu'il eust assés mal au cœur de l'avoir veu tant emporter d'argent en si peu d'heure. Il l'entretint de diverses paroles : premièrement, si sa robe, qui est à Montpellier, n'est pas bien deschirée ; s'il est vray de ce qu'on disoit en enfer du cristal de roche, s'il est si fort que les instruments d'Archimèdes ne le peussent renverser ; qu'entre autres choses, puis qu'il devoit bien tost retourner en France, qu'il avertit aux marchands d'allun de roche de se remettre en memoire la sentence d'Horace où il dit : *Feriuntque summos fulmina montes* ; Jupiter bien souvent jette ses foudres sur les rochers et montagnes,

Aut Athon, aut Rodopen, aut alta Ceraunia telo Dejicit.

« Il vaut mieux ployer sous la clemence des roys que de courber soubs leur bras victorieux. »

Après plusieurs autres discours, Tabarin, pressé de faire son proffit, par ce qu'il avoit desjà vendu tous ses medicamens, prit congé de luy et vint pour passer le fleuve d'Oubly.

Mais de loin il aperceut un viel père à lunette, avec des chausses faites en façon de sac à pistolet, qui, sous esperance de faire son prouffit, estoit peu auparavant allé estaller sa boutique en ces cartiers là, et faisoit trafique de chappelets de senteurs. Ce vieux Saturne estoit accompagné d'un certain Fritelin, qui est de la race des Tabarins (car vous devés sçavoir que ceste race a tellement pullulé, que la France et l'Italie en sont pleines ; à tout le moins en voit-on les effects, car plusieurs changent d'avantage d'opinions et d'inconstance que le chapeau de Tabarin de formes). Fritelin donc (bien qu'il ait le nez à demy rosti et demy fry, d'où vient le nom de Fritelin, car telin en langue arabique signifie le nez, rosti pour peut estre s'estre aproché trop près de Proserpine) taschoit d'attirer par quelques vieux romans du temps passé, tirés de la bibliothèque tabarinique, les assistans à la vente de ses chappelets ; mais le pauvre vieillard n'en sceut onques distribuer pas un seul. Et certes n'estoit il pas bien arrivé de porter des chappelets aux trespassés : ne sçavoit il pas que les pauvres gens n'ont plus de dents, et qu'ils ont les gensives si deracinées qu'ils ne sçavent plus parler ? Tabarin, voyant qu'il y avoit moyen de tirer du prouffit de ces chappelets si jamais cela venoit à Paris, bien que Fritelin ne sçache pas beaucoup boufonner et qu'il soit plus propre à manger la farce qu'à la fricasser, il leur promit qu'il les feroit monter sur son theatre à Paris, et qu'ils jouiroient du mesme privilege que luy, s'ils vouloient le suivre. Ces deux icy ne se firent pas beaucoup tirer l'aureille : l'esperance qu'ils avoient de jouir du droit de triacleur ordinaire juré en la place Dauphine les esmouvoit grandement; ils arrivent doncques tous trois au lac Stigien, où Tabarin de fortune trouva un certain de son païs *qui lacerus crudeliter ora, ora auresque ambas, etc.*, luy supplioit de luy donner quelque remède pour se remettre en santé, et puis qu'il estoit contraint d'errer cent ans à cause de son insepulture, qu'il luy pleust à tout le moins luy donner quelque drogue pour guerir ses playes. Tabarin, meu de pitié (*nam patriæ dulcis succurrit imago*), luy donna une boite de pommade, luy promettant que dans peu de temps il retourneroit en enfer, veu qu'il y avoit fait si bien son prouffit. Mais je crains, s'il y retourne, qu'il n'en revienne de sa vie.

Fin.

LES
FANTAISIES
PLAISANTES ET FACETIEUSES
DU
CHAPEAU A TABARIN

Si tous les crocheteurs
Avoient de tels chappeaux,
On en verroit plusieurs
Aller sur des courtauts.

A PARIS
Chez Jean Houdenc, imprimeur,
au bout du pont Saint-Michel

LES
FANTAISIES
Plaisantes et Facetieuses
DU
CHAPPEAU A TABARIN[1]

Ntre tant de sortes et façons de chappeaux que l'on porte en nostre monarchie françoise, je loue celuy du bragardissime Tabarin; d'autant que si la façon de son chappeau s'accommode fort bien à la mode de toutes sortes de nations estrangères, aussy fait-il encore mieux à la françoise qu'à aucune autre, encore que la forme des chappeaux françois change tout au moins de quatre en quatre ans, ou encore en plus bref temps.

Les premiers chappeaux de ma cognoissance

---

1. Cette facétie n'a qu'un foible rapport avec le Chapitre II de la Préface du *Recueil général*, intitulé : *De l'antiquité du chapeau de Tabarin*. Voir tome 1er, pages 18 et 212.

estoient groz chappeaux veluz, en façon de couverture de chaume sur les maisons de village, que portoient anciennement ces vieux pères, lors qu'il venoit une haute feste, ou qu'ils se trouvoient à quelque assemblée, nopce ou festin, avec leur grosse jacquette à tuyaux d'orgues, autrement appellez chappeaux de l'Esté Sainct-Sebastien.

La reformation d'iceux a esté des chappeaux bas et moyen rebras, ayants le haut à la façon des assiettes des bourgeois de village, qu'on appelle des trenchoirs de bois, ou autrement chappeaux de Suisse.

Après iceux est venu la mode des chappeaux longs et petits rebras, façon des pots à bœurre de Flandres.

Ceux qui sont le plus en vogue maintenant sont chappeaux bas, que les courtisants appellent chappeaux de carrabin, desquels par ceste forme tous les petits courtisants de ce temps sont devenus tous carrabins, comme s'il n'appartenoit qu'aux carrabins à porter de telles sortes et façons de chappeaux, ou bien si ceux qui en portent estoient tous carrabins. Il y en auroit grande quantité à Paris, et specialement les charbonniers et porteurs de charbon, qui sont ceux à qui j'en ay veu porter des premiers, il y a plus de quinze ans, soit ou que ces carrabins nouveaux desirent d'estre charbonniers ou les charbonniers estre carrabins. Et principalement ceux qui n'ont moyen de porter des chappeaux neufs ont esté beaucoup favorisez des chapelliers, parce qu'ils ont trouvé l'invention de les coupper soubz le cordon, affin de rendre les chappeaux de maintenant, ou façon de carrabin (qu'ils appellent) ou de porteurs de charbon.

Il y en a une infinité d'autres sortes qui ont regné quelque temps pendant ces façons cy devant dites ; mais, n'estant pas agreables aux maistresses de ceux qui les portoient, ont esté mises au neant, et, par ce moyen, je ne les ay voulu cotter en ce discours.

Nostre facetieux Tabarin ayant recogneu tant de diversitez de chappeaux, et que, de quelque façon que l'on les puisse porter, ne servent qu'à couvrir la teste, il s'est resolu de n'en avoir qu'un seul, lequel s'accommode, desguise et contre-quarre fort bien toutes les façons susdites, que l'on peut appeller avec raison chappeau lunatique et fantasque de Tabarin, de quoy il represente toutes sortes de chappeaux, selon les saisons que l'on les porte et change, et à la fantaisie des courtisants, à toutes sortes d'estages : à sçavoir, tantost en carrabin, tantost en courtisan, tantost en porteur de charbon, tantost en soldat d'Ostende, tantost en porteur de hotte, tantost en humeur de souppe dans un plat, tantost en meneur d'ours, tantost en rueur de pierre avec la frelonde, tantost en soldat de gris habillé de village portant une dague de bois à son costé ainsi que Tabarin, tantost en serviteur nouveau venu des champs, tantost en tocque de Biar, tantost en coureur de poulles maigres. Bref, ce chappeau, manié et retourné par son maistre, est rempli de toutes sortes de gayes perfections, et au contentement de tous ceux qui le vont voir.

L'on a veu nos comediens et facessieux françois, que je croy, à mon advis, qu'ils ont pris autant de peine que l'on se pourroit imaginer de contenter de leurs rares comedies et fameux prologues ceux qui les ont assistez de leur presence. Mais je puis dire aussi hardiment que celuy qui tremble de peur (et sans toucher à leur honneur) que le chappeau à Tabarin, assisté de celuy qui le porte, a plus fait rire de peuple en un jour que les comediens n'en sçauroient avoir fait pleurer avec leurs feintes et regrets douloureux en six, quelque comedie, tragicomedie, pastourelle ou autre subjet qu'ils puissent jouer dans l'hostel de Bourgongne ou autres lieux semblables.

Il y a eu aussi ce brave et plaisant et fort regretté le sieur Martin Crocquesole, le plus renommé de son temps ; mais il n'a esté autrement prisé de ses compagnons, par ce qu'il estoit de son premier mestier escorcheur de genisses à pied rond, fort experimenté et maistre de chef-d'œuvre ; mais, n'ayant pas tousjours de la besongne, ordinairement s'estoit addonné d'aller voir jouer des comedies, farces et autres semblables folies, de sorte qu'en peu de temps il devint si rempli de doctrine fascecieuse qu'il fut estimé l'un des premiers de sa bande, et, ne pouvant tousjours vivre, fut contraint de mourir ; ce qu'il fit, et fut enterré avec sa science, sans en laisser aucun. mémoire ny secret à personne, sinon qu'on luy trouva, dans un coffre de bois à la mode du vieux temps, un cousteau tout enrouillé, duquel on tient qu'il en avoit escorché le cheval de Rolland le furieux.

L'on a veu un Gaultier Garguille, avec son

loyal serviteur Guillaume, assisté de la dame Perrine, qui ont joué des plus fameuses fassecies qu'on puisse desirer; mais je diray qu'ils estoient trois personnes à representer icelles, et Tabarin avec son chappeau en represente autant sans argent que les comediens en font à leurs assistans pour chacun cinq sols, et partant doit-il estre plus aymé de ceux qui n'ont point d'argent et qui desirent de voir quelque chose de plaisant.

Et combien que ce maistre chappeau dont est fait mention en ce discours n'ayt jamais esté fait à autre dessein que pour la recreation de ceux qui le vont voir, et specialement au grand contentement de plusieurs sortes de gens qui n'ont beaucoup d'occuppation, comme ceux qui vivent de leurs rentes, quelques escolliers et autres qui ont mangé leur quartier plus tost qu'ils ne pensoient, des lacquais sans condition, quelques solliciteurs de procez mal-fondez, lesquels retiennent leur place comme s'il y avoit de l'argent à gaigner, afin de passer leur melancolie.

Certes, il n'y a celuy qui ne soit joyeux revenant de voir jouer Tabarin, sinon quelques chambrières de l'Isle du Palais, qui, prenants congé d'elles-mesmes d'aller voir Tabarin sur son theatre, et revenans un peu trop tard au gré de leurs maistresses, auroient receu d'eux, en deduction de leurs gages, chacun une patente, non sans jetter quelques larmes, et non pas beaucoup, mais par colère auroient envoyé Tabarin au diable. Mais il n'y est pas allé pourtant, car il comparroistra à ces prochains jours à son lieu ordinaire, plus prompt à recevoir de l'argent qu'on ne sera à luy en porter ; et partant ceux qui desirent encore voir son chappeau gris se despeschent en diligence, car les bruits courent à Paris qu'il le va faire teindre en noir.

Fin.

HARANGUE

FAICTE

AU CHARLATAN DE LA PLACE DAUFINE

A la descente de son theatre

PAR UN DE NOS FRANÇOIS

Avec une salade envoyée audit charlatan
par le capitaine La Roche, appotiquaire luquois
pour la guerison de sa maladie
neapolitaine

A PARIS

Pour le capitaine LA ROCHE, apotiquaire

HARANGUE

FAICTE

AU CHARLATAN DE LA PLACE DAUFINE

A la descente de son theatre 1

PAR L'UN DE NOS FRANÇOIS

Miserable bouffon, t'est-il donc pris envie
De medire de cil qui te donne la vie ?
Toy, qui est cy venu sur son fumier chercher
L'aliment que ton bec vient sur luy esplucher,
Escumeur des François, quemand de porte en porte,
Es-tu si impudent qu'il faut que de toy sorte
Un propos seulement, sans avecque respect,
En parlant d'un Gaulois, luy oster le bonnet ?
Va, eshonté coyon, bouffonner en ta terre,
Qui est, pour le present, tourmenté de la guerre.
Nous ne desirons rien qu'à servir nostre roy,
L'aider en ses desseins, et non rire de toy,
Qui se mocque de nous, nostre argent dans ta bource.

1. Cette satire licencieuse, mise à l'adresse de Tabarin vers 1621, n'appartient pas à son époque. On suppose qu'elle fut publiée d'abord vers 1585 contre l'Arlequin de l'hôtel de Bourgogne, à propos de l'*Enfer de la mère Cardine*, de 1583.

C'est à bon droict que Dieu contre nous se courrouce,
Qui sommes enchantez, qui t'avons trop à gré,
Au lieu de le servir dans un temple sacré.
Encore si ton jeu, ton parler ou ton geste
Nous pouvoit, te voyant, aprendre chose honeste,
Comme font les François, comediens bien naiz,
En leur propre pays assez mal-fortunez,
Monstrant comme jadis la belliqueuse audace
De nos princes françois combatirent la race
Des infideles Turcs, pour soustenir la foy
Et de nostre Sauveur la très-chrestienne loy;
Tu leur ramentevrois alors de les ensuyvre,
Et non comme tu fais en temps de pechés vivre;
Car je ne sçache horreur que les Sodomiens
Ayent jamais commis que n'ouvre les moyens
Par ton jeu de le faire, estant du tout propice
Pour rendre le plus saint le plus fort en malice.
Me voudrois-tu nier, effronté maquereau,
Que ton jeu ne soit pas l'escolle du bordeau,
Pour apprendre à chacun comment il faut qu'on pille
Le pucelage sainct d'une pudique fille?
Me voudrois-tu nier, non, j'ay trop de tesmoins,
Quinze ou seize milliers de personnes au moins,
Que ton jeu soit tragic, pastoral ou comique,
Chante rien que d'amour infernal et lubrique?
Me voudrois-tu nier, non, tu serois trop fol,
Qu'ils fussent les leçons de S. Pierre et S. Paul?
Me voudrois-tu nier qu'encore (chose infâme)
Tu tienne près de toy quelque impudique femme
Dont tu tire profit, peut-estre, que sçait-on,
Depuis le bas du pied jusqu'au haut du menton?
Si tu peux nier cela, nie aussi que Nicolle
N'a jamais à aucun faict gaigner la verolle;
Que ce records camus, lesche-plat de barrière,
N'est pas du tout à toy, et devant et derrière;
Que tu ne fus jamais en ton pays maudit,
Et que celuy qui t'a malheureusement dit
Que celuy qui a faict en enfer ta Descente

Fut meschant ou larron, ne doive au gibet rente ;
Qu'il est homme tout saint, qu'il n'a jamais forfaict,
Et que blasmer autruy est un très-juste fait.
Je dirois bien de luy chose estrange à sa honte,
Mais de mes vers après on ne feroit pas conte ;
Aussi que je ne suis de ces salles bastiers
Qui ressemblent du tout aux oiseaux charonniers
Et au babil jazard de la fausse corneille.
Je desire à ceux-là à chacun une aureille,
Pour les mieux remarquer, pendante contre-bas,
Semblables en grandeur à celles de Midas,
Et à toy (qui t'es pris à moy qui sçay ta vie)
L'heure que j'escriray ta genealogie,
Afin de haut chanter, entonnant le clairon,
De tes braves ayeuls le premier nay poltron,
Duquel es descendu ; puis, de mesme cadance,
Je diray tout d'un trait ton arrivée en France,
Quand, pouilleux et coquin, my-mort on te receut,
N'ayant un seul liard ny rien que ce qui put.
Je diray clairement ton ignorance pure,
Et comme tu nous viens gaster nostre nature ;
Tu diras que t'ay veu : c'estoit pour me mocquer
De tes gestes, de toy, et non pour remarquer
Chose qui fut de bon, gratieux ou honneste,
Car chacun sçait fort bien que tu n'es qu'une beste,
Et que tu ne sçaurois dire quatre bons mots,
Comme tes compagnons, qui fussent à propos.
Tu te mesle d'escrire à l'aide de quelque asne
Qui fait, dont je me ris, de plaisant coqalasne,
Aussi plaisant ou plus que ce poëte sot
Qui a faict ce sonnet allant vuider le pot
Embrené et foireux de ta garce Harlequine,
Qui la va accoustrant, ce croy-je, pour sa peine,
Car il ne parle rien que de merde et d'estron.
Je ne le cognoy point, mais c'est un grand poltron,
Et ne croiray jamais qu'il aye en France place :
Jamais un vray François ne blasmera sa race.
Te trouvois-tu blasmé d'estre allé aux enfers ?

Avois-tu pour cela quelques mal-heurs soufferts ?
C'estoit par trop d'honneur que te faisoit la muse
De celuy qui te meit en l'infernal escluse,
Et qui t'en retira : il t'y devoit laisser,
Et des flammes du feu incessamment presser.
Hercules y fut bien et le bon père Ænée.
Eus-tu perdu plus qu'eux ta bonne renommée ?
Tu es un brave fol, il te faudroit punir :
Quand un gueux est bien aise, il ne s'y peut tenir.
Ores que tu es gras de nostre nourriture,
Tu nous veux brocarder, avorton de nature.
Ainsi le chien mastin que le pauvre berger
Ameine demy-mort en sa maison loger,
Après qu'il est bien gras, ensuivant tout desordre
Ne le recognoist plus, et aprez le veut mordre.

LA SALADE DU CHARLATAN

A luy envoyée par le capitaine La Roche, appotiquaire luquois, pour la guarison de sa maladie neapolitaine.

OR çà donc, charlatan, te voilà bien malade.
Il faut, pour te guerir, te faire une salade.
Qu'as-tu dessus le cœur? As-tu trop beu de l'eau
Du fleuve d'Acheron, alors que le bateau
De Caron te versa en ramenant Cardine
Du sousterrain palais de la grand' Proserpine?
Est-ce pource qu'elle a ordonné ton estat
De maistre maquereau à maistre Jean Piedplat?
Certes, tu as grand tort de te faire malade
Pour si peu de subjet, pour si peu de bravade.
Sus! debout! lève-toy, et devisons un peu.
Approche çà le bras, tourne le dos au feu,
Et conte moy comment vint ceste maladie.
Quoy! tu ne me dis mot? Et responds, je te prie.
Je m'en vay maintenant gager un gras oison
Que je diray ton mal. Est-ce point du poison
Que ces jours tu faisois en ta chambre fermée,
Dont tu auras humé quelque peu de fumée?
S'il est semblable à cil pour lequel accroché
Tu fus à un carcan, au milieu d'un marché,
Mon amy, te voilà en danger et en peine
D'aller vuider le pot où chie Proserpine.
Si c'est le mal de Naples, ô qu'il est dangereux!
L'un des tiens l'apporta jadis dedans ces lieux,
Dont malade est encor la françoise cohorte.
Je te dy, charlatan, ou le diable t'emporte,
S'il n'eust trop mieux vallu que la contagion
Eust tourmenté dix ans leur pauvre region,
Puis qu'ores on la void extremement semée

De l'infecte vapeur de la gent sodomée.
Monstre-moy cy ta jambe, estens-là hardiment.
Ah! pauvre verollé, tu ne peux nullement;
Te voilà au hazard, en ce temps mal propice,
De n'ozer plus manger de sallé ny d'espice :
Car je voy des nodus attachez sur tes pieds,
Et des boutons vermeils aux lieux où tu t'assieds,
Un œil cicatricé, une teste pelée,
Un dos maigre sans chair, une espaule bruslée
Des armes du pays où toy-mesme, tout haut,
Planté asseurement dessus ton eschaffaut,
Tu dis avoir esté fouetté et refouetté,
Banny et rebanny pour ta meschanceté,
Pour avoir finement, d'une façon hardie,
Recellé un larron estant en ta patrie,
Et peut estre pourquoy tu t'es sauvé icy
En France, qui te tient maintenant sans soucy.
Tous ces signes me font presager ton malaise.
Çà! çà! il faut trouver moyen que l'on l'apaise :
Il n'y a si grand mal qui ne prenne sa fin.
Or sus, donques, prend cœur, la dame au long tetin
Te viendra tantost voir; cependant de bravade
Je m'en voy te cueillir une belle salade.
Viens avec moy, laquais, apporte ce panier,
Tu verras que je suis un gentil jardinier.
Serre-moy tout premier ces laitues breneuses
Et ce pourpier confit en ces jattes foireuses,
Ces trois gros limassons au dos encoquillez,
Ces trois citrons pourris tous de merde mouillez :
Ils sont propres au mal de sa cruelle goute,
Car je le veux guarir aujourd'huy, quoy qu'il couste.
Arrache ces chardons, que son frère aime fort :
Cela luy donnera à son cœur reconfort.
Prend des fueilles de hou en ovalle tortues
Qui s'arment à l'entour de cent pointes aigües;
De ce sec groiseller, de l'aspic, du houblon,
Du fanouil, de l'hortie et les grains de melon,
De la saulge, du thim, un peu de chicorée,

Et l'herbe qui se panche vers la flamme dorée.
Or sus, espluche-la; en après qu'on la mette
Tremper dans le pissat de madame Thienette.
Lave-là par trois fois, puis la mets gentiment
Dans ce bassin, où j'ai chié presentement.
Verse-y, au lieu d'huille, une chopine d'encre,
Afin de luy guarir son gosier plein de chancre;
Demy septier d'eau forte, et un posson au moins
De vif-argent meslé avecque du vieux oing;
De chicotin une once; au lieu de violette,
Les cottes du vieil cul de la sœur Gillette;
Puis, pour la coulorer de rouge, vert et bleu,
Ce qu'Harlequine rend tous les mois peu à peu :
Cela resjouira ce pauvre homme malade.
Laquais, va luy porter ceste belle salade
Et dy-luy que je suis à son commandement
Tout entier, fors le trou du breneux fondement,
Car il en est friant comme un chat d'une tripe;
Et qu'il me recommande au poëte Fripe-lipe
Qui a tant merdemment si bien sonné pour luy.
Je lui chie pour don un estron aujourd'huy,
Et un autre tout chaut pour ceux qui, pleins d'envie,
Mesdisent faussement de ceux de leur patrie.

Fin de la Salade.

FIN.

LES AMOURS

DE

TABARIN ET D'ISABELLE

A PARIS

Pierre Des Hayes

M.DC.XXI

LES AMOURS

DE

TABARIN ET D'ISABELLE

STANCES.

TABARIN.

Quel est ce grief tourment qui vivement m'enflamme ?
D'où vient que je me voy tout confit en [langueur ?
Me semble qu'un brazier brusle dedans mon [ame,
Et qu'un couteau tranchant me traverse le cœur !

Moy qui par longs travaux me suis rendu capable
A guerir tout à faict les corps blessez à mort,
Helas ! je recognois ma douleur implacable,
Et suis navré partout sans aucun reconfort.

Moy qu'on cognoit expert, qui sur tous me presume
A guerir dans un rien toute ardente cuisson;
Je suis dans un brazier qui me brusle et consume,
Et ne treuve en moy mesme aucune guerison.

Ainsi moy qui vivois en mon experience,

Communiquant mon art dont on se treuve bien,
Las! je meurs maintenant comme en mon ignorance,
A la perte et regret de tous les gens de bien.

    Mais encor puis-je point voir de mon feu la source
Et d'où peut proceder le mal que je reçoy,
Afin qu'en destournant la mort de ceste course,
Je profite à tous ceux qui font estat de moy?

    Suis-je point dans l'accès de quelque fièvre aiguë,
Ou bien aurois-je point avalé du poison?
Ay-je prins l'arsenic ou la froide ciguë?
Non, et, quand ce seroit, j'en sçay la guerison.

    Suis-je point affligé de quelque hydropisie?
Ou plustost ay-je point, privé de ce beau jour
Qui m'esclairoit les yeux, pris quelque frenesie!
Ouy, et plus, car je suis atteint du mal d'amour.

    D'amour? Ouy, c'est l'amour qui m'afflige et martelle,
Qui me fait soupirer en mes tristes ennuis;
C'est luy qui me causa ceste playe mortelle,
Et qui fait que les jours ne me sont que des nuicts.

    C'est le cruel amour qui me tient et maistrise,
C'est luy qui me tourmente et qui me fait mourir,
C'est luy qui me blessa, et lequel me mesprise
Alors que je le pry' me vouloir secourir.

    C'est luy qui m'attisa ceste flamme cruelle
En formant dans mon cœur mille horribles tourmens,
Dès le jour que je vy ma mignonne Isabelle,
Isabelle l'objet de mes contentemens;

    Isabelle la fleur de toutes les plus belles,
Qui porte dans ses yeux mille brillans flambeaux,
Qui surpasse en blancheur les blanches colombelles,
Et surmonte en douceur la douceur des agneaux;

    Isabelle qui est toute ma douce amie,

Mes soulas, mes plaisirs, ma joye et mon support,
Tout l'appuy et soustient de ma mourante vie,
Et tout l'alegement de ma vivante mort;

Isabelle qui est toute mon esperance,
Celle qui m'ostera de mon mal soucieux,
D'où je n'attens sinon une douce influance,
Et toute guerison par l'esclat de ses yeux.

Face ce que voudra Amour avec sa fleche,
Je ne vise sinon à ma chere beauté,
A qui, si je pouvois faire un jour quelque breche,
Je me rirois de luy et de sa cruauté.

Allons doncques la voir et attanter fortune,
Je treuveray bien maintenant de loisir;
Possible qu'à la fin ma priere importune
La pourroit rendre souple à mon bruslant desir.

Sus! sus! que je m'appreste à ma mode bragarde,
Car de n'estre bien lest c'est faire à paysan;
Je ne suis point de ceux : quiconque me regarde
Sçait fort bien que je tiens de l'air de courtisan.

Ore me voylà bien et en bel equipage,
Il ne me faut rien plus que mon petit manteau :
Ça, j'yrai bien tout seul, je ne veux point de page.
Mais à propos, comment mettray-je mon chapeau?

Sera-ce à la façon large, estroite ou pointue,
Ou plate par dessus, ainsi qu'auparavant
On les portoit? Mais non : en laissant ceste cue,
Je recoquilleray le reste par devant.

Or, avant que de voir ma mignarde Isabelle,
Je me veux contempler en ce joly miroir,
Afin d'estre asseuré si j'ay la mine belle,
Ou si je suis du tout indigne de la voir.

Sans doute elle fera de moy un grand estime.

Me voylà trop gentil, ô que je suis heureux !
Si je me regardois davantage, j'estime
Qu'en fin je deviendrois de moy mesme amoureux.

Sus ! allons vaincre Amour et luy ravir ses armes,
Allons ensevelir ses flambeaux et ses traits ;
Surmontons, si ce peut, d'Isabelle les charmes,
Ou mourons sous le joug de ses divins attraits.

O heureuse rencontre ! elle est toute seulette,
Dorlotant ses cheveux et admirant son sein.
Entrons donc librement dans sa belle chambrette ;
Courage ! je viendray possible à mon dessein.

Bon jour, mon petit cœur, mon soleil de ma vie,
Mes delices, mon bien, mes plaisirs, mon bonheur,
Ma joye, mes esbats, ma petite jolie,
Remplie de beauté et de toute douceur !

Bon jour, mon petit tout, ma mignarde nimphete,
Mon petit passereau, mon petit agnelet,
Mon appuy, mon support, ma divine et parfaite,
Ma petite linote et mon petit poulet !

Bon jour, mon reconfort ; bon jour, ma douce dame,
Que la nature fit pour te faire admirer !
Je viens, du sang bouillant et d'un cœur plein de flamme,
Tes divines beautez humblement admirer.

ISABELLE.

A quoy sert, Tabarin ? Quoy que tu die et face,
C'est en perdant le temps, ce n'est que vainement.

TABARIN.

Vainement ? Nullement, puisque ta belle face
Seule me peut combler de tout contentement.

Je ne viens pas en vain, si ton œil qui me domte
Me cause en le voyant ce bien et ce soulas.

ISABELLE.

Ouy, mais quoy ? Tu voudrois, au bout de tout ce conte,
Faire quelqu'autre chose où je n'aspire pas.

TABARIN.

Ma belle, je ne suis d'une âme si frivole
Que de faire avec toy rien qui ne soit bien fait ;
D'autre part, tu sçais bien que tousjours la parole
Doit estre accompagnée de quelque bon effect.

Je ne veux point pourtant (ainsi l'amour m'incite)
Faire chose qui soit contraire à ta bonté,
Ou qui soit repugnante à ton sacré merite
Et qui ne soit sinon suyvant ta volonté.

S'il te plaist neantmoins que je baise et je touche
Ceste joüe et ce sein si beau à mon loisir,
Tu me verras cueillir mille fleurs de ma bouche,
Et me verray saisi d'un extresme plaisir.

ISABELLE.

Tout beau ! arrestez-vous, ne touchez mon visage !
Vrayment, j'en suis d'advis ! vous estes tout friant.
Il me semble, à vous ouyr, que vous faites le sage ;
Vous voudriez neantmoins y venir en riant.

TABARIN.

Belle et rare beauté, si tant je t'importune,
Cela ne vient sinon de mon affection,
Et mon affection, qui te semble importune,
Procede seulement de ta perfection.

Ore, puisque tu vois en ma face blemie,
Mon cœur pour ton amour vivement s'enflammer,
Me semble que tu dois, Isabelle ma mie,
D'un reciproque amour pareillement m'aimer.

Ayme-moy, je te pry, car mon amour extresme
Me cause tous les jours quelque tourment nouveau.

ISABELLE.

Je ne veux point aymer, ni ne veux que l'on m'ayme,
Car l'amour ne fait rien que troubler le cerveau.

TABARIN.

Que troubler le cerveau? Tant s'en faut, chere amie:
C'est l'amour qui corrige et redresse nos sens,
C'est luy qui de son feu nostre sang purifie,
Esgayant nos esprits lorsqu'ils sont languissans.

ISABELLE.

Bon! mais n'est-il pas vray que ceux qu'amour surmonte
Ne font pour tout qu'errer en leur allusion?
Et si je dy cela, c'est sans aucun mesconte,
Puisque l'amour est né de la confusion.

TABARIN.

Ma maistresse, il est vray qu'amour print origine
Du chaos, dès long temps tout cela nous sçavons;
Mais il ne s'ensuit pas que sa flamme divine,
Nous ayant eschauffez, nous rende des brouillons.

Car si cela estoit, maint et maint homme illustre,
Aymant, ne fussent point si parfaicts devenus;
Ils n'eussent point acquis en vivant tant de lustre,
Et mourant delaissé leur renom si fameux.

Car les uns, desirant parvenir à la gloire,
Ont acquis en aymant leur generosité;
Les autres ont gravé au temple de memoire
Leur nom et leur renom pour toute eternité.

Ainsi ce grand Hercule, bruslant pour sa maistresse,
Cherche dans les travaux un immortel renom;
Il combat sans repos jusques que sa prouesse
Le fait estre immortel en despit de Junon.

Et mille autres qu'on voit, qui, remplis de vaillance,

S'exposent librement tous les jours au trespas,
Et toutesfois regis d'une vraye prudence,
Que si n'estoit l'amour ils ne le feroient pas.

Vouloir dire qu'amour nous trouble la cervelle,
Cela repugne trop à sa grand'probité.
Isabelle, croy moy, ceste bourde nouvelle
Ne sçauroit contenir aucune verité.

Car si cela estoit, on verroit le langage
A l'homme plain d'amour se gaster ou troubler :
Cela n'arrive point, et, qui est davantage,
En estant amoureux on apprend à parler.

Tesmoins ces courtisans, mignons lestes et graves,
Que l'on voit tout le jour à l'eschole d'amour :
C'est l'amour qui les rend si gallans et si braves,
Et s'ils sçavent parler, l'ont appris à la cour.

Tesmoin nostre Ronsard, qu'un tel amour transporte,
Qui s'approche en parlant de la perfection :
Que si ses vers d'amour sont faits de telle sorte,
Cela ne vient sinon de son affection.

Et sans aller plus loing, tu vois bien l'elegance
Dont j'use en te disant ma peine et mon tourment;
N'ay-je pas en parlant une douce eloquence,
Moy qui auparavant parlois si rudement?

L'amour print du chaos, dy-tu, son origine :
Qu'est-ce pour tout cela? Je m'en mocque et m'en ry.
Les roses et boutons croissent bien sur l'espine,
Et les plus belles fleurs sur le fumier pourry.

Faire l'amour brouillon, c'est luy faire une injure,
Plustost il nous instruit et nous contraint au bien.
Ayme-moy seulement, ma belle, et je te jure
Et te promets qu'enfin tu t'en trouveras bien.

ISABELLE.

Me prier de t'aymer, c'est me rompre la teste :
Tu resves en disant ceste parole là.

TABARIN.

Ma belle, seulement ta volonté soit faicte;
Je ne crois pas resver en te disant cela.

ISABELLE.

Ma volonté n'est point de mettre en fantaisie
Cest amour qui pour fin n'a rien qu'un deshonneur.

TABARIN.

Belle, quand tu serois de cest amour saisie,
Cela n'offenseroit nullement ton honneur.

ISABELLE.

Avant qu'à cest amour je me veuille resoudre,
Allechée du miel de tes mots ambigus,
Que le haut ciel plustost me convertisse en poudre
Par le coup ravissant de ses foudres aigus.

TABARIN.

Isabelle, il faut donc que pour toy je trespasse,
Puisque tu rends mon mal du tout desesperé?

ISABELLE.

Tabarin, que veux-tu qu'en tout cela je fasse?
Si tu meurs, tu seras comme un autre enterré.

TABARIN.

Mais ne serois-tu pas quelque peu mescontente
Si, mourant, je quittois ce monde terrien?

ISABELLE.

Certes, je n'en serois ny triste ny contente,
Car ta vie et ta mort ne me touchent de rien.

TABARIN.

Voy! mais si tu mourois, qui est bien au contraire,
Moy, je m'en irois tost de ce terrestre lieu.

ISABELLE.

Si je meurs, que veux-tu ? je n'y sçaurois que faire ;
Je mourray, et tout autre, alors qu'il plaira Dieu.

TABARIN.

Ainsi donc tu repars tout ce que je puis dire,
Tu te mocques de moy. J'ay donc beau t'attaquer.

ISABELLE.

A ce que je te dy il n'y a point de rire,
Car jamais je ne sceus me rire ny mocquer.

TABARIN.

N'est-ce pas se mocquer de voir mon âme atteinte
D'un tourment qui me fait et languir et mourir,
Mespriser neantmoins ma prière et ma plainte,
Alors que je te pry' de me vouloir guerir ?

ISABELLE.

Si tu as quelque mal qui ton corps sape et mine,
Va voir le cyrurgien si tu veux, Tabarin ;
Ou bien toy mesme fais pour toy la medicine,
Puisqu'aux autres tu es un si bon medecin.

TABARIN.

Je ne seray jamais du mal qui me possède
Delivré, ny seray point hors de ma prison,
Ma belle, si ce n'est seulement par ton ayde,
Et nul ne peut que toy me donner guerison,

Mal contre qui ne puis ja plus faire defense,
Qui finit mes respits et termine mes pas.

ISABELLE.

Je le ferois fort bien si c'estoit sans offense,
Mais d'offenser mon Dieu je ne le feray pas.

TABARIN.

Comment! trouves-tu bien de l'offense, m'amie,
Où tu peux exercer un acte de bonté?
Car, las! en ce faisant tu sauverois ma vie,
Et ferois par ainsi une grand' charité.

ISABELLE.

Voire il feroit beau voir d'entendre la replique
Du monde qui ne fait après que discourir.
Quel honneur me seroit si, venant hydropique,
Il me falloit après au drapeau recourir.

TABARIN.

O si cela estoit, quel acte memorable!
Hé! combien tu aurois, ma belle, merité!
Tu serois d'un chascun pour cest effect louable,
Et serois un miracle à la posterité.

Car comme ceux qui ont recogneu ma science
Louent et prisent fort la mère qui me fit,
D'autant qu'ils sçavent bien que mon experience
Leur porte et apporte grandement du profit,

Vous ayant accomply une action si belle,
Chascun s'exclameroit un soir ou un matin:
Resjouyssons-nous tous, ô la belle nouvelle!
Isabelle a produit un petit Tabarin,

Un petit Tabarin qui seroit ton delice,
Ton heur, ton cœur, ton bien et tout esbatement,
Lequel t'honoreroit, te rendroit du service
Et combleroit tes jours de tout contentement.

Ce seroit ton mignon et ton petit folastre,

Ton petit poupelet et ton petit dondon ;
Tu ne ferois jamais qu'avecque luy t'esbattre
Comme fait Cytherine avec son Cupidon.

Tu mettrois en lumière un merveilleux ouvrage
Que nous deux bastirions tout à nostre loisir,
Et en le bastissant, qui est bien davantage,
Nous nous verrions comblez d'un extresme plaisir.

ISABELLE.

Fy, fy de ce plaisir que je fuy et deteste !
Fy de tous ces berceaux, ces maillots et fatras !
J'aborre ces onguents ainsi comme la peste,
Et ces petits enfans ce n'est qu'un embarras.

TABARIN.

Voyre ! tu es donc bien desdaigneuse et farouche !
Je voy bien, tu me veux mettre dans le tombeau.
Avant que cela soit, permets moy que je touche
De ma bouche ce sein, qui me semble si beau.

ISABELLE.

Tout beau ! je n'entends point toutes ces railleries.

TABARIN.

En vain donc je me suis pour t'aymer tant peiné.

ISABELLE.

Je ne prends point plaisir à ces badineries,
Et ne me venez plus mettre icy vostre né.

TABARIN.

Dy-moy donc de quoy sert ceste si belle face,
Ceste gorge de nege et ces astres jumeaux
Qui chauffent de leur feu ceste luysante glace,
Et se servent ceans comme de deux flambeaux ?

A quoy te peut servir ceste grace gentille,

Ce front blanc comme laict et ce soucy divin,
Et ces crespés cheveux que tant tu entortille,
Si ce n'est pour lier ton pauvre Tabarin ?

A quoy servent, dy-moy, ces deux boules d'albatre
Que tu fais, quand tu veux, dextrement relever,
Si ce n'est pour mon corps cruellement abbattre,
Ou pour troubler mes sens et me faire rever ?

A quoy sert ceste joue et les lys et les roses
Que le ciel te voulut, pour t'embellir, donner,
Et tant de raretez qui dans toy sont encloses,
Cent fois plus qu'on n'en peut au monde imaginer ?

Pour qui est ce beau corps, ceste blanche charnure,
Ces bras blancs et poupeux, ceste douillette main,
Si ce n'est pour servir aux tigres de pasture
Ou à quelque lyon cruel et inhumain ?

Isabelle, croy-moy, alors que la vieillesse
Aura terny ce taint par un grand nombre d'ans,
Tu voudrois, mais trop tard, en ta tendre jeunesse
Avoir cueilly les fleurs et roses du printemps.

Si mon cœur trop constant de plus en plus s'enflamme,
Et si pour trop t'aymer tousjours suis en esmoy,
Pourquoy desdaignes-tu une si saincte flamme,
Et d'où vient que tu fais si peu d'estat de moy ?

Que si, pour tesmoigner une amitié loyale,
Vraye et parfaite, il faut la liberalité,
Las ! la mienne n'est pas seulement liberale,
Mais elle a pour t'aymer la prodigalité.

Ouy, car je suis prodigue en mes cris et alarmes,
Prodigue en mon ardeur et en mon amitié,
Prodigue en mes souspirs et prodigue en mes larmes ;
Et si pour tout cela tu n'as point de pitié,

Si tu ne recognois l'amour en la parole,
Reçois donc de ma main ce brillant diamant.

Isabelle.

Je vous en remercy, je ne suis point si fole :
Je vous pry, Tabarin, gardez-le seulement.

Tabarin.

Me refuser cela, c'est une pauvre affaire ;
Tu t'en repentiras un jour, je le vois bien.

Isabelle.

L'on ne se repend point, Tabarin, de bien faire,
Et qui fait bien tousjours ne treuve que le bien.

Tabarin.

Je n'ay donc point d'espoir au mal que je supporte,
Et mon secours s'en va tousjours plus reculant ;
Ha ! rage, si n'estoit l'honneur que je te porte,
J'userois à present d'un effort violent.

Isabelle.

Qu'est-ce à dire cela, avec vostre colère ?
Vous voudriez, dites-vous, possible me forcer ?
L'on vous garderoit bien de cela, mon compère,
Si vous estiez si fou seulement d'y penser.

Or sortez de ceans, autrement je vous jure
Que je m'escrieray aux voisins d'icy près.

Tabarin.

Ma belle, je m'en vay ; au moins je te conjure
A te ressouvenir du tort que tu me fais.

Ingrate sans pitié, cruelle et inhumaine
Que quelque ourse ou lyonne enfanta dans les bois,
Le ciel ne t'a point fait, c'est chose très certaine,
Sinon pour bourreller les hommes que tu vois.

Isabelle.

Tabarin, je ne suis ny ourse ny lyonne,
Ne me viens point jetter ces mots injurieux.

TABARIN.

Non, certes, mais tu es plus cruelle et felonne
Qu'un lyon enragé ou qu'un ours furieux.

 Belle, puisque tu veux m'affliger de la sorte,
Et que tu n'as qu'ennuy en voyant ton amant,
Il faut que, sans tarder, de ta chambre je sorte,
Pour ne te point donner ce mescontentement.

 Voyez doncques, ô cieux ! l'horrible precipice
Où pour elle me suis desjà precipité !
Helas ! souvenez-vous de mon constant service,
Tout remply de ferveur et de fidelité !

 Souvenez-vous au moins du brasier qui me gene,
Puisque vous ne m'avez en rien favorisé ;
Aussi n'oubliez pas le fier dedain, la haine
Et le mespris duquel elle m'a mesprisé !

 Adieu donc, Isabelle ! adieu, mon ennemie !
Adieu, petit venin, mon petit cœur felon !
Adieu, mon petit fleau, ma petite furie !

ISABELLE.

Adieu, mon petit fou ! adieu, mon Pantalon !

TABARIN.

 Ains tout m'est contraire au malheur qui me presse :
Je suis avec Amour en grand derision,
Et, si j'ay mon recours en ma dure maistresse,
Je me voy rebroué en ma confusion.

 Mais qui eust jamais dit que ce cœur plein de glace
Peut contenir en soy une telle rigueur !
Helas ! croiroit-on bien que ceste belle face
Eust un cœur si remply de rage et de fureur !

 Me rejeter ainsi ! qui, en mon innocence,

Pour elle dès long-temps je souffre tant de maux !
O cruauté ! voylà la belle recompense
Que d'elle je reçoy après mes longs travaux !

Si le ciel ne me veut oster de mon martire,
Si ma belle me fuit lors que je la poursuis,
Et si l'amour me tue alors que je soupire,
Qui me secourera au tourment où je suis ?

Qui me secondera en ma brulsante rage ?
Où doy-je recourir ? las ! que doy-je esperer ?
Patience, il me faut attendre davantage,
Possible que le temps pourra tout moderer.

FIN.

LES
RUSES ET FINESSES

DESCOUVERTES

SUR LES CHAMBRIÈRES DE CE TEMPS

COMPOSÉES PAR TABARIN

A ROUEN

M.DC.XXI

LES
RUSES DESCOUVERTES
SUR
LES CHAMBRIÈRES DE CE TEMPS[1]

GUILLEMETTE.

Quoy doncques? faut-il que tousjours
Sans plaisir s'escoulent mes jours
Soubs le joug d'un fascheux servage?
Jà trente ans limite mon âge
Sans avoir gousté la liqueur
Dont ce petit archer vainqueur
Charme des filles la tristesse.

YSABEAU.

Encor n'est-il qu'estre maistresse;
On faict, on dict, tout ce qu'on veut.
Mon maistre est fasché qu'il ne peut
Rendre ma maistresse polie.

---

1. Cette facétie, saupoudrée de sel tabarinique, ne se rapporte en rien au farceur de la place Dauphine. Elle ne figure ici que parce que l'auteur l'a publiée sous le nom de Tabarin.

Si j'estois comme elle jolie,
J'aurois bien autant de beauté.
Elle n'use assez de privauté
Avec son mary à la couchette.
Mais ne voy-je pas Guillemette
Toute triste venir vers moy ?
Quoy ! ma sœur, quel fascheux esmoy
Te cause à present ce malaise ?

GUILLEMETTE.

Ma maistresse m'est si mauvaise,
Tousjours ne cesse de crier;
Puis, si j'estois à Dieu prier,
Ceste jalouse me pense estre
Pour avoir l'amitié de mon maistre.
Mais toy, que dy-tu, Ysabeau ?

YSABEAU.

Tant que je sois dans le tombeau,
Je n'auray repos en mon âme.
Ma maistresse est bien douce dame.
Il est vray qu'elle veut un peu
Allenter l'ardeur de mon feu
Avec un homme de ma sorte;
Mais monsieur, Dieu l'enhorte,
C'est le plus insigne vilain :
Il nous veut enfermer le pain;
Il dit tousjours qu'on le desrobe,
Et, de peur que n'usions sa robe,
Il la veut luy seul descroter.
Si ma maistresse veut porter,
Afin de se rendre plus belle,
Quelque habit de mode nouvelle,
Alors ce jaloux furieux
Jure l'air, la terre et les cieux;
Il boult, il forcene, il faict rage,
Il frape, il assomme, il enrage :

Je ne croy point que Lucifer
Face tant de bruit dans l'enfer.

GUILLEMETTE.

Paix ! paix ! voicy venir Saffrette,
Qui faict bien la fille secrette ;
On ne la voit que sur le tard.
Elle n'a pas souvent le liard,
Tant elle a fascheuse maistresse ;
C'est pour vivre en grande detresse.
A la voir marcher, on diroit
Que le cul on luy boucheroit
Aisement d'un grain de navette.
Mais la voicy. Bon jour, Saffrette ;
Où allez vous avec ce seau ?

SAFFRETTE.

Je vay puizer quelque peu d'eau
Pour laver les mains de mon maistre.

GUILLEMETTE.

Enceinte vous me semblez estre,
Ou vous avez le ventre enflé ;
Quelqu'un vous a-il point soufflé
Son chalumeau par le derrière ?
Ne desguisez poinct la matière.
Quoy ! vous riez ! ce jeu vous plaist.
Ha ! je sçay bien ce qu'il en est :
Vostre maistre vous a baisée ;
Mais il y a de la risée.
Je n'en voudrois avoir autant ;
Et puis on ne gagne pas tant
En quatre années de service
Que je ferois, estant nourrice,
En une année seulement.

SAFFRETTE.

Je vous veux conter vrayement

Tout le motif de ma detresse :
Vous sçavez bien que ma maistresse
Est vieille, et qu'elle ne peut plus
Fournir à ce qui est de surplus.
Comme un jour elle fut sortie
De la maison, monsieur me prie
De luy permettre de toucher
Ce petit lieu qu'avons si cher.
Puis, m'ayant faict mille carresses,
Mille sermens, mille promesses,
Il me vouloit jecter par terre;
Mais je m'en courre grand erre
Tout droict à nostre cuysine,
Où j'ay trouvé Jean de l'Espine.

YSABEAU.

Tu fis fort bien et sagement.
Voicy venir Alyson promptement,
Ceste affectée menteresse;
C'est une faulce larronnesse,
Il nous la convient arrester.
Où allez-vous ainsi porter
Ce lard que vous tenez, la belle?

ALYSON.

Tes males bosses, maquerelle!
Pourquoy me le demandes-tu?
On dit bien vray, que la vertu
Du vice est tousjours condamnée.
Et vien çà, vieille hacquenée :
M'as-tu pas confessé cent fois
Qu'il n'estoit pas jusques au bois,
Beurre, pain, sel, sucre, chandelle,
Vinaigre, ver-jus et vaisselle,
Que tu ne prisses pour exprès
Les faire vendre par après?

YSABEAU.

Je ne fus jamais pour mon vice
Corrigée par la justice
Comme tu fus dernierement.
Il est bien vray que seulement
Quand je vay à la boucherie
Ou bien à la poissonnerie,
Querir du vin, ou au marché,
Je ne pense faire peché
Si par fois la mulle je ferre.

ALYSON.

Vous teniez ce jour-là bien serre,
Quand le serviteur de chez vous
Fust trouvé entre vos genous,
Dont après demeurastes grosse.

YSABEAU.

Va, va, de cela je m'en gosse :
Voilà Saffrette qui l'est bien.
Mais toy, tu n'en vaux du tout rien :
Tu as servy à plus de mille
Des crocheteurs de cette ville.

LA SUBORNERESSE.

Qui a voz discours incitez ?
Pourquoy toutes vos veritez
Reprochez-vous ainsi ensemble ?
Moy qui, caduque et vieille, tremble,
Qui suis presque au bout de mes ans,
Et dont les genoux tremblotans
Me peuvent soustenir à peine,
De vostre querelle incertaine
La cause je veux appaiser.
Autre fois un moite baiser,
Un soubris, une œillade douce,
Avec une brusque secousse

De quelque lacif amoureux,
Je trouvois aussi savoureux
Comme vous, petites sucrées,
Qui faictes tant les reserrées
Quand on veut ouvrir vos genoux;
Et si j'ay esté comme vous
Servante; et, lors que ma maistresse
Alloit le matin à la messe,
Au marché ou bien autre part,
Je prenois un morceau de lard;
Je ferrois comme vous la mulle,
Sans demander pardon ny bulle
Pour m'absoudre de ce peché;
Puis, quand le larcin est caché,
La faulte n'est si criminelle.
Appaisez donc vostre querelle;
Si vous avez bien faict jamais,
Faictes encore mieux desormais.

AU CENSEUR TEMERAIRE.

Censeur, fronce soucy, premièrement qu'attaindre
Le style de ces vers de ta baveuse dent,
Sachant que nous suivons le peintre qui, prudent,
Rapporte ses couleurs aux subjects qu'il veut peindre.

FIN.

LES
JUSTES PLAINTES
DU
SIEUR TABARIN
SUR LES TROUBLES ET DIVISIONS
DE CE TEMPS

M.DC.XXI

LES
JUSTES PLAINTES
DU
SIEUR TABARIN

—

IL y va de mon honneur, Messieurs, de souffrir qu'à la face de ma banque et devant mes yeux tant de tours de passe passe se jouent tous les jours, à la grande honte de ceux qui les font, au grand dommage de ceux à qui ils les font, au grand scandale de ceux qui en ont la cognoissance, et à mon grand prejudice, ce qui plus me grève. Je ne l'endureray jamais resoluement ; je coupperay chemin à tous les desordres, ou il m'en coustera cent fois la vie. J'y despendray mon celebre chappeau, j'y mangeray mon manteau venerable, tous deux d'un estimable prix : l'un pour avoir une infinité de formes, et l'autre pour n'en avoir du tout point ; j'y lairray mes brayes, ou bien j'en auray ma raison.

Comment, morbieu! estes-vous bien si effrontez, Messieurs les chevaliers à la courte espée, Messieurs les couppeurs de bources, en bon françois, que de venir à la face de mon theatre trancher du gros (ou bien du menu, selon qu'il se rencontre), et, sous pretexte de venir apprendre quelque bon traict à mon eschole, osez-vous bien, faisant semblant d'estre ennuyez de mon trop long discours, couper court et gaigner au pied? Asseurez-vous qu'il n'en ira pas ainsi. Je ne souffriray pas ceste honte. Et puis c'est bien pour faire mes affaires, ma foy. Je me seray alambiqué le cerveau, alteré le poux, deseiché le gosier et eschauffé les reins, moy et mon compaignon, une heure durant, pour vous resjouyr, et pour tirer par occasion insensiblement le demy teston de la bource à quelque servante de bonne maison qui voudra avoir de la pomade pour en polir son front aux bonnes festes; et, pendant que ceste pauvre diablesse enragera de rire, arrivera quelqu'un de ces messieurs à la main legère et qui vont volontiers chercher en la bource d'autruy ce qu'ils n'ont jamais mis dans la leur. Et adieu mon argent: au lieu que je pensois avoir du profit de mon labeur, madame la peteuse de servante, après avoir fait ses imprecations contre les coupeurs de bource, commencera à s'en prendre à moy, qui n'en peut mais, me chantant des injures en triple et voire quadruple. Que si quelqu'un luy veut dire: « Et pourquoy vous en prenez vous au pauvre Tabarin? Il tasche à vous donner du plaisir, et vous le payez de calomnies, — Ouy vrayment, dira-elle, c'est un bel homme; je me serois bien passé de son plaisir.

Beau plaisir ! j'ay pris autant de goust à l'entendre comme à escouter Pierre Dupuy mamen. C'est un homme bien chanceux, je voudrois qu'il fust pendu. Il est cause que j'ay perdu ma bource. Je ne sçay comme il se trouve tant de si grands fous dans Paris pour aller escouter ce beau Tabarin. Si c'estoit à moy à faire, ces races n'entreroient jamais en France. Ils ne font qu'abuser le monde. J'estois bien folle de vouloir acheter de sa pomade. Belle pomade ! c'est belle voirie, ce n'est rien qui vaille. Ce sont tous charlatans. Pour moy, je ne sçaurois croire qu'il ne sçache bien qui a prins ma bource. Dieu me soit en ayde ! si je le sçavois, je pense que je l'accommoderois comme il faut : je mourrois plustost que je n'alay luy dire pis que pendre, quand il m'en devroit couster mon demy-sein. Je ne le quitterois jamais que je ne le visse à Monfaucon. »

Voilà comme on me traitte : n'ay je pas occasion de me plaindre ? Ce n'est pas seulement des coupeurs de bources et des servantes que je suis tourmenté : ces marchands qui vendent ce qu'ils n'ont jamais achepté (j'entens Messieurs les maquereaux) m'en vendent aussi. Tel de mes escoutans sera prest à tirer un teston de la poche pour me le jetter dans un gan, afin d'avoir de ma marchandise, qui après changera de resolution tout soudain. Monsieur le maquereau, qui sera tousjours aux aguets, remarquera ceste chasse, et, tirant cet homme par le manteau, luy dira à l'oreille : « Monsieur, si vous desirez aller voir une damoiselle jeune et belle à merveille, il ne tiendra qu'à vous ; personne n'y a touché, vous ne devez rien craindre. » Ses parolles sans doute seront capables de luy faire rentrer le teston dans la bource et sortir la brayette hors des brayes, et de le faire courir pour voir la pucelle plus viste que le pas, ne se souvenant non plus de Tabarin que s'il ne l'avoit jamais veu. Il n'en faut qu'une douzaine de tels pour me faire perdre tous mes chalans.

Mais je crains encore plus que toutes ces pertes les reproches qu'on me fait tous les jours : on dit ouvertement que je suis cause de la perte de plus de quatre mil cinq cens pucelages qui ont esté crochetez en plain jour dans la presse pendant que j'estalois ma marchandise. « Ceste meschante Catin (disoit encore hier une bonne vieille sous ses hales à sa voisine) nous ayant deshonorez, ma commère, jamais je ne fus si estonnée que quand on me dit qu'elle estoit empeschée. Je ne sçay, pour moy, comment cela s'est peu faire, car ma fille ne hante que gens de biens, elle ne va nulle part. Je puis jurer que, depuis un an, elle n'est jamais allée à la ville sans moy, que deux ou trois fois à Tabarin. — Et le diable soit fait le Tabarin (dit sa voisine)! vrayment, je ne m'en estonne pas si elle a fait le coup. Il y a tousjours, quand il joue, tant de meschants garnimens et tant de ces vilaines maquerelles qu'il n'est pas possible qu'une pauvre fille puisse eschapper de leurs mains. Dernierement, passant par là, j'en vis deux, que Dieu me soit en ayde ! je pense qu'ils faisoient la vilanie. Pour moy, je n'ay jamais rien pensé de bon de ce tabarinage. »

Si ces deux femmes m'eussent apperceu les escouter, je pense que, Dieu mercy, je ne m'en fusse pas volontiers retourné tambour batant et enseigne desployée, mais bien le baston blanc à la main pour me soustenir. En fin on ne sçauroit faire croire à la plus-part des femmes de Paris que Tabarin ne soit cause de tout leur mesaise : elles crient toutes contre moy.

« Mon mary ne bouge de ce Tabarin, dira l'une ; je suis tout le jour sans le voir après ceste belle farce : c'est qu'il faut aller jouer avec d'autres desbauchez comme luy ; après avoir joué, il faut aller à la taverne, et de là au bordel. C'est le grand chemin, voilà la belle vie qu'ils font. Encor s'il ne couchoit pas hors de la maison, je prendrois patience ; mais passer une, deux, trois nuicts, sans le voir, qui ne la perdroit ? Cela me feroit endever.

— Hé ! que vous estes bien heureuse ! dira une autre ; ce n'est rien au prix de ce que j'endure : j'ay affaire à un homme qui est capable de faire enrager la plus patiente femme de Paris. Et tout le mal vient de ce beau chien de Tabarin : quand il en revient (ce n'est pas sans boire, comme vous pouvez penser), c'est de tempester, de crier et de frapper sur moy tant qu'il peut ; j'en ay le pauvre dos tout meurtry. Dieu le sçait, comme il me traitte ! les galeriens n'ont pas tant de mal que moy ; j'ay plus de mal qu'un pauvre chien.

— Ce n'est que despuis que ce bel homme est arrivé (dira quelque sçavante) qu'on a esté contrainct de donner des arrests contre les filles desbauchées. — Et d'où pensez-vous, dira quelque autre, qu'estoit venue la maladie de l'année passée, que de ce beau boufon ? On s'eschaufoit tellement à ceste place Dauphine que l'air en estoit tout corrompu. Et cela a esté cause que le Roy a tant demeuré hors de Paris, et qu'avons eu tant de pauvretez. Messieurs les medecins, chirurgiens et farmatiens n'ont garde de l'avoir oublié. » Ils feront parler pour eux quelque politique qui dira : « D'où pensez-vous qu'est venue la guerre, que de Tabarin ? Il n'est rien qui dispose plus promptement et plus efficacement les cornes des François à la guerre que la pauvreté et disette d'argent : et qui est ce qui nous a trestous desnuez d'argent, que Tabarin, qui s'est fait riche depuis qu'il est arrivé de plus de quatorze milions. Il n'est pas si petit qui n'ait voulu de ses drogues ; les grands n'ont pas espargné les mile pistoles pour avoir de ses medicaments à guerir des gouttes, veroles et autres mots semblables (vous voyés comment ce riche goutéux qui mourut il y a quelque temps s'en est trouvé pourtnt). Les dames de la cour ont veu les fons de leurs bources, ayant voulu mettre le nez aux plus profonds secrets de Tabarin pour le fard ; il leur a fait accroire que ses drogues faisoient plus d'effet que tous les fards du monde, et que ce n'estoit point fard. Les predicateurs ont beau crier, cet enchanteur a sçeu si bien les prescher qu'elles se fardent plus que jamais. Voilà encore une nouvelle obligation que la ville de Paris aura au sieur Tabarin. Bref, nous pouvons dire avec verité (continuera-il) que Tabarin a despourveu la France d'argent, et principalement la ville de Paris ; qu'il a peuplé ceste ville de bons maquereaux. Las ! la pluspart, n'ayant que la theorie seulement, se sont pratiqués et stilés à la faveur de ses assemblées. Nous pouvons dire qu'il a pourveu de coupeurs de bources qui y ont encore fait leur apprentissage; qu'il a, par ses medicaments, remply les hospitaux de malades et les cimetières de morts ; qu'il a fourny les bordels de garces, les boutiques des chirurgiens de verolés, le Four-l'Evesque et le Chastelet de prisonniers, la Grève de pendus qui n'ont pas sceu assez subtilement dependre des bources; qu'il a remply les cabarets d'ivrongnes, le ventre d'un milion de servantes, non pas de lavements ny de clistères, mais de petits embrions; qu'il a souvent remply les maisons des plaintes et des souspirs que rendoient les pauvres femmes affligées, se voyant chargées de coups de baston à double carrillon par leurs maris venans du tabarinage yvres et sous comme des Templiers.

« En un mot, nous pouvons asseurer qu'il n'y a point de mal en la cité que Tabarin n'en soit l'autheur et la cause principale. »

Que diray-je, Messieurs les lecteurs, contre tant de calomnies ? Il faut que je confesse que je m'estonne, me voyant attaqué si vivement et de toutes parts. Il faut que je me contente pour asture d'avoir monstré que j'ay juste sujet de me colerer. Il y auroit de quoy faire un livre entier si je voulois me plaindre à proportion du tort qu'on m'a fait en toutes façons et si je voulois me bien justifier de tant de calomnies. Si faudra-il pourtant que je le fasse, mais ce sera pour une autre fois. Ne me condamnez pas cependant sans m'avoir ouy et sans avoir veu mon apologie, laquelle je travailleray pendant que vous vous donnerez au cœur joye et vous esgayerez à voir les invectives du pauvre Tabarin.

C'est avec les femmes qu'il faudra principalement que j'en aye. Je leur feray cognoistre qu'elles s'emportent trop à la curiosité de mettre le nez par tout, et leur feray voir un certain endroit où elles ne l'oseroient avoir mis, je m'en asseure. Dieu vueille que je puisse sortir de leurs mains à mon honneur! Croyez-moy que c'est un grand mal que d'y estre tombé; et, puis que ce malheur m'est arrivé, je pense qu'on pourroit à bon droit dire du deplorable Tabarin : *Optimum fuisset homini non nasci, aut quam celerrime aboleri.*

FIN.

LE
CARESME PRENANT

ET LES JOURS GRAS

DE TABARIN ET D'YSABELLE

*Discours remply de Questions, Demandes et Subtilitez
extraordinaires et Tabariniques*

Ensemble un petit Compendium de ses Rencontres
Plaisanteries et Farces ordinaires, assaisonnées
et façonnées à la sause de ses inventions

*Le tout tiré et extraict du plus creux de la gibbecière
de ses imaginations*

Qui veut rire à double maschoire
Qu'il vienne lire ceste histoire.

M.DC.XXII.

LE
CARESME PRENANT

ET LES JOURS GRAS

DE TABARIN ET D'YSABELLE[1]

Es jours gras ont esté de tout temps appellez Bachanalles, comme festes dediées à Bacchus, tuteur des ivrongnes, et grandement renommez tant par les anciens que les modernes. Tabarin ne veut pas encourir le blasme d'estre le dernier à luy faire hommage : il est trop grand amy du bon père Denys ; aussi l'a-il choisi entre tous les dieux pour estre gravé et emburiné au derrière de son image, qu'il a fait tailler depuis peu, afin de colorer avec plus de solemnitez ce Caresme-prenant. Ysabelle aussi de son costé n'y veut pas manger son pain de flair ; elle ayme mieux

---

1. Le fond de cette facétie se retrouve dans diverses questions de la première partie du *Recueil général* et dans l'un des *Préambules* qui suivent la seconde.

y apporter son escuelle, et y venir elle-mesme. Bien que sa marmite soit fendue. Tabarin sçait bien qu'elle ne se cassera jamais, car il a de la pommade qui est bonne pour les crevasses.

Le premier service que Tabarin met sur table, c'est *Bene vivere et lætari;* pour moy, je croy qu'il n'y a rien meilleur au monde, car un flaccon a meilleure mine qu'une bouteille vuide. Il a tiré sans doute ceste devise du V. chapitre *De natura bibentium*, livre assez fameux, où l'on boit tout plein d'antiquitez touchant l'origine des nez rouges et les premiers fondateurs de l'université de la fripponerie. Ce docteur si excellent n'eût sceu mieux rencontrer, car *bene vivere* vaut autant à dire en gascon que *bene bibere;* aussi dit-on tousjours d'un Gascon qui sçait oster l'humidité des pots qu'il sçait bien gasconner une bouteille [1].

Le second mets dont il veut honorer les assistans est de son baume, qui est bon pour toutes sortes de blessures. *Verbi gratia,* si un homme pour l'experimenter se coupoit la teste, en ce cas-là les chappeliers ne gaigneroient plus rien après luy; encor moins si l'on se coupoit un bras, il n'y auroit pas de plus empesché que monsieur le cul : il luy faudroit faire provision d'un valet de chambre pour luy torcher sa bouche. Outre plus, pour le mal des reins : Tabarin asseure qu'en se frottant de son medicament, si on a mal à Rheins et qu'on aille à Chalons, qu'infailliblement on n'aura plus mal à Rheins [2],

---

1. Voy. Préambule II, t. I, p. 202.
2. Question LI, t. I, p. 106.

et que quand on est guary, qu'on se peut asseurer qu'on n'a plus de mal. Oultre plus, si on se plaint du mal de teste, qu'il ne faut qu'aller engraisser l'eschelle du Temple; le mesme en est de la religion de maistre Thomas, qu'il faudra frotter si on se sent infirme de la poitrine.

Pour le troisiesme service, Tabarin presente une boite de pommade, et dit qu'il n'y a rien de plus souverain pour les jours gras, principalement si les choux sont gelez. Outre plus, si par quelque ravine d'eau, ou manquement de soustien, une maison venoit à se crevasser, il ne faut que prendre quatre ou cinq cens boetes de sa pommade, et la graisser du haut jusques au bas; il n'y a rien de meilleur pour les fentes[1], bien que le dernier jour une servante du quartier de la place Maubert y fut trompée : car elle y alloit à la bonne foy, je croy qu'elle y eût bien employé toute la boutique pour rejoindre sa crevasse. Tabarin, ne pouvant autrement la reguarir, luy donne une invention, sçavoir est, de s'y faire attacher des boutons et des boutonnières, afin de le tenir ouvert et estroit à sa volonté. Tout est de Caresme-prenant; peut-estre que je parle trop gras pour quelques uns.

Ce conseil fut suivy et approuvé; pour des boutons, elle en avoit desjà plus de deux douzaines qui ne luy avoient rien cousté. Depuis, la mode est venue à plusieurs servantes de se recoudre leur pucellage, principalement quand la babolle est abbatue, l'entrefesson ridé, le guillevart eslargi, le ponnant debiffé, le halleron

1. Question LI, t. I, p. 106.

desmy, l'arrière-fosse ouverte, le guilboquet fendu, le lippion recoquillé, la dame du milieu retirée, les toutons desvoiés, le lipendis pelé, les barres froissées, l'enchenart retourné et le barbidaut tout escorché[1]; c'est un augure très-grand et un signe très-evident que leur pucellage s'est laissé derrière. Mais escoutons un peu Tabarin, il me semble qu'il entre en chaire.

Paradoxe du seigneur Tabarin.

Es asnes sont les premiers musiciens du monde[2] (excepté monsieur le cul, car il joue des orgues et souffle tout ensemble). *Probo minorem :* Pour estre bon musicien, il est requis d'avoir quatre choses; bonne veue, bonne ouie, bonne voix et bonne mesure : bonne veue, car il faut tousjours bien voir clair à manger sa soupe, aussi les aveugles, par un arrest de la Cour des Quinze-Vingts, ne sont pas tenus d'ouvrir les yeux; bonne oreille, car tout le contentement de l'ouye depend de l'oreille; bonne voix, car elle est l'organe des musiciens; pour la mesure, chacun sçait bien que les musiciens la boivent toute pleine. Un asne a toutes les quatre choses en sa nature asinique. Il a bonne veue, car il ne luy faut pas de lunettes; aussi bien est-il camus;

---

[1]. Cette nomenclature burlesque est extraite d'un livret intitulé : *Le rapport fait des pucellages estropiez de la plus part des chambrieres de Paris..... ensemble les noms des ustencilles trouvées dans leurs bas guichets.* Paris, 1617, in-8.

[2]. Question XLVIII, t. I, p. 100.

outre ce qu'il a les yeux aussi grands que deux saillières. Bonnes aureilles : qui voudroit avoir de plus belles aureilles qu'un asne ? Jamais Midas n'en eut de si longues ; il est assés evident qu'on ne luy a pas baillé de beguin quand il estoit petit. Pour la mesure, il en a un bon pied : il est assés aisé de le voir au mois de may quand il court après les femelles ; il bat la mesure avec proportion. Quant à la voix, son harmonie est si delicate que, quand il entonne un air, vous verrez les monts et forests se resjouyr et chanter d'allegresse. C'est de sa voix qu'on a tirée l'invention des cinq voielles : ha, he, hi, ho, hu.

Les philosophes disent que la femme est de mesme matière que les hommes ; ils se sont grandement abusez, car je trouve qu'elles sont de bois : sçavoir est de buis, de tremble et de sapin. Elles ont la teste, comme partie superieure, faicte et composée de duis, dur comme tous les diables. Le cul et les fesses sont faictes de bois de tremble, bois assez cogneu ; aussi ne sont-ils jamais en seureté, ils tremblent sans cesse, principalement quand le marteau est sur l'enclume. Si le derrière est de tremble, le devant est faict de bois de sapin, tendre, delicat ; il ne faut pas beaucoup pousser pour le percer ; on n'y a que faire des villebrequins des menuisiers, ny des ferrements des serruriers : leur cadenat est bien-tost ouvert [1].

Puisque nous sommes aux jours gras, il n'y a pas de danger de parler grassement ; ceux qui ne voudront sentir ce discours, ils n'ont qu'à

---

1. Question XXXIX, t. I, p. 88.

boucher leurs narines et mettre deux troux en un : une odeur chasse l'autre. Le cul est une des premières parties du corps des plus honnestes et plus courtoises, comme celuy pour qui tous les membres travaillent, qui contribue ce qu'il a de meilleur pour enfumer les parterres de ses voisins ; aussi est-il venerable : il porte barbe comme les philosophes, et a cela de difference avec le nez qu'il est pelu par dehors, et vostre nez dedans [1]. Outre plus, la peinture est un art estimé divin, pour les raretez dont il est annobli et qui s'y rencontrent ; mais monsieur le cul a cela de particulier, qu'il est le premier peintre du monde [2] : il crayonne des mieux, principalement quand par quelque colique merdique il a estallé sa foire et sa marchandise. Il vous broye une couleur dans le marbre de ses fesses avec industrie et facilité ; et, qui plus est, on n'a que faire de porter les tableaux au doreur : il sçait une invention nouvelle pour peindre en or et dorer sur la toille, nommement quand la chemise luy est appliquée.

Procez devant Tabarin.

IL y a procez intenté entre Guillot l'Esventé et Guillemain Blanfevre. L'un dit avoir cooperé en la structure au bastiment, pilotis, closture et emboucheure de Guillemette, niepce dudit Blanfevre, et que par cette combination, sans aucun edict en faveur de l'un ou de l'autre, le ventre

---

1. Question LX, t. I, p. 119.
2. Question XXVIII, t. I, p. 72.

de ladicte Guillemette se seroit hidropisé et enflé, au grand deshonneur de sa race, qui ne fit jamais autre chose depuis les vieux tayons jusques aux descendans; cause pourquoy ledict l'Esventé desiroit avoir l'usufruict de ce profit de ceste enfleure, requerant sur ce les biens d'adjudication, se disant avoir plus travaillé que les autres, et qu'il vouloit retirer le profit de ses semences et arrousements; que, s'il y avoit quelqu'un qui y dit avoir part, il se disoit le premier. Guillemain Blanfevre, tuteur et curateur de Guillemette, sa niepce, remonstre humblement que ce seroit une indiscretion très-grande d'adjuger l'enfant audict l'Esventé, par ce que sa niepce y avoit grandement cooperé et contribué du sien; qu'outre plus, elle avoit faict davantage que plusieurs femmes qui seront mariées vingt ans sans avoir aucune lignée; qu'elle, bien que non mariée, avoit tasché à se guarantir de ce reproche; apportant de plus un edict donné en la Cour de macquerelage en faveur de sa mère, qui avoit jadis esté en mesme peine. Les lettres veues, ce procez destourné et mis à l'inquisition, après un asseuré tesmoignage de part et d'autre, nonobstant l'interjection d'appel, Tabarin, par un arrest irrevocable, a prononcé ès mots :

Arrest de Tabarin sur le procez intenté.

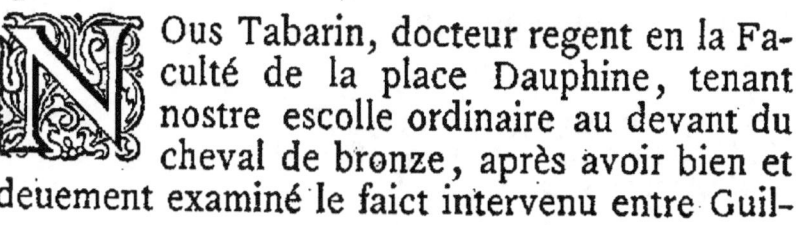Ous Tabarin, docteur regent en la Faculté de la place Dauphine, tenant nostre escolle ordinaire au devant du cheval de bronze, après avoir bien et deuement examiné le faict intervenu entre Guil-

lemain Blanfevre et Guillot l'Esventé, sur le procez porté cy-dessus, avons de pleine puissance et authorité absolue condamné et par ces presentes condamnons ledict l'Esventé à se desister de sa demande et ne plus importuner les defendeurs de ses portions et requestes. Oultre plus, voulons et ordonnons que ladicte Guillemette jouira de son benefice, enjoignant à tous de ne la troubler ny donner empeschement quelconque à la nourriture et eslevement de son fruict, fondez principalement sur un arrest du 19 may 1556, donné en la Cour des vachers, où il est porté amplement qu'une vache qu'on meine au taureau, en payant son salaire, ne doit point donner au maistre dudict taureau l'usufruict de sa besongne, ains doit demeurer à celuy à qui appartient la vache [1]. Outre plus mandons au premier nostre huissier, tenant sa boutique près de la fontaine, de mettre à execution nostre present arrest : car tel est notre plaisir. Donné à Paris, le 34 du mois de febvrier à venir.

 C'est un trait de courtoisie d'oster le chappeau, mais les tireurs de laine sont les plus courtois, car ils ostent le manteau et le chapeau tout ensemble [2]; ils sont du mesme naturel que ceux qui ne se servent pas de gans, ny en hyver, ny en esté [3]. C'est une belle proprieté, à la verité, et un plaisir, quand on trouve sa soupe toute taillée; aussi sont-ils plus glorieux que les pourceaux, car un pourceau ayme mieux à briscoler

---

1. Question LVII, t. I, p. 115.
2. Question XXV, t. I, p. 68.
3. Question XXX, t. I, p. 76.

un estronc dans sa gorge qu'un bouquet sur son oreille [1]. Nos gens de courte espée ne sont pas de la sorte : vous les voyez tousjours sans gans, et, quand ils ont froid, ils taschent à mettre la main dans les poches de leur compagnon pour les rechauffer [2].

Il est temps de quitter la banque; j'ay tracé ces lignes pour avantcourières d'un livre plus gros qu'on vous presentera d'icy à quatre ou cinq jours, où vous verrez toutes les plaisanteries de Tabarin gaillardement descrites [3].

1. Question LXIII, t. I, p. 124.
2. Question XXX, t. I, p. 77.
3. Il s'agit du *Recueil général des œuvres tabariniques*, dont la première partie parut effectivement en 1622, vers Carême-prenant. Cette publication et la présente facétie sont donc sorties de la même plume, mais l'auteur est resté inconnu.

FIN.

LA QUERELLE

ARRIVÉE

ENTRE LE SIEUR TABARIN ET FRANCISQUINE
SA FEMME

A CAUSE DE SON MAUVAIS MESNAGE

*Avec la Sentence de separation contr'eux rendue
pour ce subject*

A PARIS

Chez Jean HOUDENC, demeurant rue St-Severin
Jouxte la copie imprimée à Nancy
par Jacob Garnickh

M.DC.XXI

LA QUERELLE

DE TABARIN ET DE FRANCISQUINE

*Avec la Sentence de separation contr'eux rendue
pour ce subject.*

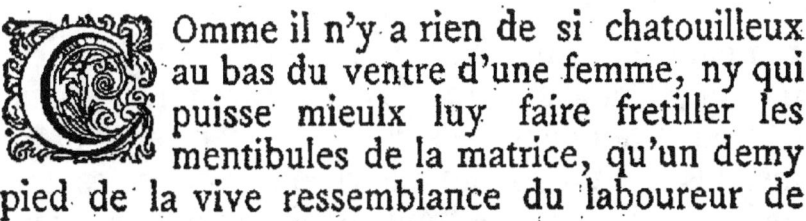

Omme il n'y a rien de si chatouilleux au bas du ventre d'une femme, ny qui puisse mieulx luy faire fretiller les mentibules de la matrice, qu'un demy pied de la vive ressemblance du laboureur de

---

1. L'origine de cette farce ne sauroit être attribuée à Tabarin, qui n'entendoit pas amuser ainsi le public et le faire rire à ses dépens. Mais Francisquine, jeune et jolie, aimoit, dit-on, les hommes, et son mari ne détestoit pas le vin. Ces torts réciproques amenoient parfois dans le ménage des discussions qui finissoient par une distribution de taloches et de coups de poing. Quelqu'un sans doute a trouvé cela plaisant et en a fait le sujet d'une *farce* qui rappelle celles qui terminent le *Recueil général* et l'*Inventaire*.

Cette facétie a aussi été publiée, avec des variantes et suppressions, sous le titre de : *La farce de la querelle de Gaultier-Garguille et de Perrine sa femme. Avec la sentence de separation entre eux rendue*, sans date, in-8. On la retrouve encore intitulée : *La Querelle de Jean-Pousse et de Jeanneton sa cousine*, 1623, in-8; mais alors elle a été sensiblement modifiée, et les additions qu'elle présente sont loin de compenser les retranchements qu'on lui a fait subir.

nature, de mesme en faict le seigneur Tabarin, homme de qualité et respect *in utroque jure*, *scilicet*, d'yvrongnerie, de gausserie, et *sic de ceteris*, n'ayant plus pour object ny pour but qu'un demy grain d'honneur dans l'antichambre de sa conscience ; considerant que la fortune des putains est semblable aux exalaisons de la terre, qui s'anéantissent par les moindres rosées ; enfin, touché de ce vif esperon, voyant que la dame Francisquine, sa femme, n'aquestoit rien en son mestier que les heritages dont les lots et ventes se payoient aux chirurgiens, et qu'au bout de l'an il ne se trouve au poulailler que bestes à fourrage, comme poulains, foynes, et autres dont la nourriture envoye son possesseur à l'hospital, il fut resolu de luy faire une leçon en trempant les souppes, portant ces mots : Ma mie, ma fille, Francisquine, foy de caporal, je suis homme d'honneur, je suis le dernier et le premier fils de putain de ma race ; vous estes du mestier, il y a plus de trois semaines ; vous sçavez que j'en ay le courage offencé jusques au crever. Croyez moy, je vous en prie, j'ayme mieux accroistre l'ordinaire de demy septier de picotte [1] et d'un plat de fricassée, que de vous voir plus ainsi rauder, tantost d'un costé, tantost de l'autre. Vous sçavez quel profit vous avez eu chez le sieur Piphagne, et quel honneur j'ay receu depuis que vous couchastes chez le sieur Lucas : la Ballaffrée vous dit bien ce qui en estoit ; la petite Gasconne n'avoit garde, veu l'amitié qu'elle me portoit, de vous retirer en son logis :

---

1. Pour *piquette*.

pour la Marchand, elle est trop fine, de par le diable, pour laisser culter plus hault d'une heure en sa chambre. Si c'estoit Alix, à la verité, partant que son drolle en eust jusques au gosier, elle aymeroit mieux rompre la table, afin qu'on fist la collation sur la couchette.

Vous voyez, ma fille, comme je cognois toutes ces personnes là. Hé! de par Dieu, je sçay trop bien qu'en vaut l'aune, en l'année mil six cens quinze, pour avoir descouché d'auprès des costes de la feue bragardissime Culotte, ma première femme : de quoy je n'en sçaurois parler que je n'aye la larme à l'œil, car je vous asseure que je l'aymois plus qu'une truye ne fait la merde. Je m'en allay au logis de la grand Toumine, où je fis une merveilleuse rencontre.

Premièrement, j'y trouvay son mary qui faisoit assez de l'entendu pour un maquereau; il se rondinoit, il fretilloit dessus son lict sans avoir esgard à ma qualité, il se chatouilloit tousjours pour se faire rire; mais à la fin, quand il eut contemplé et consideré les traicts de mon visage par les plis de mon haut-de-chausse, il commença de dire à une damoiselle coiffée de nuict : Retirez-vous avec Monsieur. Ce qu'entendant et ne desirant de perdre de temps, je l'empoignay et la conduits en une garderobbe où il y avoit plus de poux, de puces et de punaises qu'il n'y a de jours en quatre ans.

Je crois, ma chère amie, quand vous sortez de ceans pour aller coucher en ville, que vous n'avez guères de plaisir d'avantage : car, si d'un costé vous remuez le cul (ainsi que si vous y aviez un plain boisseau de fourmis), d'avantage ce vous est un grand mescontentement d'estre attaquée devant, derrière, dessus, dessouz, demy-tour à droite, demy-tour à gauche, et encore, qui pis est, estre au hazard du guet.

Ces remonstrances, Francisquine, sont maritales ; j'ay plus de trois mois d'âge que vous : cedez à la vieillesse et au respect que vous me devez.

Ce n'est point que je sois jaloux que vous passiez le temps joyeusement ; mais il me desplaist de vous voir tantost une entrappe [1] icy, une maladie là, et subjette enfin aux *fratres de l'Espature* ; et outre ce qu'on me salue avec deux doigts, comme si je portois une aigrette à double branche.

FRANCISQUINE. Mercy Dieu, cornard, double Jennin ! est-il temps de fermer la porte quand les chevaux sont eschappez ? Le premier jour de nos nopces (qui estoit dernièrement), quand je te demanday conseil comment je devois me gouverner, tu me dis à ma volonté (ce qui me pleut grandement), et maintenant tu me renvoye de Caïphe à Pilate, tu me conte [2] des fagots pour des cottrests. Va, va, de par le diable, va-t'en querir du vin, cependant que je me disposeray à manger mon potage. Tout ce que tu me conte ne me fait qu'estourdir la teste et rompre le cul. Si ces vieux courtiers ou maquignons d'amour (dont tu me parles) ne sont point de mes amis, j'ay ma commère la Saligotte,

---

1. C'est-à-dire un *anthrax*.
2. Ce mot, écrit ainsi, forme équivoque. En se conformant à l'orthographe actuelle, qui veut qu'on écrive *comptes*, on a le vrai sens d'une locution proverbiale qui a dû être très populaire autrefois.

qui demeure à ces marests du Temple, qui ne s'enqueste de rien : elle tient logis pour les filles à part, et quand quelqu'une de sa cognoissance y vient, comme moy, et d'autres qui sont fort affables, car, pour mon regard, j'ay le cœur doux comme une livre de beurre de Vanve, elle nous fait du plaisir et de la courtoisie ; d'autre part, si elle n'avoit besoin de mon ouvrage et qu'elle eust trop de moissonneuses, madame de la Quille ne faut ne manque.

TABARIN. Foy de caporal, tu es une grande sotte ; je voy bien que tu abuses du tout de ma bonté. Hé ! de par Dieu, si je t'ay lasché la bride sur le col, ce n'estoit point pour te faire declarer la femme de Tabarin, ains estoit seulement pour te faire renouveller ton laict et rafraischir le sang.

FRANCISQUINE. Vrayment, tu me la baille belle ! Vois-tu, Tabarin, depuis qu'une fille ou une femme a fait attacher quatre jambons à une cheville, c'est-à-dire laissé aller le chat au fromage, il n'y a moyen d'en faire revenir la pelure.

TABARIN. Hé ! comment, Francisquine, tu veux donc estre tousjours putain ?

FRANCISQUINE. Puisque je ne sçay point de meilleur mestier, selon le conseil de mon compère Lucas et du père Piphagne mon maistre, je suis d'advis de m'y tenir, car au changement j'ay tousjours ouy dire qu'on ne gaigne pas beaucoup ; c'est un commun proverbe. Demandez ce qui en est à ceste petite esservellée de Tabarette, vostre cousine germaine, faisant son domicile du port au Foin, qui fit venir ses mois sur une touffe d'herbe à my les champs, à deux lieues d'icy : je m'asseure qu'elle dira que le goust en est delicieux.

Tabarin. Je sçay bien, Francisquine, qu'elle est assez affrontée pour m'asseurer que la liberté est requise aux filles; mais neantmoins sa mère s'en plaint fort.

Francisquine. Tu te plains aussi de moy, et si je ne m'en soucie guères, car il y a plus d'apparence à luy faire manger du pain bis qu'à moy de faire boire de l'eau.

Tabarin. Ce n'est pas de cela que je parle; je dis en un mot que je veux et entens que tu sois d'oresnavant femme de bien.

Francisquine. Pauvre badin, tous les commencemens sont rudes; et qui pis est, je ne veux jamais changer.

Sur cela, Tabarin enfla la gibecière de son couroux, et, soupçonnant que Francisquine, pendant cest entretien, luy auroit joué quelque tour de maistre Gonin, il commence à jetter pot, plats, potages et escuelles sur le plancher, cassa les verres et print un baston pour la frotter, à quoy il eust longuement travaillé sans le secours de la mère-grand de Grisigoulin, appellée la vieille Guergouille, qui mit la teste à la fenestre, et qui, en mesme temps, vint au secours, apportant un pistolet tout amorcé, dont un gentilhomme fut blessé, pour lors, par derrière, à mort.

C'estoit un grand crève-cœur à Francisquine de se voir ainsi traicter, après un si long temps qu'elle frequentoit le bordel soubs les auspices de son mary. Aussi, ne voulant permettre qu'un tel affront tint lieu de loy pour ceux qui consentent d'ordinaire la desbauche de leurs femmes, elle fit assembler les plus fameuses (au fait de cultage), leur conta et raconta leurs differends, et sa resolution la portant du tout au divorce, elle les embouscha les oreilles avec tant d'animosité, que, quand il fut question de comparoir devant le juge, le pauvre Tabarin demeura avec un pied de nez, et deux et demy de cornes.

Tellement qu'après toutes leurs remonstrances de part et d'autre, interrogatoires secrettes à ce sujet, recollemens et confrontations des tesmoins produicts de la part de Francisquine, conclusions par elle fournies, et deffences au contraire de Tabarin, le tout veu et consideré, il fut dit : Attendu l'usage, longue jouissance et droits de servitudes prescripts, pour les bons et agreables services rendus par Francisquine à quelques desbauchez citoyens de la Republique, joint la licence presque immemoriale concedée gratuitement par Tabarin à Francisquine, sa femme, ladite Francisquine jouyra plainement et paisiblement des fruicts, revenus et esmolumens de son devant, sans qu'aucun la puisse inquieter par cy après, à peine de l'amende, tant en commandant qu'en deffendant.

Defendons audit Tabarin de la hanter ny frequenter, si ce n'est avec tout respect et obeissance, comme de valet à maistre.

Et pour l'impudence et les excedés par luy commis, l'avons separé et separons d'avec ladite Francisquine sa femme, de corps et de biens, comme incapable d'entretenir le fait de cornardise; et outre, l'avons condamné ès despens de la presente instance. Ce qui fut prononcé et publié le premier lundy du mois que les mousches piquent, tandis que les savetiers prennent leur bouillon.

FIN.

LE PROCEZ

PLAINTES ET INFORMATIONS

D'UN MOULIN A VENT

DE LA PORTE SAINCT-ANTHOINE

CONTRE LE SIEUR TABARIN

Touchant son habillement de toille neufve intenté par devant Messieurs les Meusniers du fauxbourg Sainct-Martin

Avec l'arrest desdits Meusniers, prononcé en jaquette blanche

———

Riez devant que de le lire,
Car il y a bien à rire.

A PARIS

Chez Lucas le Gaillard, rue des Farces
A l'enseigne de la Naïfveté

M.DC.XXII

LE PROCEZ

PLAINTES ET INFORMATIONS

D'UN MOULIN A VENT

DE LA PORTE SAINCT-ANTHOINE

CONTRE LE SIEUR TABARIN

Touchant son habillement de toille neufve intenté par devant Messieurs les Meusniers du fauxbourg Sainct-Martin

Avec l'arrest desdits Meusniers, prononcé en jaquette blanche [1]

MESSIEURS,

IL y a deux, trois, quatre, dix, vingt et cinquante ans que je tourne, que je vire, que j'exerce mes fonctions et œuvres ordinaires, où j'ay vescu (sans reproche) en personne de bien et d'honneur, et

1. Il est fait mention de cette facétie dans le Préambule III, intitulé : *Subtilité de Tabarin.* Voy. t. I, p. 205.

aujourd'huy on me veut despouiller et me faire un affront. On me vient desrober et oster ma robbe neufve pour en revestir un autre qui n'est point si trompeur que moy. J'en presente ma requeste pour estre ouy et interrogé. Il n'est pas question qu'un pauvre homme comme moy perde ainsi son bien. Il y a de la ville en la justice ; il faut que je face appeller celuy qui m'a pris mes despouilles : nous sçaurons s'il est permis à un autre de venir prendre les meubles d'autruy en sa maison et en sa presence mesme. Il n'y a gentilhomme de nostre estat qui approuve ceste action. Encor si on eust attendu à un jour ouvrier ; mais Tabarin a bien prins l'occasion au pied de la lettre : quand il a veu que j'avois mon habit des dimanches, il m'est venu despouiller d'une de mes aisles ; c'estoit la plus belle jaquette que jamais j'avois eue. Je me resous pourtant d'en tirer ma raison. Ainsy parloit un certain Moulin de la Porte Sainct Anthoine, mardy dernier, en son langage de moulin : car les philosophes disent que les dents concurrent grandement à bien former les parolles, ce qu'il n'eust peu faire, car *habebat dentes molares*, c'est à dire des oreilles d'asne, ou, selon la glose d'Orleans, les meules trop grosses ; cela le faisoit marmoter entre ses dents.

Le procez ne demeura pas pourtant pendu au croc : car, après avoir esté au conseil (comme il est tousjours bon en une affaire d'importance d'aller voir les anciens), il s'en alla jeudy dernier, sans bouger de sa place, voir un certain advocat sans cause, qui demeure au fauxbourg Sainct Martin, pour adviser plus amplement à ce qu'il auroit à faire en une cause si douteuse.

L'advocat voulut sçavoir ses raisons. « Monsieur, dit-il (il parloit encor), j'ay desjà eu deux mots de conseil touchant mon affaire; puis que j'ay entré si avant, il me coustera plustost le reste de mon haut de chausse que je n'en tire la raison : car, ce qui plus me fasche, je crois qu'on a fait cela pour se mocquer de moy, et vous sçavez qu'à une personne de qualité comme je suis, il est bien difficille de soustenir des injures aussi poignantes.

— Mon amy, ce dit l'advocat, je soygneray à vostre affaire. Je suis un peu embrouillé pour l'heure : revenez demain au matin, et, cependant, faites adjourner vos parties de comparoistre à demain, ou, à faute de ce faire, vous obtiendrez un deffaut contre eux. »

Monsieur le Moulin, qui vouloit estre vistement vuidé de sa besongne, à cause qu'il faisoit bon vent et qu'il avoit moyen de faire en bref ses despesches et expeditions, retourne en son lieu et rentre en la maison de son logis, sans frapper à la porte, car il n'estoit pas sorty. Il alla pour ce jour visiter ses vieilles antiquailles et vieux registres de ses ancestres, afin de voir s'il pouvoit avoir bon droict sur l'affaire qu'il alloit encommencer.

Le tout veu et consideré, il delibera de faire appeller le sieur Tabarin, son adverse partie, à comparoistre ; mais il n'avoit pas mis ny devant qui, ny le jour, de sorte que le sergent, qui est du mesme fauxbourg, aussi sage que l'advocat, ayant faict son exploit, trouva qu'il n'avoit rien faict qui vaille ; il n'en parla pas pourtant, car il vouloit estre payé, luy et ses recors, de ses peines, mises, frais et travaux, et tout devoit tomber sur le pauvre Moulin, puis qu'il les avoit mis en œuvre.

En fin le lendemain, le Moulin, sans bouger de sa place, comme dit est, ne manqua pas de venir trouver monsieur l'advocat, qui, ayant entendu tout son faict, luy persuada qu'il ne pouvoit avoir meilleure justice que de faire appeller sa partie par devant messieurs les meusniers de la ville de Paris, tenans leur Chambre ordinaire tous les sabmedis au fauxbourg Sainct Martin, et qu'infailliblement la cause estant comme ledict Moulin luy avoit declaré, qu'il ne pouvoit, à bon droict et à juste titre, esperer qu'un heureux succez de son affaire. Mais qu'au reste, il ne se devoit embarquer en ceste affaire s'il n'avoit faict ouyr ses tesmoins et mis ses informations au greffe. Il me souvient, dit-il, que le compère Jean Nichaise perdit l'autre jour sa cause faute de pouvoir faire exhibition des pièces et de n'avoir eu des tesmoins pour prouver son dire. Il est bien vray qu'il estoit un peu mal fondé, car il n'avoit point de barbe. Or, suivant les constitutions de l'Empereur, etc., tous les imberbes, en fait de plaider, perdent leur cause.

Le Moulin fust quelque temps à songer là dessus et à examiner ce que luy disoit monsieur l'advocat; enfin, resolu de voir le bout, puisqu'il estoit entré si avant, il ne manqua pas de se trouver devant messieurs les meusniers, en la cour d'Attrappe, size au fauxbourg Sainct Martin.

Le procez fust mis sur le bureau le sabmedy d'un fin matin, afin de conclurre aux despens et interests: car il y avoit huict jours entiers qu'il ne travailloit pas, à cause que la moitié de son habillement avoit esté emporté, ce disoit-il, par Tabarin. Mais je crois que le bonhomme n'y avoit jamais songé; il a des pistolles assez d'autre part.

Ledict sieur Tabarin, qui ne s'amuse point à des frivoles, ne fit pas beaucoup d'estat de comparoistre devant les juges et les meusniers; il ne voulut pas seulement y envoyer un procureur, bien qu'il y en ait plus de cent à Paris qui sont à rien faire. L'heure se passe, on examine les pièces du procez, tout tournoit assez à l'advantage du Moulin; mais quant il fallut prouver, on ne trouva pas de tesmoins, personne n'avoit vu le rapt.

Messieurs les meusniers, voyant que la partie n'avoit point comparu, resolurent de poursuivre à l'instance du procez et le juger par deffault et contumace, ce qui fut faict. On visite les cahiers, on cherche, et, au bout du compte, on trouva qu'il n'y avoit autre chose aucune qui s'agissoit en ceste cause que du larcin de deux ou trois aulnes de toille neufve.

Ceste consideration n'avoit poinct de droict chez eux: car chacun sçait bien que de tout temps ils ne se soucient pas beaucoup d'avoir le bien d'autruy en possession, comme, de faict, le sieur Tabarin le signifioit assez l'autre jour quand il disoit qu'il n'y avoit chose au monde plus hardie que la chemise d'un meusnier, par ce qu'elle prend tous les matins un larron au collet[1].

Toute ceste affaire estant meurement digerée, cela fist mettre l'intendant des meusniers dans une chaire de paille pour prononcer en robbe blanche ce notable et admirable arrest :

ARREST
DE LA COUR DES MEUSNIERS.

Eu par nous (sans signer) le procez, information et dependance de la cause intentée et intervenue entre le Moulin et le sieur Tabarin, l'un se disant avoir esté despouillé, l'autre le niant par son absence, jugeant qu'en ceste cause il s'agissoit de larcin, et que donner une sentence contre le deffendeur ce seroit nous mesmes nous rendre coupables (bien que nous ne soyons plainement informez du faict), et quant ainsi seroit, de peur qu'on ne nous impute d'avoir donné un arrest contre nostre interieur, afin que chascun cognoisse et qu'il soit notoire à tous que nous sommes aussi joyeux de desrober que nos voisins, nous avons renvoyez et par ces presentes renvoyons les parties hors de cour et de procez et sans despens. Et ainsi les parties ont esté renvoyez absouz, l'une sans comparoistre et l'autre sans y aller.

Ceste sentence, donnée au desadvantage du Moulin, ce luy sembloit, esbransla beaucoup sa

---

1. Voir Question L, t. I, p. 104.

première audace, car il croyoit infailliblement gaigner son procez, avec despenz, dommages et interestz contre le deffendeur. Cela le fit monter sur ses grands chevaux, sans esperons toutesfois, car, si on les piquoit, ils entraineroient et le Moulin et les meusniers au diable.

Il ne restoit à monsieur le Moulin, en ceste cause, qu'une seule esperance, sçavoir est, puisque les meusniers ne luy avoient point favorisé en ses jugemens, qu'il avoit la voye d'appel pour en tirer ses pièces; mais il ne pouvoit sçavoir devant quel juge il tourneroit, tant il a un grand entendement.

Il ne voyoit que trois personnes devant qui il pouvoit demander son renvoy : car de tout temps il a ses causes commises en la court des Larrons, sçavoir est, les meusniers, les cousturiers et les autres. Il voulut doncques sçavoir son renvoy par devant les cousturiers; mais on trouva qu'ils estoyent aussi larrons que les meusniers. Toutesfois, puisque les meusniers avoyent esté choisis pour decider de ceste affaire, ils firent leur assemblée, sabmedy dernier, dans les halles, où est leur court ordinaire establie de tout temps.

Le Moulin, continuant ses exploictz, voulut se servir soy-mesme d'advocat et plaider sa cause, contre un arrest du 16 des Methamorphoses, qui porte que : *Omnis homo suspectus in propria causa.*

« Messieurs les cousturiers (dit-il en son langage arabique), vous pouvez cognoistre à ma candeur, à ma barbe blanche, que je ne viens pas devant vous à tort, ains que plustost je ne vous demande que justice et droict du procez dont je suis appellant. Il est question d'un vol. (A ce mot chascun commença à rire, car on jugea bien qu'il perdroit sa cause.) Par cas fortuit et par malice, il est arrivé qu'on m'a pris, desrobé, volé, pillé et emporté la moitié de mon habillement des festes, ce qui m'a empesché de faire mes fonctions et ouvrages ordinaires; cause pourquoy, ayant veu, d'autre part, qu'à tort et sans cause les meusniers, contre le droict des gens, avoyent donné sentence contre ce que je pouvois esperer de la justice, je me suis porté pour appelant de ladite sentence comme d'abus, par devant vous, suyvant la loy de Licurcus. » (On attendoit qu'il alloit donner quelques tranches de latin; mais il ne parle de son naturel qu'en langue arabique.) Il donna ses pièces, on les visite.

Quand on ouyt parler Tabarin, le juge qui devoit porter sentence contre luy trouva que luy mesme avoit faict ledit accoustrement, et qu'à la verité il estoit de toille neufve; mais qu'il avoit tort d'accuser ledict sieur Tabarin, et que luy-mesme l'avoit veu chez un marchand d'auprès Sainct-Innocent lever les estoffes, que tant s'en faut qu'il l'aye desrobé.

Cela fit qu'il donna son arrest en faveur du deffendeur, renvoyant de plus le demandeur à sa première sentence, avec despens, dommages et interests, s'il poursuivoit davantage ladite instence.

Monsieur le Moulin crevoit de despit, voyant que les juges luy estoyent si peu favorables. A cause qu'il estoit larron comme eux, il vouloit repliquer; mais un silence s'espandit incontinent par la Chambre, le fit retirer tout triste et comme première audace, car il croyoit infailliblement gaigner son procez, avec despenz, dommages et interestz contre le deffendeur. Cela le fit monter sur ses grands chevaux, sans esperons toutesfois, car, si on les piquoit, ils entraineroient et le Moulin et les meusniers au diable.

Il ne restoit à monsieur le Moulin, en ceste cause, qu'une seule esperance, sçavoir est, puisque les meusniers ne luy avoient point favorisé en ses jugemens, qu'il avoit la voye d'appel pour en tirer ses pièces; mais il ne pouvoit sçavoir devant quel juge il tourneroit, tant il a un grand entendement.

Il ne voyoit que trois personnes devant qui il pouvoit demander son renvoy : car de tout temps il a ses causes commises en la court des Larrons, sçavoir est, les meusniers, les cousturiers et les autres. Il voulut doncques sçavoir son renvoy par devant les cousturiers; mais on trouva qu'ils estoyent aussi larrons que les meusniers. Toutesfois, puisque les meusniers avoyent esté choisis pour decider de ceste affaire, ils firent leur assemblée, sabmedy dernier, dans les halles, où est leur court ordinaire establie de tout temps.

Le Moulin, continuant ses exploictz, voulut se servir soy-mesme d'advocat et plaider sa cause, contre un arrest du 16 des Methamorphoses, qui porte que : *Omnis homo suspectus in propria causa.*

« Messieurs les cousturiers (dit-il en son langage arabique), vous pouvez cognoistre à ma candeur, à ma barbe blanche, que je ne viens pas devant vous à tort, ains que plustost je ne vous demande que justice et droict du procez dont je suis appellant. Il est question d'un vol. (A ce mot chascun commença à rire, car on jugea bien qu'il perdroit sa cause.) Par cas fortuit et par malice, il est arrivé qu'on m'a pris, desrobé, volé, pillé et emporté la moitié de mon habillement des festes, ce qui m'a empesché de faire mes fonctions et ouvrages ordinaires; cause pourquoy, ayant veu, d'autre part, qu'à tort et sans cause les meusniers, contre le droict des gens, avoyent donné sentence contre ce que je pouvois esperer de la justice, je me suis porté pour appelant de ladite sentence comme d'abus, par devant vous, suyvant la loy de Licurcus. » (On attendoit qu'il alloit donner quelques tranches de latin; mais il ne parle de son naturel qu'en langue arabique.) Il donna ses pièces, on les visite.

Quand on ouyt parler Tabarin, le juge qui devoit porter sentence contre luy trouva que luy mesme avoit faict ledit accoustrement, et qu'à la verité il estoit de toille neufve; mais qu'il avoit tort d'accuser ledict sieur Tabarin, et que luy-mesme l'avoit veu chez un marchand d'auprès Sainct-Innocent lever les estoffes, que tant s'en faut qu'il l'aye desrobé.

Cela fit qu'il donna son arrest en faveur du deffendeur, renvoyant de plus le demandeur à sa première sentence, avec despens, dommages et interests, s'il poursuivoit davantage ladite instence.

Monsieur le Moulin crevoit de despit, voyant que les juges luy estoyent si peu favorables. A cause qu'il estoit larron comme eux, il vouloit repliquer; mais un silence s'espandit incontinent par la Chambre, le fit retirer tout triste et comme embrazé de colère de voir ses affaires secondéez si malheureusement.

Il n'en vouloit point demeurer là pourtant, car il ne se pouvoit imaginer que sa cause fust mauvaise, ayant esté au conseil au plus superbe advocat qui soit au fauxbourg Sainct Anthoine. Il resolut de rechef d'en voir le bout; la Fortune ne luy pouvoit verser de plus grandes infortunes (ce luy sembloit). Il s'advisa d'aller voir messieurs les sergents et recors du fauxbourg mesme de Sainct Anthoine, sans toutefois bouger de sa place, comme dit est, car il n'a point de jambes, il n'a que des aisles : c'est la cause pour laquelle il vole si bien.

Les sergents de tous les fauxbourgs, car la ville est trop commune, s'assemblèrent à une tour pour mestre leur nez dans la cause dudit Moulin. Leur seance estoit tout dans la barrière dudict fauxbourg de Sainct Anthoine, depuis huict jusques à douze heures, où il fut amplement discouru de part et d'autre sur l'antiquité des larrons (car ils ne se peuvent parler que de leur mestier et des gens de leur estat). On voit, on lit, on regarde; chacun visite et retourne les pièces, les cahiers, les plaintes, preuves, adjournemens, contumace, reglemens, defaults, informations, visites, sentences, arrests, et tout ce qui concernoit le procez dudit Moulin, tous les tenans et aboutissans, adjoincts demandeurs et deffendeurs de ladite cause.

On fut quelque temps à consulter là dessus, afin de decider de ceste affaire en toute equité et justice. Monsieur le Moulin, voyant qu'il n'avoit pas eu de profit à plaider sa cause, voulut en ce dernier acte se servir de procureur, afin de mieux remonstrer aux juges ce qui estoit du faict du procez et de la despence de ladicte cause.

Mais, de malheur, quand il fallut donner son jugement, le procureur ayant faict sa harangue à la mode et à l'occasion qui est maintenant en vigueur, après avoir deuement remonstré devant Messieurs qu'à tort et sans cause ledict Moulin avoit esté despouillé de sa juppe, et qu'il leur demandoit justice de ce rapt, on trouva que les juges et tous les sergens qu'ainsy estoyent assemblez n'estoyent ny de Paris, ny des faux-bourgs, ains que ce n'estoit que vrays rustauds et villageois; c'est pourquoy le procez n'avoit jamais esté bien instruict : car il y avoit de la faute au calcul, et, qui pis est, celuy qui devoit presider en ceste cause estoit celuy mesme qui avoit faict l'adjournement et qui n'avoit pas bien intitulé son affaire.

Resolus pourtant de poursuivre au jugement, et firent ceste prompte et hastive sentence :

LA SENTENCE

DE MESSIEURS LES SERGENS DU FAUXBOURG SAINCT MARTIN.

A La requeste de Monsieur un tel, en son vivant Moulin juré en l'Université du fauxbourg Sainct Anthoine, ayant esté donné assignation au sieur Tabarin, et n'estant point comparu à deux heures de relevée, comme il estoit porté plus amplement dans l'original, avons passé au jugement de la cause et renvoyé la partie appellante à son premier jugement, avec deffence audict Moulin de ne plus faire aucune instance, ny instruire aucun procez ou pièces contre le deffendeur, sur peine de tous despens, dommages et interests et confiscation du reste.

Faict le trente troiziesme jour de juin mil six cens vingt et quatre, an et jour que dessus.

Le procureur du Moulin s'en retourna avec six pieds et demy de nez, sans rien faire ny effectuer. Tout ce qu'il luy demeura pour recompense fut qu'il usa au moins pour quatorze deniers de souliers, encor estoyent-ils sans couture.

FIN.

L'ALMANACH

PROPHETIQUE

DU SIEUR TABARIN

Pour l'année 1623

Avec ses Predictions admirables sur chaque moys de ladite année

Le tout diligemment calculé sur son Ephemeride de la place Dauphine

A PARIS

Chez René BRETET, près le college de Rheims

M.DC.XXII

L'ALMANACH

PROPHETIQUE

DU SIEUR TABARIN

Pour l'année 1623

Avec les Predictions admirables sur chaque moys de ladite année

Le tout diligemment calculé sur son Ephemeride de la place Dauphine

---

LA contemplation des choses celestes est une des sciences les plus belles et les plus excellentes qu'on puisse jamais acquerir : car, comme elle est pure speculative de soy et se laisse fort peu manier par les esprits des hommes, aussi a-elle en cecy quelque preeminence et prerogative par dessus les autres, outre que toutes les cognoissances que nous avons des choses d'icy bas sont bornées et limitées de ce que nous voyons et manions tous les jours; mais la cognoissance des mouvemens des cieux, comme ils sont en degrez plus haut et qu'à peine nos yeux nous en peuvent-ils rapporter de certaines nouvelles, aussi elle est de bien plus difficille conqueste, veu que la subtillité de nostre intellect doit penetrer où les rais de nos sens externes ne peuvent atteindre ; et ainsi on ne doit s'estonner si tant de grands personnages, ayans parfaitement discouru de tous les mouvemens, changemens, vissisitudes et alterations que nous lisons sur le frontispice de ceste ronde architecture, et cognu toutes les causes d'où peuvent naistre de si admirables et estranges effects, ont toutefois choppé en ce qui concerne la cognoissance des corps superieurs, veu qu'estans d'une matière et composition differente de celle que nous voyons en ce monde sublunaire, aussi ne se peut-elle laisser captiver par nos sens stupides et terrestres. Toutesfois, comme l'aigle, entre les oyseaux, a ceste particularité, qu'elle peut regarder fixement le soleil et soustenir l'esclat brillant de ses raïons, de mesme en divers siècles on a veu des hommes qui, nonobstant ce corps et ceste masse terrestre qui servoit d'obstacle à leurs esprits, pour prendre leur vol dans la cognoissance des cieux, se sont eslevez de la terre et guindez leurs contemplations où la vivacité de leurs organes, ny la subtilité de leurs sens, comme j'ay dit, n'a peu auparavant aboutir.

Entre ceux qui consomment leurs jours en ce louable exercice, le sieur Tabarin n'est point un des derniers (bien que sur son theatre il desavoue de beaucoup à l'exterieur, par ses actions, la prudence et la sagesse qu'il a au dedans, et que jusques icy il a fait paroistre à ceux qui ont conversé familierement avec luy). C'est pourquoy je vous ay bien voulu tracer ces mots, afin de vous faire voir que, s'il y a de la curiosité à contempler les astres, sçavoir, les tours, destours, mouvemens, circulations, bransles, gires, trepidations et autres particularitez qui se remarquent dans la sphère, qu'il y a bien plus de contentement et de plaisir d'entendre un homme qui, par la science speculative qu'il a des corps superieurs, vienne à donner des predictions et en tirer des consequences veritables, comme vous pouvez voir par la suitte de ce discours, qui seront autant de maximes, veu que tout le monde trouvera qu'il n'y a rien de plus approchant de la verité; ce que ne peuvent faire les autres mathematiciens, pour sçavans et experimentez qu'ils puissent estre.

Le sieur Tabarin, ayant veu toutes les constellations qui se font journellement autour de son theatre, et les concurrences des estoilles errantes (j'entens des vagabons) que, de jour à autre, viennent en place Dauphine, comme au poinct vertical où buttent leurs courses, tire ceste maxime pour veritable et infaillible [1] : sçavoir est, que tous coupeurs de bources, faineants, incognus et vagabons qui empruntent l'argent d'autruy sans promesse ny intention de le rendre, seront tenus doresnavant, par arrest du 30 febvrier dernier ou advenir, de prendre l'or sans peser et l'argent sans compter; enjoint de plus à eux de ne regarder si les pièces sont fau-

---

[1]. Ce qui suit, jusques et y compris la ligne 12 de la p. 432, a été reproduit dans les *Arrêts admirables et authentiques du sieur Tabarin*. Voir ci-après, pages 441 à 446.

ces ou non; et pour prediction très-veritable, ledit sieur Tabarin dit qu'en cas que lesdits coupe-bources, faineans, vagabons, etc., ne travaillent à leurs pièces, qu'ils seront tenus et contraints par le mesme arrest, datté du jour que dessus, de mourir de faim.

Tous taverniers, rotisseurs, boulangiers, drappiers, passementiers, cousturiers, sergens, meusniers et autres officiers de la vie humaine, à faute de tromper le marchand, d'user de fallace, de seduction, faux serment, de prester à usure, d'envahir, rapiner, corrompre, attraper, plumer, et executer toutes sortes d'inventions pour en avoir à droit et à gauche, seront tenus de faire banqueroute et de porter le bonnet vert; et de plus, par le susdit arrest est enjoint aux taverniers de mettre de l'eau dans le vin, de peur d'enyvrer le monde; aux rotisseurs de saller la viande et la mettre six fois au feu; aux boulangers de mettre de la leveure dans leur paste et oster la moitié du poids; aux drappiers de faire passer du drap de Berry pour drap du Seau, et d'avoir une aulne qui soit large, mais courte et plus petite de l'ordinaire de quatre pouces; aux passementiers de sçavoir artistement joindre la soye au fil, et de regratter la marchandise, tromper, couper, insiser; et pour cest effet lesdits marchands, tant de drap, passement que de soye, auront un tuyau en leur première chambre, afin d'aveugler le monde en leur marchandise et de faire paroistre l'estoffe plus belle; et ne sera mal à propos que tous les marchands susnommez ayent chacun une belle femme pour attirer les chalans à la vente et distribution des denrées. Aux cousturiers est enjoint par ledit arrest de derober par où ils en pourront avoir, et pour cest effet auront deux coffres, un desquels ils appelleront la rue et l'autre l'œil, afin qu'estans enquis s'il n'est rien demeuré, qu'ils puissent dire avec verité qu'il n'y en est point resté autant qu'on en pourroit mettre dans le coing de l'œil, et que le reste a esté jetté à la rue; aux sergens de faire adjournement, deffaux, coutumace, tirer de l'argent de l'une et l'autre partie, surseoir les executions en cas de monnoye receue; outre plus, quand ils meinent quelque prisonnier, si de fortune on leur graisse les mains et qu'on leur presente quelque argent pour le faire eschapper, seront tenus lesdits sergens de le prendre et donner passage libre audit postulant; aux meusniers d'avoir un certain recoing dans leurs meules pour attrapper la farine, et de prendre double mouture; et, en cas de recherche, et qu'on les appelle larrons, ils seront tenus d'avoir un mulet qu'ils appelleront le Diable, et le sac sera appellé Raison, et se sauveront par serment, levant la main jusques au ciel, s'ils peuvent, avec ces mots : *Le grand Diable m'emporte, je n'en ay pris que par Raison.*

Tous banquiers, receleurs, usuriers, fermiers, maquignons, maquereaux, filous, grisons, rougets, coquins, bannis, galeriens et autres de telle vacation, venus ou à venir, pris ou à prendre, seront doresnavant tenus de vivre sur la bource d'autruy, et ne se tiendront lesdits susnommez dans leurs maisons, ains iront par les rues, dans le Palais, sur le Pont-Neuf, Louvre et autres places publiques, pour attenter, tromper, abuser, seduire, gaster, corrompre, attirer et enjoler les nouveaux venus, et ceux qu'ils verront encor enveloppez dans une lourdesse et cognoissance rustique; que si lesdits maquereaux, grisons, filous ou rougets sont pris et recognus, de peur de laisser leur oreille à la place, enjoint à eux, par arrest que dessus, de jouer, escrimer et estramaçonner de l'espée à deux jambes, et de gagner le haut; ou, à faute de ce faire, je prononce, pour prophetie très asseurée, qu'ils seront pendus et estranglez faute de corde, parce qu'elle ne sera pas assez longue. Outre plus, il est commandé ausdits banquiers et receleurs de se tenir clos et couverts, de prester argent à rendre prestre, mort, ou marié; aux usuriers de gagner de moitié; aux fermiers de tromper leurs superieurs, aux maquignons de froter leur haridelle de leur liqueur ordinaire, et de les engraisser pour estre au bout de huict ou dix jours restituée en leur première forme; aux macquereaux d'estre bons logiciens et sçavoir tous les logis de Paris; aux filous d'attrapper le manant; aux grisons et rougets d'aller à la guerre, ou, à faute de ce, ils seront pendus à Verneuil; à tous autres coquins, bannis, refugiez, exilez, galeriens, et tous ceux qui se trouveront estre de la secte gueusaïque, de coucher sous la cappe du ciel, à l'enseigne de la Lune, et de tirer la langue d'un pied de long, faute d'un bon souper.

Tous avaricieux, roturiers, officiers de haute, moyenne et basse justice: tous mangeurs, ruineurs, monopoleurs, trafiqueurs de rien qui vaille; tous commis, clercs, laquais, servantes, filles de chambre, nourrisses, coureuses de rempars, pré aux Clercs, lavandières, maquerelles, garses et autres canailles qui en une demie heure font aller un homme en poste de Paris à Naples, pour de là aller establir leur règne en Surie ou au pays de Suède, à faute de bien faire leurs besognes, seront doresnavant la bute de la calomnie de tout le monde; et premièrement, tous avaricieux qui remuent les escus par pelle se laisseront mourir de faim, non pour tant faute d'argent que faute de viande; ne coucheront dans les draps de peur de les user; iront, viendront de la Halle à la porte de Sainct Jacques et de la Bastille au fauxbourg Sainct Honoré pour gaigner un double, useront pour huict sols de souliers pour gagner deux liarts; et autres telles manières de gens qui, ayans laissé tomber un sol par terre, employeront pour dix-huict deniers de chandelle à le chercher, ne pourront jamais vivre contens.

Les roturiers, tandis qu'ils demeureront ensevelis dans une morne et solitaire paresse, ne seront jamais nobles. Tous officiers mangeurs, ruineurs, monopoleurs et autres, mangeront bien souvent leur pain au flair, faute de traffic, leur enjoignant de plus de faire toutes sortes d'inventions pour en avoir; comme aussi par ledit Arrest est expressement commandé aux commis, clercs et laquais d'entretenir les nourrisses, filles de chambre et servantes, et si de fortune quelque mariage se pratique entre eux, à eux permis d'emprunter un pain sur la fournée, et de ce leur est donné plein pouvoir et authorité absolue.

Toutes garces garsantes, filles desbauchées et courrantes, femmes trafiquantes, en cas de recerche, estant trouvées gastées et corrompues, seront bastonnées, estrillées, frotées, etc. Et si par cas fortuit elles envoient quelque pauvre diable au pays de Suède, et qu'ils luy facent passer ses jours caniculaires à l'ombre d'un fagot, sera tenu ledit postillon, à son retour, de faire une visite à coups de bastons, ou de plat d'espée, sur le devant et le derrière, ou, à faute de ce faire, seront estimez coquins et cheus de toute honte et vergogne.

En fin, pour conclusion des authentiques et admirables propheties du sieur Tabarin, il dit que, tandis que le cheval de bronze regardera les allans et venans qui vont visiter la place Dauphine, qu'infailliblement le Louvre sera prez de la Porte Neufve; et pour preuve asseurée de cecy, il dit que le pont de pierre qui est projetté de bastir ceste année, en la place de ceux qui ont esté bruslez, ne sera point achevé pendant un an; et qu'ainsi ne soit, il y aura tant d'eau en la rivière cest' année, qu'on sera contraint d'y aller par batteaux; et pour monstrer qu'en tout ce qu'il predit il suit les sentiers de la verité, tous ceux et celles qui liront ce discours trouveront infailliblement que le feu est sec et chaud, l'air chaud et humide, l'eau humide et froide, et la terre froide et sèche, et qu'asseurement il y a plus de bestes à cornes en la terre qu'il n'y a de volatilles au ciel.

Jusques icy nous n'avons traitté que des propheties en general et des predictions qu'on peut tirer universellement des choses. Maintenant venons au particulier, et voyons quelles conjectures on peut tirer pour l'année 1623.

Premièrement, s'il n'arrive point de coterets ny de fagots sur le port, nous sommes en grand danger d'acheter le charbon bien cher.

Le moys de janvier ne sera guières favorable aux couppeurs de bourses, car ils ne pourront eschauffer leurs mains dans les poches de leurs voisins.

Pour le moys de febvrier, Orion et les Hyades nous menacent qu'il y aura plus d'eau que de vin ; mais ceux qui pourront faire leur trafic en ceste saison, ce seront les vendeurs d'arbalestes, principallement sur le Pont-Neuf et ès environs de l'isle du Palais, car chacun y tirera aux roupies.

Le moys de mars commencera immediatement après le dernier jour de febvrier, temps fort variable. Il n'y aura point d'eclipse de soleil en ce moys, mais bien d'argent : car plusieurs penseront trouver de la monnoye en leurs bourses, qui n'y trouveront rien du tout.

Le moys d'avril viendra après : les cornes alors seront en cartier, à cause des influences du signe du Taurus. En ce moys je voy de grandes alterations et changemens. Les cuidez seront trompez : car tel cuidera faire quelque ventosité dans ses gregues qui y chiera tout à fait.

Le moys de may se passera en resjouissance, grandes convulsions pour les femmes grosses. En ce moys les veaux seront en credit et les souris seront attaquez vivement par les chats.

Au moys de juin on commencera à faucher les foings et à tondre les prez, peur des crottes.

Temps pluvieux sur la fin. On verra des bœufs plus gros de la moitié que les moutons.

En juillet les lièvres auront grosse guerre avec les chiens et tascheront par tous moyens de leur faire banqueroute. Les asnes seront aussi lourdaux que de coustume, et ne diminueront rien de leurs longues oreilles.

Le moys d'aoust apportera de grandes commoditez à quelques uns; mais le moys de septembre nous promet toute allegresse en faveur de Bacchus, qui remplira sa tasse. Les Parisiens ont tort d'avoir institué les foires de Sainct-Germain en fevrier : car le temps des vendanges est la saison la plus favorable qui soit en toute l'année pour les foires.

Au moys d'octobre les matinées commenceront à estre fraisches; les pommiers auront un grand combat avec les Normands, et les Gascons commenceront à faire leurs preparatifs pour la Sainct-Martin. Le jour de la Sainct-Remy sera indigeste à plusieurs qui changeront d'hostelleries.

Pour le mois de novembre je pronostique de grandes fièvres et de grands maux de teste pour les jaloux qui voudront simboliser avec le blazon de Moïse.

Le moys de decembre sera le dernier de l'année. Grands vents, et principallement à ceux qui auront mangé des cruditez. En ce moys l'eglise Sainct-Germain ne sera pas trop esloignée du Louvre, car la Samaritaine est tout contre le Pont-Neuf. Les filous r'entreront en cartier, et commencera-on à voir forces tourniquets sur le

Pont-Neuf. Dieu garde mal tous ceux qui y perdront leurs manteaux.

Je vous eusse bien prophetisé d'autres choses plus relevées; mais comme je regardois les astres, une nue de malheur vint à passer, qui m'osta toutes les conceptions que j'avois en l'esprit. Je remets le tout au premier jour, que je vous feray voir mes Centuries, qui ne cederont rien à celles du curé de Mille-Monts, ny de Jean Petit. Adieu.

A demain toutes choses nouvelles.

LES ARRESTS

ADMIRABLES ET AUTHENTIQUES

DU SIEUR TABARIN

Prononcez en la place Dauphine le 14. jour de ce present mois

Discours remply des plus plaisantes joyeusetez qui puissent sortir de l'escarcelle imaginative du sieur Tabarin

A PARIS

Chez Lucas JOFFU, rue des Farces
à l'enseigne de la Bouteille

M.DC.XXIII

LES ARRESTS
ADMIRABLES ET AUTHENTIQUES

DU SIEUR TABARIN

Prononcez en la place Dauphine le 14. jour de ce present mois

Discours remply des plus plaisantes joyeusetez qui puissent sortir de l'escarcelle imaginative du sieur Tabarin

---

Omnia tempus habent; c'est assez pleurer; encor, puis que la Cour est de retour, faut-il donner quelque relasche à son esprit; et puis voicy le mois de septembre qui approche, tant renommé par les bons autheurs de l'antiquité à cause de la purée septembrale, qui fait de si bonnes operations dans le cerveau des hommes.

Tout ce que nous voyons nous semble convier à la resjouyssance; ne parlons plus que de rire, c'est le mestier le plus plausible qu'on puisse rencontrer.

La plus riche devise que le sieur Tabarin vous

presente c'est *Bene vivere et lætari*, qui vaut autant à dire en gascon que *Bene bibere* : ainsi les femmes changent quelquefois le *bemol* en *becar*, asseurées que l'essence de romarin est meilleure que l'eau alambiquée des castrates.

Mais que de bruit aux environs ! Parlez bas là derrière, faites paix ! voyez vous pas le bedeau qui s'advance. Place, place ! Tabarin monte en banque, escoutez les notables et authentiques Arrests qu'il prononcera. Escrivez, greffier. Parlez bas. Que de bruit ! Le premier procez qui se presente sur le bureau regarde les coupeurs de bourses, filous du Pont-Neuf, et autres telles racailles, desquels tout le monde se plaint. Voicy les termes de l'arrest :

Premier Arrest du sieur Tabarin.

Comme ainsi soit qu'ez environs de la place Dauphine, où j'ay de coustume de tenir banque, une troupe malicieuse de vagabons et estoilles errantes viennent de plain gré roder, et quelquefois, sous ombre de caresse, prennent et emportent ce qu'ils rencontrent de meilleur, au grand destriment de mes disciples et de moy-mesme, qui ne peux leur debiter de drogues, à cause qu'ils n'ont point de bourses (car il est deffendu par la loy, etc., de donner son bien), c'est pourquoy, ayant esgard à ce qui peut reussir de cet inconvenient, nous avons fait le present arrest [1].

[1]. A partir de l'alinéa suivant jusqu'à la fin du *Cinquiesme arrest* (p. 446), le texte est presque littéralement emprunté

Sçavoir est, que tous coupeurs de bourses, feneants, incogneus et vagabons, qui empruntent l'argent d'autruy sans promesse ny intention de le rendre, seront tenus d'oresnavant de prendre l'or sans peser et l'argent sans compter ny regarder les espèces; enjoint de plus à eux de ne prendre garde si les pièces sont fauces ou non; et pour une entière asseurance, en cas que lesdits coupe-bourses, faineants, vagabonds, etc., ne travaillent à leurs pièces, ils seront tenus et contraincts par le mesme arrest, datté du jour que dessus, de mourir de faim.

Second Arrest du sieur Tabarin.

Tous taverniers, rotisseurs, boulangers, drappiers, passementiers, cousturiers, sergens, meusniers, et autres officiers de la vie humaine, à faute de tromper le marchand, d'user de fallace, de seduction, faux serment, de prester à usure, d'envahir, rapiner, corrompre, attraper, plumer, et executer toutes sortes d'inventions pour en avoir à droit et à gauche, seront tenus de faire banqueroute, et de porter le bonnet verd.

Et de plus, par le susdit Arrest est enjoinct aux taverniers de mettre de l'eau dans le vin, de peur d'enyvrer le monde.

Aux rotisseurs, de saller la viande et la mettre

à l'*Almanach prophetique du sieur Tabarin*. (V. ci-dessus, p. 427 à 432).

Quelque important que soit ce lambeau, il n'est pourtant pas le livret tout entier, qui ne sauroit être considéré comme faisant *double* emploi avec la facétie dont il est extrait.

six fois au feu ; aux boulangers, de mettre de la leveure dans leur paste, et oster la moitié du poids.

Aux drappiers, de faire passer du drap de Berry pour drap de Seau, et d'avoir une aulne qui soit large, mais courte, et plus petite de l'ordinaire de quatre pouces.

Aux passementiers, de sçavoir artistement joindre la soye au fil, et de regratter la marchandise, tromper, couper, inciser ; et pour cet effet lesdits marchands, tant de drap, passement que de soye, auront un tuyau en leur première chambre, afin d'aveugler le monde en leur marchandise, et de faire paroistre l'estoffe plus belle.

Et ne sera mal à propos que tous les marchands susnommez ayent chacun une belle femme, pour attirer les chalans à la vente et distribution des denrées.

Aux cousturiers est enjoint par le dit Arrest de desrober par où ils en pourront avoir ; et pour cet effet auront deux coffres, un desquels ils appelleront la rue et l'autre l'œil, afin qu'estans enquis s'il n'est rien demeuré, qu'ils puissent dire avec verité qu'il n'y en est point resté autant qu'on en pourroit mettre dans le coin de l'œil et que le reste a esté jetté à la rue.

Aux sergens, de faire adjournement, deffaux, coustumace, tirer de l'argent de l'une et l'autre partie, surseoir les executions en cas de monnoye receue.

Outre plus, quant ils meinent quelque prisonnier, si de fortune on leur graisse les mains, et qu'on leur presente quelque argent pour le faire eschapper, seront tenus lesdits sergens de le prendre, et donner passage libre au dit postulant.

Aux meusniers, d'avoir un certain recoin dans leurs meules pour attrapper la farine, et de prendre double mouture; et en cas de recherche, et qu'on les appelle larrons, ils seront tenus d'avoir un mulet qu'ils appelleront le Diable, et le sac sera appelé Raison, et se sauveront par serment, levant la main jusques au ciel, s'ils peuvent, avec ces mots: *Le grand Diable m'emporte, je n'en ay pris que par Raison.*

Troisiesme Arrest du sieur Tabarin.

Tous banquiers, receleurs, usuriers, fermiers, maquignons, maquereaux, filous, grisons, rougets, coquins, bannis, galeriens et autres de telle vacation, venus ou à venir, pris ou à prendre, seront d'oresnavant tenus de vivre sur la bourse d'autruy; et ne se tiendront lesdits susnommez dans leurs maisons, ains iront par les rues, dans le Palais, sur le Pont-Neuf, Louvre et autres places publiques, et principalement en la place Dauphine, lieu ordinaire de nostre sceance, pour attenter, tromper, abuser, seduire, gaster, corrompre, attirer et enjoler les nouveaux venus, et ceux qu'ils verront encor enveloppez dans une lourdesse et cognoissance rustique.

Que si lesdits maquereaux, grisons, filous ou rougets sont pris et recogneus, de peur de laisser leurs oreilles à la place, enjoint à eux, par arrest que dessus, de jouer, escrimer et estramaçonner de l'espée à deux jambes, et de gaigner le haut; ou, à faute de ce faire, je prononce pour chose très asseurée qu'ils seront pendus et estranglez faute de corde, parce qu'elle ne sera pas assez longue.

Outre plus, il est commandé ausdits banquiers et receleurs de se tenir clos et couverts, de prester argent à rendre prestre, mort, ou marié.

Aux usuriers, de gaigner de moitié; aux maquignons, de frotter leurs haridelles de leur liqueur ordinaire, et de les engraisser pour estre au bout de huict ou dix jours restituées en leur première forme.

Aux maquereaux, d'estre bons logiciens, et sçavoir tous les logis de Paris ; aux filous, d'attrapper le manant; aux grisons et rougets d'aller à la guerre, ou, à faute de ce, ils seront pendus à Verneuil.

A tous autres coquins, bannis, refugiez, exilez, galeriens, et tous ceux qui se trouveront de la secte gueusaïque, de coucher sous la cappe du ciel, à l'enseigne de la Lune, et de tirer la langue d'un pied de long, faute d'un bon souper.

Quatriesme Arrest du sieur Tabarin.

Tous avaricieux, roturiers, officiers de haute, moyenne et basse justice, tous mangeurs, ruyneurs, monopoleurs, traffiqueurs de rien qui vaille, tous commis, clercs, laquais, servantes, filles de chambre, nourrisses, coureuses de rempars, pré aux Clercs, lavandières, maquerelles, garses et autres canailles qui en une demie heure font aller un homme en poste de Paris à Naples, pour de là aller establir leur règne en Surie, ou au pays de Suède, à faute de bien faire leurs besongnes, seront d'oresnavant la butte de la calomnie de tout le monde; et premièrement, tous avaricieux qui remuent les escus par pelle se laisseront mourir de faim, non pour tant faute d'argent que faute de viande; ne coucheront dans les draps de peur de les user; iront, viendront de la Halle à la porte de Sainct Jacques, et de la Bastille au faux-bourg Sainct Honoré, pour gaigner un double; useront pour huict sols de souliers pour gaigner deux liarts, et autres telles manières de gens, qui, ayans laissé tomber un sol par terre, employeront pour dix huict deniers de chandelle à le chercher, ne pourront jamais vivre contens.

Les roturiers, tandis qu'ils demeureront ensepvelis dans une morne et solitaire paresse, ne seront jamais nobles; tous officiers, mangeurs, ruyneurs, monopoleurs et autres, mangeront bien souvent leur pain au flair, faute de trafic, leur enjoignant de plus de faire toutes sortes d'inventions pour en avoir; comme aussi par le dit Arrest est expressement commandé aux commis, clercs et laquais d'entretenir les nourrisses, filles de chambre et servantes, et si de fortune quelque mariage se pratique entre eux, à eux permis d'emprunter un pain sur la fournée, et de ce leur est donné plein pouvoir et authorité absolue.

Cinquiesme Arrest du sieur Tabarin.

Toutes garces garsantes, filles desbauchées et courantes, femmes traffiquantes, en cas de recherche, estant trouvées gastées ou corrompues, seront bastonnées, estrillées, frottées, etc.

Et si, par cas fortuit, elles envoyent quelque pauvre diable au pays de Suède et qu'ils luy facent passer ses jours caniculaires à l'ombre d'un fagot, sera tenu le dit postillon, à son retour, de faire une visite à coups de bastons ou de plat d'espée sur le devant et le derrière, ou, à faute de ce faire, sera cheus de toute honte et vergongne.

Sisiesme Arrest du sieur Tabarin.

Item, puisqu'on n'entend aujourd'huy parler que d'assassinats et de volleurs, bien qu'on en punisse griefvement les autheurs, d'oresnavant se constitue le crocheteur [1] de la Samaritaine pour regarder tous les allans et venans ; luy enjoignons de mettre le né à la fenestre, toutes et quantes fois qu'il verra lesdits susnommez, afin qu'estans cogneus, on se saisisse de leurs personnes et les puisse on mettre en lieu de seureté où les envoyer à Montauban garder les brebis à la clarté de la lune : car ils sont trop importuns parmy nous, veu qu'en temps d'esté, bien qu'il face bien chaud et que la canicule face retirer chacun en sa coquille, neantmoins ils ne taschent qu'à eschauffer leurs mains dans les pochettes de leurs compaignons.

Mais comme toutes choses sont sujettes à corruption, il pourroit arriver par mauvaise fortune

1. Le peuple appeloit ainsi, par altération, le *clocheteur* placé au sommet de la Samaritaine. On a publié sous son nom des libelles et des chansons satyriques.

que le dit crocheteur de la Samaritaine, à force de regarder par la fenestre, auroit le visage halé et bruslé du soleil en temps d'esté comme nous sommes.

C'est pourquoy, ayant esgard que la sentinelle ne s'eschappe du corps de garde, j'ay trouvé un expedient pour le garder du chaud, qui est de luy bailler mom masque si excellent et si admirable, afin que d'iceluy il se cache le museau et qu'il evitte l'ardeur du soleil; conseil qui est très-bon : car au moins s'il estoit appellé en justice, on ne le prendra pas pour un Ethiopien ou un Turc; sa face ne sera pas si halée.

Item, par le mesme arrest, datté du jour et an que dessus, est enjoint au cappitaine Jacquemart, docteur en droit, faisant sa résidence et demeure ordinaire sur le clocher Sainct Paul et regardant les allans et venans au Cours, de prendre garde soigneusement à tant de tromperies qui se commettent tous les jours aux environs de son logis, afin d'y donner ordre : car je sçay de bonne part qu'à droict et à gauche il y a des gens mal vivans et qui ne taschent que seduire et tromper le monde, les attirer frauduleusement par une voix plus que serenique; et seront tenus tous ceux qui passeront en ses quartiers de faire comme Ulisse, qui est de se tenir ferme en leur racine et de boucher leurs oreilles, à cause des malheurs qui en sont venus à plusieurs.

Outre ce, le dit Jacquemart fera une reveue generalle sur tous les logis infames qui sont dans la rue Sainct Anthoine, marests du Temple et autres lieux circonvoisins, où de jour à autre tant de pauvres gens sont pipez et attrappez, afin que les commissaires et magistrats y puissent donner ordre et denicher toute ceste canaille, qui ne fait qu'empester, corrompre et gaster toute ceste ville de Paris; et si de malheur il arrivoit (car l'esté ne peut pas tousjours durer) que ledit Jacquemart fust incommodé du froid ou que le vent luy souflat au derrière, prevoyant le desastre qu'il y auroit si quelque defluxion posterieure le prenoit, je m'oblige de luy prester un de mes anciens haut de chausses, tesmoin oculaire de toutes les operations chemiques, je veux dire culiques, que je fis jamais; haut de chausse par où j'ay fait distiller toutes les plus riches liqueurs desquels on ayt ouy parler; haut de chausse qui est le vray alambic et le soufle des alchimistes de ce siècle, bien plus expert que les autres, car l'or y vient sans poudre ny mixtion de metaux.

Je le donneray au cappitaine Jacquemart, afin qu'il aye plus de soin à prendre garde à l'execution des Arrests que je luy envoye.

Mais voicy une autre cause qui se presente: ce sont les bourgeois et menues gens de Paris et des faux-bourgs qui demandent pourquoy on leur a bouché le passage du pré au Clerc, et quelle raison a meu les partisans de faire ainsi maison neufve. Voicy l'arrest qui suit qui contentera tout le monde, non point seulement pour ce que dessus, mais par plusieurs autres choses:

Septiesme Arrest du sieur Tabarin.

Il est expressement deffendu à toutes personnes, de quelque estat ou condition qu'ils soyent, d'oresnavant promener au pré aux Clercs, et principalement durant les chaleurs excessives de l'esté, à cause que les arbres sont desracinez, si mieux ils n'aiment estre bruslez et haslez; comme aussi est enjoinct à tous mes escoliers, sectateurs et disciples ordinaires, de ne venir en la place Dauphine avec leur bourse, car il pourroit arriver que par l'opposition de quelque corps oppaque, mais pourtant subtil et rarefié, on leur feroit faire une esclipse d'argent, qui est plus dangereuse à aucuns que celle de lune.

Plus, est enjoint par le present arrest aux matelots, mariniers et autres gens de leur estoffe, de transporter autre chose sur la rivière sinon par basteaux.

Aux aveugles est enjoint de ne faire aucun traffic à Amstredam de lunettes de Hollande, de peur de gaster leur veue; aux muets est commandé de ne s'ingerer dans les affaires publiques et de n'estre sur tout procureurs, car ils seroient en danger de user leurs langues. Nous enjoignons expressement aux malades de se tenir au lict peur des crottes, aux sains de se promener et de bien manger, ou, à faute de ce, seront decheus de toute valetude.

Item, nous faisons expresse inhibition à tous cagots, coupe-choux, porteurs de rogatons, chicaneurs, recureurs de puits, chaudronniers, copistes, pharisiens, scribes, translateurs, flateurs, dominotiers, bulistes, croque-lardons, brelinquans, torticolis, hipocrites, protocoles, musars, mouchars, caphars, allumetiers, arracheurs de dents, ramoneurs, binbelotiers, faucheurs, loqueteurs, ribleurs, rufiens, gaigne-deniers, truans, napleux, triacleurs, bateleurs, couratiers, batteurs de pavé et autre manière de gens, bottez, espronnez et qui ont l'espée au costé et le cheval au grenier, de venir doresnavant en la place Dauphine, et principalement quand je joue, de peur des seditions, mouvemens, troubles, monopoles et malversations qui s'y commettent quand ils y sont. Et, si aucun de tout ce que dessus vient à contrevenir ausdits arrests, qu'il sçache qu'une malversation attire la vengeance sur celuy qui en est l'autheur. Adieu.

Fin.

LES
ESTRENNES

ADMIRABLES

DU SIEUR TABARIN

*Presentées à Messieurs les Parisiens
en ceste presente année*
1623

A PARIS

Chez Lucas JOUFFLU, à l'Isle de Paris

M.DC.XXIII

LES ESTRENNES

DU SIEUR TABARIN

*Presentées à Messieurs les Parisiens en ceste
presente année 1623*

DE tout temps les estreines ont esté en credit, et n'y a siècle où on ne remarque ceste louable habitude ; mais, entre toutes les nations qui les premiers ont jetté les fondemens de cest ordre, les Romains se peuvent dire avoir le dessus, veu mesme que d'eux est derivée ceste façon de faire aux François. Par ceste coustume l'on resveille l'amitié qui pouvoit estre esteinte par l'absence de l'un ou de l'autre, et renouvelle-on l'affection qui pourroit estre alentie : aussi les Romains avoient institué des sacrifices et basty un temple exprès à Janus pour celebrer ceste coustume, luy baillant deux clefs en la main, l'une desquelles ouvroit l'an present et l'autre qui fermoit la porte de l'année passée.

Le sieur Tabarin, qui ne veut rien oublier de ce qui est des anciennetez et de la bienseance, suivant les pistes et vestiges de ses predecesseurs, vous vient aujourd'hui presenter ses estreines.

Afin de conserver la bonne affection que vous luy avez consacrée dès long-temps, la première chose qu'il vous presente à ce nouveau jour de l'an, c'est son pourtrait (pièce riche et artistement elaborée); mais surtout il vous prie de prendre garde à la devise qu'il y a inserée, qui est : *Bene vivere et lætari*, qui veut autant à dire en bon gascon que *Bene bibere et lætari*. Aussi dit-on d'un bon buveur qu'il sçait bien gasconner une bouteille. Ceste devise est tirée du trente cinquiesme chapitre : *De natura bibentium, paragrapho De calfeutrandis dentibus*. Au reste, rien de plus beau sçaurez-vous avoir que ce pourtrait, tant pour reconforter le cerveau que pour rasseurer vos esprits.

Le second present qu'il vous faict pour vos estrennes, ce sont des balles de senteur qui s'entre-ouvrent par le milieu avec un petit ruban de taffetas; c'est la plus belle curiosité que vous puissiez avoir. Avec ceste balle, tandis que vous serez malade, vous vous pouvez asseurer que vous n'aurez point de santé. Pour ce qui regarde la commodité, elle est grande : car quelle chose pouvés-vous porter de meilleur en estreines à vos maistresses qu'une couple de balles bien purgées, modifiées, savoriées, etc.? C'est le plus grand contentement que vous leur puissiez donner.

Le troisiesme present que Tabarin vous offre,

c'est un bausme artificiel qui guarit toutes sortes de maux, exceptez tous ceux qui sont incurables, car en ce cas nul n'est tenu d'user de medicamens. Cest ongant est très-souverain pour les desfluctions, catarres, et principalement pour ceux qui tombent sur les hipopondrilles du derrière. Si vous avez douleur de teste, migraine, vertige, tenebrosité de cerveau, prenez de ce bausme et allez frotter l'eschelle du temple; quand vous estez guaris, infailliblement le mal et le danger en est dehors. Si vous avez une convulsion d'estomac, une restriction de nerf, une deperdition et innanité de forces et de vigueur, ou quelque grande douleur de reins, il ne faut que prendre cinquante boistes de bausme et aller à Châlons: il n'y a que dix lieues de Reins; quand vous estes à Châlons, vous n'avez plus de mal à Reins. Pour la religion de maistre Thomas, je veux dire pour la region de l'estomac, il est très-bon; mais surtout il est admirable pour les coupeures, pourveu que les nerfs ny les os ne soyent offensez; il consolide la playe en vingt-quatre heures et reunit les labies. Si vous ne me voulez croire, coupez-vous la teste et esprouvez ; à tout le moins, s'il ne vous guarit, vous espargnerez autant d'argent, car vous n'aurez que faire de chappeaux. Encore est-ce une belle chose que d'advertir le monde.

En quatriesme lieu, le sieur Tabarin, voyant que nous sommes incommodez du froid, nous presente sa pommade; il n'y a rien meilleur pour resjoindre les crevasses. *Verbi gratia*, si une maison est crevassée et fendue depuis le feste jusques aux fondemens, le plus commode expedient que l'on puisse trouver, c'est d'y faire appliquer briefvement un cataplasme par les massons et charpentiers, si on n'aime mieux voir bientost l'edifice par terre; nonobstant qu'une jeune fille de chambre se fit l'autre jour recoudre son pucellage avec la pommade. C'est la cause qu'on voit maintenant tant de coureuses de rampars, et qu'elles se prostituent impudemment à si vil pris : car pour un souls de pommade elles refont la brèche qu'on avoit fait à leur honneur.

Après la pommade suit la drogue pour les dents; mais on m'a beau parler de medicament, je trouve qu'un bon jambon avec une bouteille de vin muscat ou de Frontignac est le plus souverain remède qu'on puisse appliquer au mal des dents. Tabarin vous passera transaction de ce que je dis, car quelle plus belle emplastre sçauroit-on trouver que la crouste d'un pasté de venaison pour se remettre les mandibulles et reintegrer les forces perdues par la longueur de la fain? C'est une partie qui doit estre bien conservée que les dents : sans ces meules le moulin ne tourneroit guières, et monsieur le cul pourroit bien torcher sa barbe.

Nous avions oublié l'opthalmie, qui est très-bonne pour les yeux; Tabarin vous en faict present à ce renouvelle-an, et principallement aux messieurs des Quinze-Vingts, asseurant que de cent aveugles il y en a plus de quatre-vingt-dix-neuf qui ne voyent goutte; ils sont exempts de porter lunettes aussi bien après.

Voilà une bonne partie de ce que Tabarin vous offre : car de chappelet Fritelin s'en est allé; de parler de son onguant pour les cors des pieds, depuis qu'un certain Anglois est venu establir sa boutique sur le Pont-Neuf, il ne vous en a point parlé. Reste les savonnettes, qui sont très-excellentes pour degraisser les mains ; mais elles ne vallent rien pour les chastrez, car ils n'ont point de savonnettes naturelles : comment se pourroient-ils servir des artificielles ?

Voilà donc les estrennes de Tabarin. Il vous eust donné bien autre chose plus exquis, mais il attend à la foire de Saint-Germain, que les tourniquets seront en credit ; alors vous verrez merveilles. Adieu.

FIN.

L'ADIEU DE TABARIN

AU PEUPLE DE PARIS

AVECQ LES REGRETS DES BONS MORCEAUX
ET DU BON VIN

*Adressez aux artisans de la gueule et supposts
de Bacchus*

A PARIS

Chez Pierre ROCOLET, au Palais, en la galerie
des Prisonniers

M.DC.XXIII

Avec privilege du Roy

L'ADIEU DE TABARIN

L'Occean de ma douleur, agité des vents de mes souspirs, qui battent les vagues de mes regrets, regorge du vase de ma tolerance et innonde les campagnes de mes peines, de sorte que les nuées de ma tristesse se fondent en pluye de larmes, et la nasselle de mon debille jugement, portée des foibles voiles de mon peu d'eloquence, n'oze entrer dans la profonde mer de vos louanges, veu que les baleines de vos merites devorent le

---

1. Il est peu probable qu'il soit ici question de l'époque à laquelle Tabarin renonça pour toujours à son métier de bateleur, quand on remarque dans quels termes il répliquoit, en 1624, à J. Mestrezat, qui l'avoit qualifié de *charlatan*. (V. ci-après, p. 469, *Juste plainte du sieur Tabarin*.) Si de cette réponse on doit, comme nous le pensons, conclure que Tabarin exerçoit encore à Paris en 1624, il est évident que son *Adieu au peuple de Paris* se rapportoit alors à une tournée qu'il faisoit en province, comme cela lui arriva différentes fois lorsqu'il trônoit à la place Dauphine. En s'éclipsant de temps à autre, c'étoit se faire désirer, et, lors de son retour, ses auditeurs, toujours nombreux, l'accueilloient avec un nouveau plaisir.

batteau de ma capacité, et la profondeur de vostre bonté abysme le navire de mes discours. Toutesfois la serenité de vostre courtoisie, le calme de vostre silence et le zephire de vostre bon naturel convient la barque de mon debvoir à dresser les voiles de louanges sur le mast de la verité, et avec la bussole de vostre faveur courir le spacieux anphytrite du remerciement que je dois à un peuple duquel j'ay receu tant de benefices qu'un silence confus les peut mieux confesser qu'un long discours publier. Patience : si je n'ay assez d'eloquence pour faire paroistre mon louable desir, j'auray assez de memoire pour n'oublier jamais mon obligation, à laquelle la chaisne de vos bien faits me tient attaché d'un inseparable lyen.

Recevez donc en general les vœux que je fais à l'autel de vos merites, de n'avoir jamais rien de plus cher que l'honneur de vostre amitié et le bien de vous servir, ausquels j'employeray le reste de ma vie, y contribuant le meilleur de mes affections.

L'A-Dieu aux Taverniers.

EN particulier je m'adresse à vous (taverniers honorables), sur lesquels Bachus, tenant pour sceptre une bouteille et pour couronne les pampres du bois tortu, a establi l'empire de l'yvrongnerie. Vous qui maniez ceste excellente liqueur, laquelle conserve la chaleur naturelle, augmente l'humeur radicale, affine l'esprit, purifie le jugement, chasse les passions et encourage les plus poltrons ; vous, dis-je, me servirez d'un des principals motifs à mes regrets. Ce vin d'Orleans, lequel, bridant la raison, lasche les resnes à la folie, me fait devenir fol de regret. Le delicat vin d'Ay, qui, esguisant l'esprit, fait l'homme eloquent, me fournira le discours de ma funeste plainte. Et le nourrissant vin de Rueil, lequel, fortifiant l'estomach, ayde à la digestion, m'ayde à digerer la douleur que je souffre, considerant qu'ailleurs il faudra changer toutes ces nectarées boissons en citre [1] ; citre qui m'espouvante du seul nom et me convie à pleurer, si le secours d'une bonne bouteille du meilleur ne me vient par vostre faveur eveiller les larmes.

L'A-Dieu aux Patissiers.

AH ! patissiers ! c'est trop de cruauté, qu'il faille que celuy qui sçavoit dejà toutes vos boutiques vous laisse ; que celuy qui vous cognoissoit et estoit si bien connu de vous vous quitte ; que celuy qui estoit le tombeau de vos pâtez, tartes, gasteaux, biscuits et macarons, devienne la bière des regrets de son absence. Non, j'aymerois mieux que les cieux, esmeus à compassion de mes jus-

---

[1]. On a maintes fois signalé Tabarin comme aimant beaucoup le vin. Les regrets qu'il exprime en songeant qu'il va en être sevré donneroient à penser qu'il partoit pour la Picardie ou la Normandie, qui ne produisent que du cidre.

tes douleurs, me metamorphosassent en four: car, au moins, vous me metriez toute vostre marchandise en la gueule, à hazard d'avoir le cul trop chaud.

L'A-Dieu aux Rotisseurs.

HÉ! rotisseurs! la broche de la douleur me perce les entrailles de la patience, et la lardoire des regrets larde le cœur de mon tourment des lardons de mon desespoir. Quand je passois chez vous, l'odorat jouissoit de l'aggreable odeur du fumant rosty. L'ouye se repaissoit du bruit des broches et des petillans charbons engraissez de la stilante liqueur de vos savoureuses viandes. La veue prenoit un extrême plaisir de la diversité des postures de tant de petites bestes condamnées aux flammes pour reparation de nostre necessité, et l'attouchement que je faisois, trempant mon doit dans vostre saulce, contentoit ce sens, lequel donnoit esperance au goust d'en prendre sa portion, *mediantibus pecuniis*. Le debours desquelles me faisoit faire *gaudeamus*, engraissant mes babines de si agreables morceaux. Ha! que ne suis-je changé en lichefrite, pour estre tousjours le receptacle du jus et de quelques lardons que le destin feroit tomber en la capacité de mon ventre! Que si mon sort me veut tant privilegier, que ne suis-je retenu en vos boutiques, en la charge de premier marmiton, attendant le grade de tirelardon, ou celuy de frippe-saulce!

L'A-Dieu aux Charcutiers.

HÉ chercutiers ! vous n'estiés pas moins cheris de moy que les autres ; aussi serez-vous bien fort regrettez de celuy qui estimoit plus vos gaudiveaux, cervelats, andouilles, saussises, boudins et grillades, que l'argent du Peru, l'or de Pactole, les aromates des Indes, les perles d'Orient et les gazes persiques. Aussi estiez-vous mon seul desir, mon unique support, et fidels thresoriers d'une partie de l'argent qui passoit par mes mains, lequel j'estimois mieus employé chez vous que le donner ny à constitution de rente ny à usure. Je voudrois estre changé en boyau, afin que toute vostre chair hachée m'entrast dans le ventre ; ou bien me pouvoir metamorphoser à vostre chauderon, afin que, remply de si savoureuses viandes et moëlle de vostre savoureuse saulce, j'eusse tousjours l'honneur d'estre avec vous.

L'A-Dieu aux Tripières.

TRipières ! je vous regrette et suis fasché qu'il faille que mon absence nous separe, m'esloignant de vos trippes, que je trouvois si bonnes que j'eusse voulu tousjours fouiller dans vostre bassin. Je ne suis pas de l'advis de ces scrupuleux qui n'en veulent oyr parler, disant que celuy-là est bien gourmand de merde qui en mange le sac : car, au contraire, on mange le sac pour serrer la merde ; et puis ce n'est que la saulce aux boiaux : *per regulam conveniunt rebus nomina sæpe suis.* Outre que les philosophes disent que toutes les choses sont bonnes et parfaittes en leur centre. Le centre de la merde, n'est-ce pas les boyaux ? Elle est donc bonne mangée dans les trippes ; tellement que, partant de vous, j'ay voulu vous laisser un advis, lequel est de ne les laver jamais tant : car autrement vous perdriez le credit, et vos trippes leur reputation.

Aux Poissonnières.

Poissonnières, vous attendez peut-estre que je vous dise à-Dieu et que je regrette vostre perte : vous estes trompées, car je n'ay jamais voulu estre ennemy de nature ny faire tort à qui ne me fit oncques mal. Or, parce qu'estant une fois tombé dans une rivière, les poissons ne me mangèrent point, je fis resolution alors de leur rendre la pareille. D'ailleurs, l'element du poisson est l'eau ; dans mon ventre jamais il n'y en entra goutte. C'est pourquoy je n'ay pas voulu leur faire ce tort de les envoyer nager dans le vin. Ayez donc patience, car mes regrets ne sont point pour vous, ny moins pour les vendeuses d'herbes, aulx, oignons et autres pareilles vilenies, desquelles, parce que le chat n'en mange, Tabarin n'en veult, resolu de ne vouloir jamais faire ce tort aux asnes de manger leur portion.

Mais, à fin que j'achève mon lamentable à-Dieu, je retourne à vous, Messieurs, et serieusement vous proteste que mon esloignement n'esloignera jamais ma volonté du debvoir de vous servir, et que nul temps ne pourra effacer le carractère de vostre gentillesse, si bien gravé au profond de ma memoire, que l'ingratitude n'y aura jamais puissance; que si les effets ne le peuvent tesmoigner, la volonté vous maintiendra tousjours crediteurs de tout ce que j'ay de bon et de louable.

A-Dieu.

Extraict du Privilége.

PAr grâce et privilége du Roy, en datte du 20 d'avril 1622, signé PONCET, il est permis à Pierre Rocolet, marchant libraire à Paris, d'imprimer, vendre et debiter toutes et chacunes les œuvres de Tabarin, et deffences à tous autres de les contrefaire, à peine de confiscation des exemplaires et d'amende, comme plus à plain est porté par ledit privilége.

JUSTE PLAINTE

DU

SIEUR TABARIN

CONTRE L'UN DES MINISTRES DE CHARENTON

A PARIS

De l'imprimerie de Claude Hulpeau
rue de la Calandre, près le Palais

M.DC.XXIIII

JUSTE PLAINTE

DU

SIEUR TABARIN

CONTRE L'UN DES MINISTRES DE CHARENTON

Revenge-moy, prens la querelle
De moy, Seigneur, par ta mercy,
Contre ceste Eglise infidelle ;
D'un predicant plein de cautelle,
Et en sa malice endurcy,
Delivre-moy aussi.

C'Est avec beaucoup de regret que, contre mon naturel et ma profession, qui n'est, ne fut et ne sera jamais qu'à plaire à tout le monde sans offenser personne, je me vois forcé par honneur de faire plainte publique de l'escrit injurieux du sieur Mestrezat[1] (que j'ay entendu de personnes d'hon-

---

1. Jean Mestrezat, théologien protestant, né en 1592 à Genève, mort en 1657, desservit pendant douze ans avec distinction l'église réformée de Charenton, et y présida le synode en 1631. Il est auteur de plusieurs ouvrages très estimés de ses coreligionnaires.

neur n'estre son vray nom, ains de son autorité, et sans permission du Prince, avoir changé F en Z, ce qui le rend coulpable de faux), predicant de Charenton Sainct-Maurice, a n'aguères publié sous le tiltre du *Hibou des jesuistes* [1], lequel, s'il n'eut esté que contre le sieur Veron, predicateur du roy, qui est sa partie formelle, ou contre D<small>IEU</small>, son Eglise, le roy et le public, je me fusse bien gardé de m'en mesler, pour ce qu'en ce qui concerne le particulier du dit sieur Veron, je le tiens homme capable de se defendre, et ce plus aisément qu'il soustient une bonne cause ; et pour ce qui est des impietez contre D<small>IEU</small>, son Eglise, injures contre le roy et le public, c'est la charge de Messieurs les gens du Roy, qui sçauront bien prendre le temps et l'occasion d'avoir raison et justice de ce predicant ; mais, pour ce qui touche mon interest particulier, les droicts de nature, des gens, et le civil, me permettent d'en faire ma plainte publique et accuser l'impudence de ce ministre de me taxer en mon honneur, moy qui ne pensay jamais à l'offencer : car, encores que je n'ayme pas les predicans plus que les enfans du diable, que je tiens pour leur père, selon que le fils de D<small>IEU</small> (auquel la puissance de juger a esté donnée par son père) l'a prononcé de sa bouche sacrée, si est-ce que l'obeyssance que

---

1. Dans cet écrit, dont le vrai titre est : *Veron, ou le Hibou des jesuites opposé à la corneille de Charenton*, J. Mestrezat (que Tabarin nomme par ironie *Mestrefat*) répondoit au jésuite qui, en qualité de théologien controversiste, avoit réfuté le traité de Mestrezat intitulé : *De la Communion à Jesus-Christ au sacrement de l'Eucharistie*. Jean Véron naquit à Paris, vers 1575, et mourut en 1649, à Charenton, où il étoit curé.

je tiens qu'il faut porter aux edicts du Roy ne m'a jamais fait lascher parole quelconque contr'eux, ny en public, ny en particulier, qui les peut offenser; au contraire, je n'ay jamais trouvé bon que les non offensez le fissent. Mais que ceste mienne retenue, modestie et respect soit si mal recogneue par le predicant, que sans sujet il ait tasché de noircir ma reputation, bonne fame et renommée par son escrit, c'est ce que je ne puis nullement souffrir.

Après une bible d'injures vomies contre DIEU, les hommes et le dit sieur Veron, la plus atroce et scandaleuse qu'il ait estimé luy pouvoir donner est qu'il fera son cours sous moy. Pleut à DIEU que luy predicant le voulût faire! je luy apprendrois, au lieu de la superbe (qui est le fiel commun à tous les predicans), de se rendre humble et souple, de quitter ceste fausse, impudente et insolente qualité de ministre de la parole de DIEU en l'Eglise reformée de Paris, et se contenter de se dire ce qu'il est, et que les edicts du Roy luy enjoignent de prendre, ministre de la religion pretendue reformée, tolerée à Charenton: car, à vray dire, le tiltre qu'il prend, la qualité qu'il se donne, luy et ses trois complices predicans, est insupportable, et qui devroit leur avoir esté defendue il y a long temps; mais ces galands-là abusent volontiers de la patience des juges, et comme chancres vont tousjours croissans les ulcères qui ne guarissent point par remèdes doux et paliatifs.

S'il prenoit la peine de me venir entendre, je luy apprendrois à n'abonder point en son sens, se persuadant qu'il est un grand et habile theologien, mais de captiver son petit entendement en l'obeyssance de la foy, non pas comme ses complices predicans l'ont preschée depuis soixante ans, qui est environ la naissance de leur Eglise invisible, mais comme *Jesus-Christ*, ses saincts apostres, les pasteurs et docteurs de l'Eglise catholique, ont presché et escrit depuis les apostres jusques à huy. Je luy eusse appris que, lisant la saincte Bible, il n'y eust point porté un desir d'y chercher tout ce qu'il auroit fantastiqué pouvoir servir à maintenir ses erreurs, blasphesmes et impietez, dont il a remply son traicté de l'Eucharistie.

Je luy eusse appris à n'estre si osé, hardy et temeraire de vouloir preferer les maudites et damnables opinions des predicans contre l'authorité de l'Eglise, vrais et legitimes pasteurs d'icelle, envoyez successivement les uns après les autres, et non pas eclos en une nuict comme champignons, ainsi qu'il est, et les predicants ses complices.

Je luy eusse appris l'obeyssance que l'apostre sainct Paul commande que l'on porte aux puissances temporelles, la première et souveraine desquelles est le Roy, la religion duquel appelant idolatrie, il se rend coulpable du crime de lèze-majesté au premier chef, dont je ferois bien juge le serenissime roy d'Angleterre, qui ne souffriroit jamais que l'on tînt telles paroles de sa religion dans son pays. Et ces ministreaux-cy se licentient et debordent en toutes sortes de convices qu'ils appellent liberté de conscience, tiltre specieux pour se rendre disciples de leur bon amy Theophile. Je luy apprendrois que c'est crime punissable que dire et escrire des injures contre les personnes ecclesiastiques, notamment de ceux ausquels Sa Majesté très-chrestienne et très-juste fie sa conscience. Je luy apprendrois ce que les plus sages politiques ont tenu, que la royauté est le gouvernement le plus juste et approchant de la Divinité que tous les austres estats, notamment le populaire, que les predicans trouvent le meilleur, et qu'ils establissent partout où ils se rendent maistres, aussi bien comme le bannissement de la saincte religion, pasteurs et docteurs d'icelle, qu'ils appellent prestraille romaine, ainsi qu'ils nous font voir par le dernier decret de leurs confrères holandois, imprimé à Paris au mois dernier. Je luy apprendrois d'obeyr aux edicts de Sa Majesté, et non pas d'y contrevenir tous les jours, comme luy et ses complices font. Je luy apprendrois que luy ny eux ne se doivent mesler des affaires d'Estat et de celles des particuliers, qui est leur plus ordinaire occupation, sous couleur de religion. Je luy apprendrois, et à ces ministreaux, qu'il ne faut pas se servir des textes de la saincte Escriture pour offenser Dieu, l'Eglise et le Roy, estans si hardis que d'escrire que les edits, declarations du Roy, arrests et jugemens des juges, sont autant de persecutions contre les fidèles et enfans de Dieu. Je luy apprendrois que luy et sesdits complices, debitans leurs escrits mal-heureux et mechans dans les villes catholiques, contreviennent ouvertement aux edicts du Roy, consequemment chastiables en bonne justice. Bref, je luy apprendrois à se maintenir en devoir, en sorte que Dieu et le Roy ne fussent point offensez, et les gens de bien scandalisez par leurs œuvres maudites. Je luy apprendrois que son complice predicant, ayant sceu que l'amuseur, qui est souvent quelque savetier, tavernier, ou autre de telle estoffe, attendant le presche, ayant ouvert la saincte Bible pour en lire quelque chapitre aux attendans, estant fortuitement tombé sur celuy qui parle des signes de joye que montroit le roy prophète accompagnant la saincte arche que l'on portoit comme reliquaire precieux, ce predicant Micholien, reprenant ce passage qu'il sçait authoriser le son des orgues et autres instrumens pour loüer Dieu, profera ceste impiété que c'estoit une action peu sage, et, comme ils disent du texte de l'Epistre aux Corinthiens des vivans qui se faisoient baptiser pour profiter aux morts, qu'il en approuvoit l'intention, et non pas l'action.

Bref, et pour ne point ennuyer le lecteur, tout ignorant que je suis et me recognois, je luy apprendrois que, quelque oyseau de proye que l'on deplume, bien que l'on luy serre le bec et les griffes, il ne s'attaque qu'à celuy qui le serre, et non pas à ceux qui ne pensent à luy.

Mais je l'entens gronder, me reprochant ma vacation, qu'il appelle faussement charlatannerie[1].

---

1. J. Mestrezat, dans l'écrit mentionné plus haut (V. la note de la p. 472), prend effectivement à partie Tabarin au sujet du charlatanisme dont il accuse le jésuite Véron de faire usage. Voici le passage sur lequel est fondée la *Plainte* du farceur de la place Dauphine : « On pensoit que le but de Veron fust « le bien de l'Eglise, et voicy qu'il prêche pour le ventre.... « Le sieur Veron s'est grandement oublié, car il devoit aussi « demander au Roy permission de couper du bois en ses « forests, pour faire des theatres et des bouëtes à onguent; « mais peut-estre qu'auparavant *il veut faire son cours sous*

Je monte sur le theatre à deux fins : la première, pour exposer en vente et distribuer à fort petit prix des remèdes approuvez pour la curation de plusieurs maux populaires et communs ; l'autre, pour recréer le peuple gratuitement, sans offenser personne ; et en toutes les deux j'ose bien affermer que l'on s'est mieux trouvé de mes drogues et de mes discours que l'on n'a fait des presches de ce predicant, lequel a peu apprendre que la comedie a esté receue entre toutes les nations les mieux instruites comme enseignant ce qui est utile en la vie et ce qui se doit fuir. Il doit sçavoir en quels termes en parle ce grand orateur romain ; qu'elle est une imitation de la vie, un miroir de la coustume, une image de verité ; un autre la qualifie un miroir de la vie journalière, pour ce que, tout ainsi que dans le miroir nous remarquons ce qui est de beau et de laid au visage, ainsi par la lecture ou frequentation des comedies nous considerons ce qui est bien ou mal sceant à faire ou à dire. Le stile comme les personnages y sont humbles, doux et gracieux ; les commencemens y sont avec quelque emulation, la fin en est douce et accordante ; au contraire de la tragedie, où les commencemens sont doux, mais la fin tousjours funeste, ce qui est le plus agreable à nostre predicant et ses complices, qui commencent en aygneaux et finissent en loups. Leur entrée n'est que reformation de mœurs, ils filent doux comme les oyseleurs pour

Tabarin. Veritablement ce seroit chose bien honorable de voir une cinquantaine de charlatans tracasser par le royaume aux despends du Roy ! » (P. 27 et 28 de l'édition de Villefranche, N. Selon, 1678, pet. in-12.)

prendre à la pipée, ce ne sont que submissions aux puissances superieures ; mais, quand ils sont entrez, leur fin est toute tragique, ils ne preschent que revoltes, rebellions, bannissemens, condamnations de peines, que feu et flamme, et tout cela masqué de la parole de Dieu, qu'il vaut mieux obeyr à sa Divinité qu'aux hommes, que qui la niera sera rejetté. Cela est doux et attrayant, mais qui tire tousjours une fin sanglante, comme la France ne l'a que trop experimenté, mesme durant ces dernières années, dans lesquelles ils ont tant massacré de princes, seigneurs, gentils-hommes, capitaines, soldats et toutes sortes de personnes, hommes, femmes et enfans, sang qui crie vengeance devant Dieu, les hommes ne la devant poursuivre, puis-que le plaisir du Roy est tel, auquel l'on ne peut ny doit contrevenir, sur les peines portées par ses edicts. C'est ainsi que parlent et se comportent les catholiques ; c'est la doctrine que j'enseignerois à ce predicant et à tous ses complices, en laquelle ils profiteroient plus que ne font leurs troupeaux seduits et empoisonnez, desquels s quelque brebis se retire, voilà mes gens aux abois, aux hurlemens que les esleus sont subvertés, que c'est l'accomplissement de l'Escriture que plusieurs se retireront de la verité pour entendre des fables, me remettant en memoire c que leur père, autheur de mensonge, tentant nostre Seigneur, le persuadant de se precipiter, lu alleguoit un texte si formel, que les anges avoier commandement exprès d'avoir soin de luy pa tout, et le recevoir en leurs mains, de peur qu' ne s'offençast ; traistre et perfide tentateur, et q receut à l'heure sa condamnation très-aisée à donner à monsieur le predicant et ses sectaires, qui ont tousjours un texte de l'Escriture à la bouche pour s'en servir comme d'un hameçon pour seduire les simples; mais leur mine est eventée: on recognoist ces renards à la queue, en laquelle gist leur venim. Cessez doncques, Ministre, d'attaquer tant de gens de probité et de sçavoir, et, pour mon particulier, ne vous y frottez point : il n'y a rien à gaigner, si non que, passant par le Pont-Neuf, s'il venoit à pleuvoir, je vous affublerois de mon chapeau tourné à une façon que l'on n'a point encores vue, et qui vous feroit recognoistre ce que vous estes. Bon soir.

FIN.

LA RENCONTRE

DE

GAUTIER GARGUILLE AVEC TABARIN

EN L'AUTRE MONDE

Et les Entretiens qu'ils ont eu
dans les Champs Elizée, sur les nouveautez
de ce temps

A PARIS

M.DC.XXXIIII

LA RENCONTRE

DE

GAUTIER GARGUILLE AVEC TABARIN

EN L'AUTRE MONDE

Avec les Entretiens qu'ils ont eu
dans les Champs Elizée, sur les nouveautez
de ce temps

CARON.

Ombien qu'il ne fasse aucune haleine de vent, mes ondes dormantes ne laissent d'estre agitées et fremissent bien fort; j'ay quelque chose qui noue comme pourroit faire le varre d'Egypte quand il est poursuivy du crocodille.

J'ay besoing d'escouter, afin que mes oreilles me descouvrent ce que mes prunelles ne me peuvent descouvrir, pour les grandes tenebres qui sont, à cause de la nuict, tombées sur ces rives. A la bonne heure! ces flamesches sortent bien à propos : elles suppleront au deffaut de ma lanterne, qui s'est esteinte au vent et aux exallaisons des torrens d'elloquence sortis de la bouche de l'un des plus naïfs esprits qui ayent jamais esté de sa profession, que j'ay passé y a quelque temps (parlant de Tabarin.)

Mes yeux ont de quoy faire leur office : à ceste lueur j'apperçoy nager je ne sçay quoy dedans mes eaux ; l'eslongnement m'empesche de discerner encore ce que c'est, s'il ne s'approche. Ha ! c'est un esprit qui se veut aller promener dans les Champs Elizée et converser avec les beaux esprits comme le sien. Où vas-tu ? Qui t'a donné l'audace de te mettre en l'eau sans mon congé ? Est-ce pour me frustrer de mon droict ? Sçais-tu pas bien que je suis le passeur de ceste rivière, pour le passage de laquelle j'en rend tribut ? A quoy cela est-il bon ?

GAUTIER GARGUILLE. Caron, je te jure par ta venerable barbe que ce n'a point esté pour te frustrer de ton droict, ny tronquer ton gain ; mon humeur est tellement portée au frontispice d'honneur qu'elle est bien esloignée de ce que tu pence.

CARON. Pour quel sujet l'as-tu donc fait ?

GAUTIER GARGUILLE. Ne voyant point ta nacelle, je me suis jetté dans l'eau, pour ce que j'avois haste de passer à l'autre rive.

CARON. Il n'y a pire aveugle que celuy qui ne veut pas voir. Quelle haste avois-tu de passer à l'autre bord ? Oh que ne desrobois-tu les talonnieres et la capelanne aislée de Mercure, pour faire ce que tu desirois, tu ne te fusses mouillé ; mais se fust esté le pis, que le secretaire qui tient le controlle de ceux que je passe t'eust bien tost renvoyé, s'il n'eust veu la marque que je donne à ceux qui m'ont payé le passage. Mais va, je te le pardonne ; tu as assés de merites pour obtenir ceste faveur, et quant ce ne seroit que par ton beau, judicieux et naïf esprit : tu as eu l'honneur de donner du contentement au plus grand Roy du monde, tu n'as garde que tu ne sois favorisé par tout.

Pendant cet entretien, Caron ne laissoit de conduire la barque, et mit Gautier Garguille aux rives des Champs Elizée [1].

Arrivé qu'il fut dans de très-beaux jardinages, la première personne de cognoissance qu'il apperceut fut ce tant renommé Tabarin [2], qui n'avoit encore perdu la memoire de Galien, d'Hippocrates, de Remond Lule, de Paracelse et autres illustres autheurs, lesquels il avoit si bien estudié autrefois qu'il a fait paroistre au public

1. Hugues Guéru, dit Flechelles, et plus connu sous le nom de *Gautier-Garguille*, joua avec succès pendant quarante ans des farces que ses auditeurs goûtoient, surtout en raison du jeu naïf et plein de naturel de ce comédien original. Piganiol, d'après les registres de Saint-Sauveur, indique le convoi de *Flechel* à la date du 10 décembre 1633. On est fondé à croire qu'il vécut soixante ans environ et qu'il épousa la fille de Tabarin.

On a publié en 1632 les *Chansons de Gaultier-Garguille*; mais la plupart ne sont pas de lui. Il les chantoit sur le théâtre. Sauval dit qu'alors « il réunissoit tous les suffrages : « sa posture, ses gestes, ses tons, ses accents, tout étoit si « burlesque que la chanson de Gaultier-Carguille passa en « proverbe. »

2. Il est très supposable que Tabarin, après avoir renoncé à son métier, ne jouit pas longtemps de la fortune qu'il avoit acquise avec l'empirique Mondor, et que sa fin tragique, qui est mentionnée dans l'Introduction, arriva peu après 1630.

(autant qu'homme de son temps) la practique de ses estudes, Tabarin, dis-je, comme à son ordinaire, voulant donner gratuitement du soulagement à quelque pauvre infirme, pour ce faire il herborizoit parmy les pallisades.

Cette rencontre ne fut si tost descouverte que voylà de part et d'autre des accollades, bras dessus, bras dessous : Monsieur Tabarin, vous estes le bien rencontré.—Monsieur Gautier Garguille, vous estes le très-bien venu; il n'y a pas long-temps, à voir, que vous estes arrivé dans ses contrées, d'autant que je remarque en vous quelques choses de nouveau de l'autre monde.

Gautier Garguille. Tabarin, mon cher amy, que j'ay tousjours honoré par dessus tous ceux de ta profession, pour les merites que tu as acquis parmy les peuples, et pour l'immortelle memoire que tu as laissée de ton illustre nom à la posterité, je te supplie que nous ne parlions en ce lieu des nouveautez de l'autre monde; car nous n'aurions jamais fait.

Tabarin. Moy qui suis y a quelque temps dans ces lieux et en sçay tous les endroits, je te prie, allons chercher l'ombrage dans un lieu que j'ay descouvert et que tu trouveras fort agreable, et dans iceluy, sans crainte de personne, nous pourrons nous entretenir l'un avec l'autre : je t'apprendray l'ordre que l'on tient en ce sejour et la manière de s'y gouverner, et tu me raconteras une partie des nouvelles que tu nous apporte.

Gautier Garguille. Pour te donner quelques sortes de contentemens et pour satisfaire à une partie de ta curiosité, allons où bon te sem-

blera, pourveu que ce ne soit pas chez la Boi-
selière, d'autant que je suis si remply d'avoir
beu de l'eau de ce fleuve, que j'en suis tout enflé
de ses cruditez.

TABARIN. Voicy le lieu que je t'ay dit; n'est-il
pas bien aggreable? Si les dames de Paris avoient
à commandement ses belles fleurs qui nous sont
continuelles dans ses lieux, elles s'en garde-
roient bien de mettre une pistolle, voire deux
quelques fois, pour un fané bouquet.

GAUTIER GARGUILLE. Helas! Tabarin, les
dames de qui tu parle ont bien maintenant d'autre pensée dans leurs esprits que des bouquets :
c'est de quoy elles ne se soucient gueres ; elles
ont la liberté d'en porter tant qu'elles voudront,
et, à faute de ce, des branches de houx qui sont
tousjours vertes, gayes et amoureuses, comme
sont une partie d'icelles.

TABARIN. Je te prie donc de me raconter ce
qui les tourmente de la sorte, d'autant que j'ay
encore memoire de quelques unes, que j'ay autres fois fort obligées, leur donnant de quoy
embellir et resparer les defauts de nature, et
m'asseure qu'elles ont encore memoire de moy.

GAUTIER GARGUILLE. Les plus grandes afflictions qui les tourmentent, c'est une certaine
reformation que ses jours (par l'advis des plus
judicieux personnages qui ayent jamais esté dans
la France) l'on a faict contre l'excessive despence des passements et ouvrages tant de point
couppé que autres, outre que cela apportoit le
plus souvent des divisions dans les mesnages,
emportoit encore l'argent dans les provinces
estrangères et donnoit de la rizée à nos voisins,

car ceste superfluitté estoit montée si haut qu'il n'y avoit femme de procureur qui ne desirast d'augmenter une douzaine d'articles dans les taxes des despens, pour ayder à payer un collet et mouchoir de deux ou trois cens livres, car de gaigner telles sommes sur les despenses ordinaires de la maison il n'y avoit pas de moyen; et aussi que messieurs les clercs eussent formé plaintes contre telles superfluittés, comme estant faictes à leurs despens.

TABARIN. J'ay memoire, si je ne me trompe, que telle reformation a desjà esté faicte par cy-devant; mais comme le temps abastardit toutes choses, elle ne fut pas de durée; c'est pourquoy il ne faut qu'elles s'affligent de telle sorte qu'elles en soient malades, ce que je craindrois au sujet de quelques unes que je sçay estre des plus curieuses.

GAUTIER GARGUILLE. Ce n'est pas de celles que l'on tient que par delices ont mangé une salade qui revenoit à cinq cens livres, et cependant n'estoit composée que de feuilles des plus fins ouvrages qu'on peut trouver dans la rue Aubry-le-Boucher.

TABARIN. Non, car celles que je sçay ne sont jusques à ce point, mais bien que l'une d'icelles, contre ma volonté, a faict despence de plus de deux mille cinq cens livres pour trouver le moyen de faire l'huille de Thal, là où son argent s'en est allé en fumée.

GAUTIER GARGUILLE. Ce qui augmente encore davantage leurs afflictions, c'est que l'on murmure de passer outre et de reformer aussi les habits, ainsi qu'une certaine remonstrance le represente au Roy, ce qui a fait qu'à ce bon jour toutes se sont reformées d'eux-mesmes au plus qu'il leur a esté possible, de crainte d'irriter les dieux.

TABARIN. Voylà qui est louable, puis que c'est pour le bien public; mais, dis-moy, que disent à cela les courtisans à la mode, qui prenoient le chemin d'avoir des collets à la feminine qui leur battoient jusques au milieu du dos? Je croy que cela pourra fascher à quelques uns, d'autant que ces beaux ouvrages arrestoient la veue des regardans et leur empeschoient de remarquer les autres deffectuositez.

GAUTIER GARGUILLE. Ils sont bien contraints d'avaller cela doux comme sucre. Si tu estois encore en l'autre monde, tu rirois à gueule-bée (et ne croy point qu'on te peust appaiser), voyant les orgueilleux d'aujourd'huy, qui d'un pas mustafique, *ita sati homines* (comme les nomme un poëte), c'est à dire cheminant superbement, les mains sur les costez, comme pots à ances, desdaignent moustachiquement tout ce qu'ils rencontrent; leurs foudroyantes espées peuplant tous les cimetières de corps, lesquels, après avoir esté tuez de telles gens, ne laissent de se bien porter par en après, et qui pis est, de leurs regards louchant soubz un bran-bralant panache, ils font fremir Juppin, qui est sur le point de leur ceder son foudre et son aigle pour avoir paix envers eux, nonobstant qu'ils ne facent peur qu'aux limaçons, mouches et grenouilles.

TABARIN. De la sorte que tu me raconte les façons de ce temps, je croy que, si le plaisant Lucian estoit en vie, il en riroit, et par pitié leur donneroit de ses roses, pour d'asnes les faire devenir hommes, afin qu'estant deschargez du fardeau de folie (qui est très-beau et riche à qui le peut entretenir) ils puissent venir passer la barque de Caron, quitter leur sphaere pour venir avec nous dans ces Champs Elizéens.

Gautier Garguille. Il y a bien encore autre chose qui les tourmente : ils sont bien empeschés en la fabrique des chapeaux. Les uns les veullent d'une façon, les autres veullent qu'ils dansent en cheminant sur la perruque, acheptée au bout du Pont-Neuf, garnie de sa moustache derrière l'oreille ; autres les veullent plats à la cordelliere, retroussés en mauvais garçon (par signe seullement) avec un panache cousu tout autour, de peur que le vent ne l'emporte.

Tabarin. Voylà donc, Gautier Garguille, ainsi que tu dis, quel est la mode d'à present; mais, dis-moy, je te prie, que sont maintenant devenus un nombre infiny de certaine sorte de gens que j'ay veu autres fois frequenter nostre quartier du Pont-Neuf et nostre place Dauphine? Ses personnes n'ayment pas beaucoup le travail, et, toutes fois, desirent faire bonne chère; ne peut-on leur trouver quelque employ à Marseille, pour les guarir de l'oysiveté, laquelle est abominable devant Dieu.

Gautier Garguille. Ceste meschante oysiveté fait porter aujourd'huy (je ne sçaurois tenir de rire) aux plus chestifs, voire jusqu'aux apparieux de chair humaine qui n'ont que disner, s'ils ne travaillent de la courte espée, l'escharpe sur l'espaule, à grandes franges pendantes en bas, sortant hors du manteau plié soubs le bras pour faire voir les chausses à selle-cul, tousjours avec la meilleure mine qu'ils prennent pour tromper quelqu'un.

Tabarin. C'est le mestier dont ils sont maistres jurez. J'ay ouy dire qu'il y a bien eu du tintamare entre les muettes des halles, et qu'elles se plaignent que les laictues pommées et les roses sont fort rencheries depuis quelque temps.

Gautier Garguille. Il l'est vray; toutesfois, les jardiniers n'en sont pas marris, ils en rient tant qu'ils peuvent : car elles n'estoient par cydevant en usages qu'en salades; et maintenant on les fait servir aux soulliers, voire les laquais, palfreniers et gens de néant.

Tabarin. Je croy que c'est pour tenir le soullier ferme, selon l'ordonnance.

Changeons de matière, et, ainsi que avons commencé par les dames, nous y conclurons nostre entretien. Dis-moy, portent-elles encore le col garny d'affiquests et des colets à quatre ou cinq estages, d'un pied et demy de haut? car de mon temps j'en ay veu telle qui n'avoit pas un denier de rente qui faisoit plus d'excessives despences que les dames de qualité.

Gautier Garguille. Je t'ay desjà dit que pour les collets cela estoit reformé; mais comme tu as veu autres fois que les hommes portoient des chausses bouffantes de taffetas ou de velours, sortant par les fentes au dehors, les dames les portent maintenant sur les manches, horsmis qu'une partie gastent tout avec leurs fausses perruques saulpoudrées de poudre de Cypre. Je sçay bien, si elles m'entendoient, elles pourroient dire : « Nostre-Dame! m'amie, ma commère, qu'est-ce cy? dequoy se mesle-on? qu'a-t'on affaire de nos menues folies? » Patience, mes bonnes amies, attendez le reste sans vous fascher.

Fin.

L'ENTRÉE

DE

GAUTIER GARGUILLE

En l'autre monde

POEME SATYRIQUE

A PARIS

M.DC.XXXV

L'ENTRÉE

DE

GAUTIER GARGUILLE

En l'autre monde

POEME SATYRIQUE

LE battelier d'enfer réparoit sa nacelle,
Rompue sous le faix d'une âme criminelle,
Lors que Gautier Garguille, arrivant furibond,
S'ecria : Passe-moy sans attendre un second,
Vieillard, et ne permets que deux fois je le die,
Car je suis de la farce en une comedie
Qu'on joue chez Pluton. Si tu tardes beaucoup,
Le moindre des marmots t'y donnera son coup.
Ce discours depita l'homme à la vieille trongne :
Tu n'es plus, ce dit-il, à l'hostel de Bourgongne;
Il ne faut pas tousjours rire et tousjours chanter.
Icy bas les esprits ne se pourront flater
Dans le sot entretien de tes pures fadaises;
On n'y sert point de noix, de moures ny de fraises,
Et tu n'y peux tenir un plus insigne rang
Que de pescher sans fin un grenouiller estang.

Ne precipite point ta course malheureuse :
Tu ne sçaurois manquer cette charge honteuse.
Gaultier luy respondit : Profane, sçais-tu bien
Que les grands se sont plus à mon doux entretien ?
Un seul ne me voyoit qui ne se prist à rire.
Ay-je pas mille fois delecté nostre Sire ?
Bon Dieu ! si tu sçavois que je suis regreté
Et que l'on a souvent ce propos répété :
Las ! le pauvre Gaultier ! hé ! que c'est de dommage !
Bref, si je retournois, on me feroit hommage.
Puis Caron, en riant : Ouy, tu retourneras ;
Cela depend de toy, marche quand tu voudras.
Il ronfloit en tenant ce discours à Garguille,
Car il ne laissoit pas de pousser sa cheville
A l'endroit depecé de son basteau fatal.
Mais Gaultier, en colère : Esperes-tu, brutal,
Que je puisse long-temps tarder en ce rivage ?
Passe-moy vistement, je payeray ton gage ;
Ne te deffie point d'un homme comme moy :
Je suis tout plein d'honneur, de justice et de foy.
Lors entrant au batteau, l'homme à l'orrible face,
Saisi de ses outils, le conduit et le passe.
Il demande un denier ; mais, montrant ses talons,
Gaultier dit en riant : Je n'ay que des testons.
Si tu ne me veux croire, avant que je devale,
Va-t-en le demander à la trouppe royalle ;
Et cependant, s'il vient quelqu'un mort de nouveau,
Je le puis bien passer ou le mettre dans l'eau.
Sinon, viens avec moy chez Pluton et sa garce,
Tu ne bailleras rien pour entendre la farce.
Caron, voyant que tout alloit de la façon,
Jugea qu'il le vouloit payer d'une chanson ;
Il dist entre ses dents : Jamais homme du monde
Sans avancer l'argent ne passera ceste onde.
Garguille, de ce trait tout aise et tout joyeux,
Le signe en s'en allant et du doigt et des yeux ;
Il l'estime nyais, et, secouant la teste,
Monstre qu'il duperoit une plus fine beste.

Cependant il arrive à la porte d'enfer,
Où, frappant comme un sourd, il resonne le fer.
Il tance le portier, qui rit de sa colère;
Mais, aussi tost qu'il vit l'effroyable Cerbère,
Qui, faisant le custos, y sembloit sommeiller,
Il passa doucement, de peur de l'eveiller:
Car, n'ayant jamais veu de si terribles suisses,
Il craignoit d'estre pris aux jambes ou aux cuisses.
Mais comme il fut devant le palais de Pluton,
Un huissier rechigné luy monstra le baston:
Quoy! fol outrecuident! quelle effrontée escorte
T'ose bien faire voir le cuivre de la porte?
Le roy demeure icy : les juges criminels
N'osent voir sans congé ses louvres eternels,
Et tu viens hardiment en ceste digne place!
Juge donc le peril où t'a mis ton audace.
Cela dit, il le chasse, et neantmoins Gaultier
S'efforce de monstrer des traits de son mestier
En chantant et dansant, mais enfin se retire,
Voyant que de ses tours l'huissier ne vouloit rire.
Après avoir erré mille detroits nombreux,
Il se treuve au palais où tous les malheureux
Vont comparoir devant les majestez sublimes
De ces trois presidens qui condamnent les crimes.
Les sergens conduisoient un mechant garnement
Devant le sieur Minos pour avoir jugement.
Le fou, qui vit cela, sentit son âme atteinte
En ce mesme moment de froideur et de crainte,
Car le juge leur dit: Je croy que vous resvez.
Pourquoy n'amenez-vous ces autres reprouvez?
Veux-je pas à chacun prononcer sa sentence
A la proportion de son enorme offence?
Ce fut là qu'en fuyant, nostre pauvre Gaultier
Monstra qu'il n'estoit pas le fils d'un savetier.
Avoit-il pas grand tort de passer les devises,
Puis que les champs heureux à ses fautes remises
N'estoient pas deniez? La curiosité
Apporte bien souvent de l'incommodité:

Il le reconneut bien, car il jura dès l'heure
De ne retourner plus où le juge demeure.
Quand il fut arrivé dans ces prez où les fleurs
Conservent à jamais l'esclat de leurs couleurs,
Où cent flotz argentez arrosent les herbages,
Où l'air purifié n'a jamais de nuages,
Et où l'on ne voit point changement de saison
Dans l'ordre qu'y fait voir l'eternelle raison,
Il se coucha tout plat sur l'herbe et les fleurettes,
Mais il tesmoigna bien par mille chansonnettes
Le plaisir qu'il avoit d'estre hors du danger.
Tabarin, le voyant, s'en vint le langager,
Jugeant à sa façon que c'estoit un bon drole,
Et qu'ils avoient esté nourris en mesme escole.
Je ne m'estonne point s'ils se firent acueil,
Car tousjours le pareil demande son pareil.
Si tost que Tabarin eut fait la conoissance,
Garguille s'escria : Que j'ayme ta presence !
Incomparable esprit, subtil, facetieux,
Personne ne te hait sous le bassin des cieux.
Que j'ay pris de plaisir à lire ton beau livre !
Je n'avois autre soin, autre bien que de suivre
Tes beaux enseignemens, qui sont poudrez d'un sel
Tel que nos devanciers n'en goustèrent de tel !
L'autre, à qui ce discours sentoit comme du baume,
Et qui n'eust tant prisé la lecture d'un pseaume,
Se voulut informer des bons garçons du tans
Et de ce qui s'est fait depuis vingt ou trente ans;
Mais Orfée parut, marqué de mille playes
Qui font encore voir si les fables sont vrayes.
Quand Garguille eut apris que c'estoit ce rimeur :
Nos poëtes, dit-il, sont bien d'une autre humeur;
Ils ne se feront point mettre le corps en pièces
Faute d'aimer la femme : ils ont tous leurs maistresses,
Et plustost deux que trois. A ces mots Tabarin
Ayant trouvé du goust, fist un ris de badin;
Mais Gautier, s'ennuyant de se voir inutile,
Dist qu'il vouloit monstrer comme il estoit habile

Si tost qu'il auroit sceu les agreables lieux
Où les comediens font admirer leurs jeux.
Alors, sans differer, il courut sur les friches
Pour voir en toutes parts s'il verroit des affiches;
Mais quand il n'en vit point et qu'il fut asseuré
Que là son bel esprit seroit moins admiré
Que parmy les humains, il se change en tristesse,
Fasché de n'y voir pas rire de ses souplesses.
Il court de tous costez, hurlant à tout moment
Un discours qui ne dit que : Paris! seulement.
Il se met sur un mont où vainement il tasche,
Planté sur ses orteils, d'aviser Sainct Eustache.
Un esprit politique, ayant tout escouté,
Le voulut faire boire au fleuve de Lethé,
Afin que des humains il perdist la memoire :
C'estoit vouloir sans soif forcer un asne à boire,
Car Gautier respondit que seulement aux bains
On se servoit de l'eau, et pour laver les mains.
Il s'enfuit sur ce point, depassant d'une lieue
L'esprit qui, moins subtil, est encore à sa queue.
Je jure mon cornet qu'il aura beau courir,
Le fou ne boira pas, et deust-il en mourir.
Il marque de ses piez la terre qui raisonne,
Et fait voir en sautant qu'un fossé ne l'estonne.
Chacun juge là-bas, à le voir si leger,
Que son mestier estoit d'apprendre à voltiger.
Il a jambes de cocq et tout le corps si graisle,
Que le vent pourroit bien l'emporter sur son aisle.
Mais c'est trop guarguillé : si quelqu'un le veut voir,
Qu'il aille à l'autre monde, il s'y fait prevaloir,
Ayant enfin guaigné l'azile d'une roche
Où je ne pense pas que jamais on le croche.

FIN.

TABLE DES MATIÈRES

CONTENUES DANS LE SECOND VOLUME.

	Pages.
Inventaire universel des œuvres de Tabarin.	5
Epistre dedicatoire à Monsieur de Mondor.	7
Sonnet à Monsieur de Mondor.	10
A Messieurs les escoliers jurez de l'Université de la place Dauphine.	11
L'imprimeur aux lecteurs.	13
Table des fantaisies et dialogues.	15
Extraict du privilége du Roy.	18
Préface. Chapitre I. Qu'il n'y a aucune infamie à un homme de merite de distribuer ses remedes en public.	19
Chapitre II. Apologie pour le sieur de Mondor, et responce à quelques envieux	23
Fantaisies, dialogues, paradoxes, gaillardises, rencontres et conceptions de Tabarin.	27
Farces tabariniques.	137
Les Rencontres, Fantaisies et Coq-à-l'asnes facecieux du baron de Grattelard.	157
A Monsieur Descombes.	159
L'imprimeur au lecteur.	161
Les Demandes du baron de Grattelard.	163
La farce des bossus.	193

TABLE DES MATIÈRES

Pièces facétieuses et satiriques publiées sous le nom et à l'occasion de Tabarin. 201

Avertissement 203

Les tromperies des charlatans descouvertes, par de Courval. 205

La response du sieur Tabarin au livre intitulé : La Tromperie des charlatans descouverte 219

Le Clair-voyant intervenu sur la Response de Tabarin. 225

Discours de l'origine, des mœurs, fraudes et impostures des Ciarlatans 231

Jardin, recueil, tresor, abregé de secrets, jeux..., gausseries... fabricquez... par vostre serviteur Tabarin de Val-Burlesque. 289

Bon jour et bon an à messieurs les cornards de Paris et de Lyon, par le sieur Tabarin. 297

Les estreines universelles de Tabarin pour l'an 1621. 308

La descente de Tabarin aux enfers, avec les operations qu'il y fit de son medicament pour la bruslure durant ce Caresme dernier. 321

Les fantaisies plaisantes et facetieuses du chappeau à Tabarin 333

Harangue faicte au charlatan de la place Daufine à la descente de son theatre... avec une salade envoyée audit charlatan. 341

Les amours de Tabarin et d'Isabelle. 351

Les ruses et finesses descouvertes sur les chambrières de ce temps, composé par Tabarin 369

Les justes plaintes du sieur Tabarin sur les troubles et divisions de ce temps. 377

Le Caresme prenant et les jours gras de Tabarin et d'Ysabelle 387

La querelle arrivée entre le sieur Tabarin et Francisquine sa femme, à cause de son mauvais mesnage, avec la sentence de separation contre eux rendue. 399

Le procez, plaintes et informations d'un moulin à vent de la porte Sainct-Anthoine contre le sieur Tabarin, touchant son habillement de toile neufve, intenté par devant messieurs les meusniers du faux-bourg Sainct Martin. Avec l'arrest desdits meusniers. . . 409

L'almanach prophetique du sieur Tabarin pour l'année 1623. 423

Les arrests admirables et authentiques du sieur Tabarin, prononcez en la place Dauphine. 437

Les estrennes admirables du sieur Tabarin, presentées à messieurs les Parisiens en ceste presente année 1623. 451

L'adieu de Tabarin au peuple de Paris, avecq les regrets des bons morceaux et du bon vin, adressez aux artisans de la gueule et supposts de Bacchus. . . 455

Juste plainte du sieur Tabarin contre l'un des ministres de Charenton. 469

La rencontre de Gautier Garguille avec Tabarin en l'autre monde. 481

L'entrée de Gautier Garguille en l'autre monde, poëme satyrique. 493

Achevé d'imprimer le 10 mai 1858, et publié le 15 mai suivant par P. JANNET libraire à Paris.